高等职业教育“十三五”规划教材

粮油商品基础

主 编
陈秀霞　蒲海燕

中国轻工业出版社

图书在版编目(CIP)数据

粮油商品基础/陈秀霞,蒲海燕主编. —北京:中国轻工业出版社,2018.11
高等职业教育“十三五”规划教材
ISBN 978-7-5184-2065-0

Ⅰ.①粮… Ⅱ.①陈… ②蒲… Ⅲ.①粮食—商品学—高等职业教育—教材 Ⅳ.①F762.1

中国版本图书馆 CIP 数据核字(2018)第 178689 号

责任编辑:张 靓 马 骁
策划编辑:张 靓 责任终审:李克力 封面设计:锋尚设计
版式设计:砚祥志远 责任校对:吴大鹏 责任监印:张 可

出版发行:中国轻工业出版社(北京东长安街 6 号,邮编:100740)
印 刷:北京君升印刷有限公司
经 销:各地新华书店
版 次:2018 年 11 月第 1 版第 1 次印刷
开 本:720×1000 1/16 印张:13.25
字 数:260 千字
书 号:ISBN 978-7-5184-2065-0 定价:35.00 元
邮购电话:010-65241695
发行电话:010-85119835 传真:85113293
网 址:http://www.chlip.com.cn
Email:club@chlip.com.cn
如发现图书残缺请与我社邮购联系调换
171471J2X101ZBW

编委会名单

主　　编　陈秀霞（广西工商职业技术学院）

　　　　　　蒲海燕（广西工商职业技术学院）

副 主 编　谢　洁（广西工商职业技术学院）

　　　　　　张　斌（广西工商职业技术学院）

　　　　　　李影球（广西工商职业技术学院）

　　　　　　裴朝东（广西工商职业技术学院）

　　　　　　李　梅（广西工商职业技术学院）

编写人员　陈宁春（广西工商职业技术学院）

　　　　　　张国良（广西工商职业技术学院）

　　　　　　谭　波（广西工商职业技术学院）

　　　　　　柳永英（广西壮族自治区粮油质量检验站）

　　　　　　荣群利（广西壮族自治区南宁粮食储备库）

前　言

粮食是社会稳定的物质基础，是国家安全的物质保障，粮食安全既是经济问题，也是政治问题，是国家发展的“定海神针”。2015 年国务院提出了建立健全粮食安全省长责任制的若干意见，党的十九大报告更是旗帜鲜明地指出，“确保国家粮食安全，把中国人的饭碗牢牢端在自己手中”。为普及教育，从应用性出发，本书编写组成员结合多年工作及教学经验，精选相关材料，完成《粮油商品基础》教材的编写。

本书本着以就业需求为导向，以体现职业岗位要求为课程标准，以突出职业能力培养和学生能力发展为依据，以能够指导实践为基准，遵循理论“必须够用”、突出实践应用，使教材更适合于粮油、食品专业教学及行业岗位培训使用。全书共 10 个项目 24 个学习任务，每个任务设有任务目标、任务分析、相关知识、任务实施、任务评价、知识与技能检测，将粮油商品基础知识和粮油商品感官检验技能贯穿于工作任务之中，体现理实一体化教学。

本书在编写过程中得到了各方的大力支持，还借鉴了国家标准、相关专业教材，在此，编者对这些文献资料的作者和单位表示诚挚的感谢。

由于编者水平有限，书中难免会有疏漏或不足之处，敬请各位读者批评指正。

编者

目 录 CONTENTS

项目一

认知基础

“民以食为天，食以安为先”。粮食是人类赖以生存的物质基础，也是经济建设和社会稳定的重要保障。随着社会经济的发展，粮食的产量越来越高，我国2017年全年粮油播种总面积达126.42万平方公里，总产61791万吨，粮食的增产促使粮油的加工量随之增大，粮食及其加工制品以及粮油副产品种类也越来越多。而粮食安全关乎每个人的健康和生命。因此，了解粮油种类、掌握粮油的特点能为粮食合理加工、安全储藏、准确检测以及有效指导市场流通打下坚实的基础。

任务一

粮油商品基础概论

任务目标

1. 了解粮油商品的种类及分类。
2. 掌握粮油商品的营养特点、生理性质以及有毒有害物质。
3. 了解粮油标准并掌握粮油质量鉴别的方法。

任务分析

正确认知各类粮油商品，熟悉粮油商品的特点是粮食安全储存、合理加工、高效检测、有效流通的基本保障。

任务相关知识

一、粮油商品的分类

粮油商品种类繁多，为了便于经营管理，粮食商业部门根据粮油商品的性质、用途，将其分为粮食、油料与油脂、粮油副产品和粮油食品四大类。

（一）粮食

粮食是人类主食食料的统称，它包括原粮和成品粮。

1. 原粮

原粮是指未经加工的谷类、豆类、薯类等的统称。

（1）谷类　如稻谷、小麦、玉米、大麦、燕麦、高粱、粟、黍、稷等。它们有发达的胚乳，内含丰富的淀粉，一般作为主食食用。

（2）豆类　如大豆、花生、蚕豆、豌豆、绿豆、赤豆等。它们的种子无胚乳，但有两片发达的子叶，含有丰富的蛋白质、脂肪或淀粉。豆类在我国一般作为副食食用。

（3）薯类　如马铃薯、甘薯和木薯等。它们的块根或块茎中含有大量的水分，主要的养分是淀粉。可以作为主食，也可以作为蔬菜，但木薯需脱毒后才能食用，工业上用它们制取淀粉。

2. 成品粮

成品粮是原粮经过碾磨加工而成的符合一定质量标准的粮食成品。例如大米、小麦粉、小米、黍米等。

但对于一些不需经过碾磨就可以直接蒸煮食用的粮食，如豆类，既可以归属于原粮，也可归属于成品粮。

（二）油料与油脂

1. 油料

油料指的是用来制取油脂的植物原料。它们的共同特点是籽粒内（主要是子叶）含有丰富的脂肪。油料的种类很多，通常有以下两种分类方式。

（1）按用途　可分为食用油料和非食用油料（或称工业用油料）。

①食用油料：可用于制取食用油脂的原料。如油菜籽、大豆、芝麻、花生、棉籽、小麦胚、玉米胚、米糠等。

②非食用油料：指制取的油脂因有异味或毒素不宜供人食用而只适宜工业用途的油料。如桐籽、乌桕籽、蓖麻籽等。

（2）按植物学特征　油料可分为草本油料和木本油料。

①草本油料：草本植物所生产的油料，如油菜籽、大豆、花生、芝麻、葵花籽、蓖麻籽等，在我国90%以上的油料是草本油料。

②木本油料：乔木或灌木所生产的油料，如油茶籽、油橄榄、乌桕籽等。

2. 油脂

油脂是油料经压榨或浸提等工艺制取得到的符合一定质量标准的油脂成品。与油料的分类相对应，油脂也可以分为食用油脂和非食用油脂两类。

（三）粮油副产品

粮油副产品是指粮油经加工后除主产品以外的其他副产物，可以分为粮食副产品和油脂副产品两大类。

①粮食副产品：如米糠、米粞、麸皮等。

②油脂副产品：如各类饼粕、油脚提取物等。

粮油副产品一般作为饲料、肥料或工业生产原料。

（四）粮油食品

粮油食品是指以粮食或粮油副产品为原料加工而成的食品，可以分为以下五大类。

①米面食品：如米粉、各式面条、年糕等。

②焙烤食品：如面包、饼干等。

③发酵食品：如酱油、醋、味精、发酵酒类。

④淀粉食品：如粉丝、食用淀粉等。

⑤植物蛋白食品：如豆制品、面筋等。

二、粮食与油料籽粒的基本结构

粮食与油料种类繁多，籽粒的形状、大小、色泽等复杂多样。就形状来说，有圆形、椭圆形、卵圆形、圆柱形、三棱形和不规则形等多种基本形状；大小也有很大差别，有特大粒、大粒、中粒和小粒之分；色泽有黄、棕、红、白、青、褐及杂色花纹等。但大多数粮食与油料籽粒的基本结构是相同的，即每颗籽粒都是由皮层、胚乳和胚三大部分组成。

（一）皮层

皮层有果皮和种皮之分。果实的外围皮层是果皮，种子的外围皮层是种皮。对于果实，在果皮以内还有种皮。果皮和种皮的厚薄、色泽、层次等因粮油种类的不同而有较大的差异。

1. 果皮

一般可分为外果皮、中果皮和内果皮。外果皮通常由1～2层表皮细胞组成，常有绒毛和气孔；中果皮大多数只有一薄层；内果皮则由一至数层细胞组成。稻谷、小麦、玉米、高粱等禾谷类粮食的果皮分化不明显。

2. 种皮

种皮可分为外种皮和内种皮。外种皮厚且有韧性，内种皮多呈薄膜状。禾谷类粮食籽粒到成熟时种皮只有残留痕迹，而豆类种子的种皮则比较发达。

果皮、种皮包裹着胚和胚乳，对湿、热、虫、霉有一定的抵御作用，可保护胚和胚乳免遭或缓遭影响，这就是原粮比相应的成品粮容易保管的原因所在。

（二）胚乳

胚乳是谷类粮食养分的储存场所，在禾谷类粮食籽粒萌发时提供生长的养料，也是人类食用的主要部分。

谷类粮食的胚乳很发达，其中富含淀粉、蛋白质。在胚乳贴近种皮的部位，有一层组织称为糊粉层，含有较多的蛋白质，又称蛋白层。

豆类和大部分油料，在发育过程中胚乳就被吸收消耗，成为无胚乳种子。无胚乳种子的营养成分储存在胚中。

（三）胚

胚是粮油籽粒生理活动最强的部分，一旦水分、温度、氧气条件适宜就会发芽，形成新的个体，即幼苗。

各种不同的粮油籽粒，胚的形状不同，但都是由胚根、胚茎、子叶和胚芽四部分组成。种子萌发后，胚根、胚茎和胚芽分别形成植物的根、茎、叶及其过渡区。谷物粮食只有一片子叶较发达，属于单子叶植物；豆类和其他油料籽粒有两片肥大的子叶，属于双子叶植物。

粮食中的薯类，其食用部分是植物的块根或块茎，它们是由根或茎积累养分膨大而成的，其实质是变态根或茎，所以它们的结构组成与一般的粮食、油料不同。

三、粮食及油料的主要化学成分及其营养特点

粮油是由不同的化学物质按一定的比例组成的。粮油中的各种化学成分，不仅是粮油籽粒本身生命活动所需的物质，也是人类的营养源泉。了解粮油的化学成分及其在籽粒中的分布，对于按不同用途来确定其利用价值，选择合理的加工方式、保证产品质量和提高粮油出产率、采取有效的储藏措施、保持粮油储品品质等方面具有重要的实际意义。

（一）粮食及油料的化学组成成分及其分布

粮油中化学成分种类较多，除了水分和主要营养物质（淀粉、蛋白质和脂肪）以外，还含有少量的矿物质、维生素、酶及色素等物质，由于粮油种类和品种的不同，其含量相差很大。一般来讲，谷类的化学成分以淀粉为主，种子具有发达的胚乳，大部分化学成分储存在胚乳中，常用作人类的主食；豆类含有较多的蛋白质，常作为副食；油料含有大量的脂肪，主要用于制油；豆类与油料一般具有发达的子叶，绝大部分化学成分储存在子叶内；薯类的化学成分也是以淀粉为主，主要用于生产淀粉和发酵产品。大豆中除含有较多的蛋白质外，其脂肪的含量也较多，因此，既可作副食，又可作油料。粮食及油料籽粒的化学成分含量差异较

大，如表1-1所示，列出的数据仅表示化学成分的大致范围。

表1-1　　主要粮食及油料籽粒的化学成分　　单位：%

种类	成分	水分	蛋白质	碳水化合物	脂肪	纤维素	灰分
禾谷类	小麦	13.5	10.5	70.3	2.0	2.1	1.6
	精白粉	13.0	7.2	77.8	1.3	0.2	0.5
	标准粉	12.0	9.9	74.6	1.8	0.6	1.1
	大麦	14.0	10.0	66.9	2.8	3.9	2.4
	黑麦	12.5	12.7	68.5	2.7	1.9	1.7
	荞麦	14.5	10.8	61.0	2.8	9.0	1.9
	稻谷	14.0	7.3	63.1	2.0	9.0	4.6
	籼米（标二）	14.0	6.9	76.0	1.7	0.4	1.0
	粳米（标二）	13.0	8.2	75.5	1.8	0.5	1.0
	玉米	14.0	8.2	70.6	4.6	1.3	1.3
	高粱	12.0	10.3	69.5	4.7	1.7	1.8
	粟	10.6	11.2	71.2	2.9	2.2	1.9
豆类	大豆	10.2	36.3	25.3	18.4	4.8	5.0
	豌豆	10.9	20.5	58.4	2.2	5.7	2.3
	绿豆	9.5	23.8	58.8	0.5	4.2	3.2
	蚕豆	12.0	24.7	52.5	1.4	6.9	2.5
	赤豆	14.0	19.4	58.0	0.5	5.1	3.0
	花生仁	8.0	26.2	22.1	39.2	2.5	2.0
油料	芝麻	5.4	20.3	12.4	53.6	3.3	5.0
	向日葵	7.8	23.1	9.6	51.1	4.6	3.8
	油菜籽	7.3	19.6	20.8	42.2	6.0	4.2
	棉籽仁	6.4	39.0	14.8	33.2	2.2	4.4
	油茶仁	8.7	8.7	24.6	43.6	3.3	2.6
薯类	甘薯	67.1	1.8	29.5	0.2	0.5	0.9
	马铃薯	79.9	2.3	16.6	0.1	0.3	0.8
	木薯	69.4	1.0	28.0	0.2	0.8	0.6

粮油中各种化学成分除了其含量种类和品种的不同，其分布也很不平衡，在不同部位之间化学成分的含量相差很大。一般纤维素、矿物质主要分布在粮油的皮壳中，而蛋白质、脂肪和碳水化合物等营养成分则集中在胚和胚乳中。谷类粮食中，淀粉主要分布在胚乳中，脂肪主要分布在胚和糊粉层内，糊粉层内蛋白质

含量也很丰富。油料中的蛋白质、脂肪和淀粉分布在子叶内。以稻谷、小麦籽为例，其各部分化学组成见表1－2、表1－3。

表1－2　　稻谷籽粒各部分的化学组成　　单位:%

成分 部位名称	水分	粗蛋白质	粗脂肪	粗纤维	灰分	碳水化合物
稻谷	11.68	8.09	1.80	8.89	5.02	64.52
糙米	12.16	9.13	2.00	1.08	1.10	74.53
胚乳	12.4	7.6	0.3	0.4	0.5	78.8
胚	12.4	21.6	20.7	7.5	8.7	29.1
米糠	13.5	14.8	18.2	9.0	9.4	35.1
稻壳	8.49	3.56	0.93	39.05	18.59	29.38

表1－3　　小麦籽粒各部分的化学组成　　单位：干基%

籽粒部分	质量分数	蛋白质	脂肪	淀粉	糖分	戊聚糖	纤维	灰分
完整籽粒	100.00	16.07	2.24	63.07	4.32	8.10	2.76	2.18
内胚乳	87.60	12.91	0.68	78.93	3.54	2.72	0.15	0.45
胚	3.24	37.63	1.04	0	25.12	9.74	2.46	6.32
糊粉层	6.54	53.16	8.16	9	6.82	15.64	6.41	13.93
果皮和种皮	8.93	10.56	7.46	0	2.59	51.43	23.73	4.78

（二）粮油籽粒的主要化学成分及其营养特点

1. 糖类

糖类是自然界中存在最多、分布最广的一类有机化合物，也是粮食、油料中最主要的储藏物质。它们的分子由C、H、O三种元素组成，而且大多数糖类物质中的H、O以2:1相结合，与H_2O分子相同，常用通式$C_m(H_2O)_n$来表示，故又称碳水化合物。

根据糖类的结构和水解情况的不同，可以分为单糖、低聚糖和多糖三大类。

（1）单糖　单糖是最简单的糖，是糖类的基本构成单位，不能再被水解成更小的糖类分子。粮油中的单糖有葡萄糖、果糖、甘露糖和半乳糖等。粮油中游离态的单糖含量很低，一般为0.4%～1.0%。

（2）低聚糖　低聚糖是水解后能产生2～10个单糖分子的糖。根据所产生的单糖分子数目，又可以分为双糖、三糖和四糖等。粮油中最重要的低聚糖是双糖，如蔗糖、麦芽糖等。

粮油中的蔗糖含量很少，主要集中在胚部，如在玉米胚中含量约为11%，小麦胚中含量稍高，约为16%。新鲜粮油中蔗糖含量比陈粮高，豆类中蔗糖含量比谷物高。

麦芽糖是饴糖的重要成分。正常粮油籽粒中无游离态的麦芽糖存在，只有谷物发芽时，储藏性的淀粉受麦芽糖酶的水解才大量产生，特别是在麦芽中含量较高。

(3) 多糖　多糖是一类高分子化合物，由上千个单糖分子通过一定的方式组合而成。粮油中存在的糖主要是多糖，其中最重要的是淀粉和纤维素。

①淀粉：淀粉是粮食中最重要的储藏性多糖，是人体所需热能的主要来源，也是食品工业和其他轻工行业的重要原料。

淀粉在谷类粮食中的含量特别多，占糖类总量的90%左右。主要粮食的淀粉含量见表1-4。

表1-4　主要粮食的淀粉含量

粮食种类	淀粉含量（干基）/%	粮食种类	淀粉含量（干基）/%
糙米	70~75	大麦	40
玉米	60~70	燕麦	35
高粱	69~70	莜麦	50~65
黍、稷	60	荞麦	44
小麦	58~76	豌豆	21~49
米、大麦	56~66	蚕豆	35

淀粉在籽粒内以淀粉粒的形式存在。淀粉粒呈白色，有圆形、椭圆形和多角形等多种形状，表面有轮纹。各种不同粮种的淀粉粒，形状和大小都不相同。

淀粉分子因结构不同而分为直链淀粉和支链淀粉。直链淀粉分子卷曲成螺旋状，遇碘显蓝色；支链淀粉分子呈树枝状，遇碘显红紫色。不同种类、不同品种的粮食，其直链淀粉与支链淀粉的相对含量并不相同，这是不同的稻米蒸煮与食用品质有较大差别的重要原因之一。如黏稻米淀粉中含直链淀粉10%~30%，这类米质黏性小而胀性大，其中粳稻米的黏性又大于籼糯稻米；糯稻米淀粉则几乎全部为支链淀粉，米质胀性小而黏性大；其中以粳糯米黏性最大。绿豆、豌豆淀粉是制作优质粉丝的好原料，其主要原因在于绿豆、豌豆淀粉中的直链淀粉含量较高。

②纤维素：纤维素是植物细胞壁的主要成分，是构成植物支持组织的基础。它不溶于水，在稀酸、稀碱溶液中比较稳定。纤维素不能被人类所利用，但反刍类动物因体内含纤维素分解酶而可以从中获得葡萄糖。

根据糖类对人体的营养功能，可以将其分为两类：一类是营养性糖类，包括可溶性糖和淀粉；另一类是非营养性糖类（膳食纤维），如纤维素、半纤维素等。

营养性糖类的功能主要是供给热量，一般认为人体每日所需总热量的60%~

70%（有时甚至超过80%）来自膳食中的营养性糖类；另外，糖也是构成人体组织的一种重要物质，如构成细胞膜的糖蛋白、结缔组织中的黏蛋白、神经组织中的糖脂以及遗传物质（如RNA，DNA）等都含有糖类。

非营养性糖类（膳食纤维）虽不能为人体所消化，但它同样有重要的生理功能，被称为"第七营养素"。如其可促进胃肠蠕动和消化腺的分泌，帮助消化；增加肠道内容物的体积，缩短粪便在肠道内的滞留时间，减少粪便中的细菌与有害物质对肠壁的刺激，一定程度预防大肠肿瘤的发生等。但是，食物中纤维素含量过高时可能会使人出现消化不良和使某些矿物质缺乏。

2. 蛋白质

蛋白质是一类天然的高分子含氮化合物，广泛存在于动植物体内，是构成动植物细胞原生质的主要成分。蛋白质主要由C、H、O、N四种元素构成，另外还有少量的S、P、Fe、I等元素。每种纯净的蛋白质都可以被酸、碱或蛋白酶催化水解，水解的最后结果都能得到一个含有许多种游离氨基酸的混合物，说明氨基酸是蛋白质的基本构成单位。

研究发现，构成蛋白质的氨基酸有20多种。这些氨基酸中，有一些氨基酸在人体内不能自行合成或者合成的速度不能满足机体的需要，必须从食物蛋白质中获得，否则会影响人体的正常生理或健康，这些氨基酸称为必需氨基酸。人体必需氨基酸共有8种，它们分别是：缬氨酸、亮氨酸、异亮氨酸、苏氨酸、甲硫氨酸、苯丙氨酸、色氨酸及赖氨酸。

人们把含有全部必需氨基酸种类，而且数量比例与机体需要基本相适应的蛋白质称为完全蛋白质，反之则为半完全蛋白质或不完全蛋白质。谷类粮食因氨基酸组成中缺乏赖氨酸、苏氨酸或色氨酸等必需氨基酸，因而基本上都属于不完全蛋白质。要提高粮食蛋白质的生理效价，可将2种或2种以上不完全蛋白质混合食用，使各种生理效价较低的蛋白质在必需氨基酸方面取长补短，起到互补作用，这样就可使氨基酸平衡，从而提高蛋白质的营养价值。

蛋白质是生命的物质基础，它对人体的主要功能可以概括为以下几点。

（1）人体重要的组成成分　如果食物中的蛋白质供应量不能满足机体需要，就会使生长发育产生障碍，影响身体健康；如果蛋白质供应完全停止，就会引发细胞变性、生命活动停止的严重后果。

（2）修补和更新机体组织　人体在生命活动过程中，不断地进行新陈代谢，每天都有很多细胞死亡和新生，当机体发生疾病或创伤后，都需要足够的蛋白质作为机体修复材料。

（3）构成生理活性物质　蛋白质也是体内抗体的重要组成成分，并参与免疫系统对一些有毒物质的解毒过程，使机体对外来微生物和其他有害因素具有一定的抵抗力。

（4）供给机体热量，促进生长发育　蛋白质在机体内的主要功能不是供给热量，但当机体内的糖和脂肪供应不足时，蛋白质也会分解产生热量以供机体所需。

3. 脂类

粮油中的脂类包括脂肪、类脂和一些脂肪伴随物。一般谷类粮食含脂肪较低，为1% ~4%；但在谷物的加工副产品如米糠、玉米胚等中脂肪含量较高，为20% ~30%。油料含脂肪很高，如芝麻含脂肪50% ~53%；花生含38% ~51%；菜籽含30% ~45%；棉籽含14% ~25%；大豆中脂肪的含量也较丰富，一般为17% ~20%。

(1) 脂肪与脂肪酸　脂肪是由1分子甘油与3分子脂肪酸脱水缩合而成的三酰甘油。通常把在室温下呈液态的称为油，在室温下呈固态的称为脂，但更多的时候常把两者统称为油脂。

各种来源不同的油脂，其性质、营养价值往往有所差别，这主要取决于构成不同来源油脂的脂肪酸种类和相对含量。

脂肪酸种类很多，但碳原子数多呈偶数。根据脂肪酸中碳原子的饱和程度，可将脂肪酸分为饱和脂肪酸和不饱和脂肪酸。饱和脂肪酸分子中无双键，性质较稳定，如软脂酸、硬脂酸、花生酸等。通常在动物脂肪中含有较多的饱和脂肪酸，所以常温下呈固态。分子中含碳碳双键的脂肪酸为不饱和脂肪酸，如油酸、亚油酸、亚麻酸、花生四烯酸等。不饱和脂肪酸性质不稳定，易被氧化而变质。因植物油含不饱和脂肪酸较多，故在常温下呈液态。

在众多脂肪酸中，大部分可以在人体内合成，但也有少数必须由食物提供，且又是维持机体生命活动所必需的，这些脂肪酸被称为必需脂肪酸。现已定论的必需脂肪酸是亚油酸。评定两种油脂营养价值的高低，首先应看其必需脂肪酸含量是否丰富，各种脂肪酸的构成是否合理。一般认为，饱和脂肪酸、单不饱和脂肪酸和多不饱和脂肪酸各占1/3（1:1:1）时最益于人体健康。其次看其消化率高低，有无对人体有害的成分。常见植物油中，含亚油酸较多的油脂有葵花籽油、玉米胚油、大豆油和棉籽油等。

(2) 类脂　类脂是指在分子结构上与脂肪类似，在溶解特性上也与脂肪相似的一类物质。粮油中的类脂主要有磷脂和蜡。

①磷脂：一般存在于蛋白质或脂肪含量较高的粮食、油料中，主要集中于胚部。磷脂是人体内的重要成分，有重要的生理功能。但由于磷脂极易吸附水分，会使油脂水分增大，容易引起油脂水解酸败。另外，磷脂存在于油脂中，在油脂煎炸食物时会产生泡沫并易焦化形成碳粒，使油色变深，煎炸物也会因此变为褐色或带黑色碳粒，影响食物外观，所以制油时都要通过水化脱去磷脂。

②蜡：是一类由高级脂肪酸和高级一元醇所形成的脂，存在于籽粒的果皮和种皮细胞中，其作用是增加皮层的不透水性和稳定性，从而保护粮油籽粒。在粗制的植物油中含有少量的蜡，如米糠油中含蜡通常为2% ~4%。蜡存在于油脂中能引起油脂浑浊、降低油脂透明度。因蜡不能被人体消化利用，故制油时常需做

脱蜡处理。

（3）脂肪伴随物　脂肪伴随物是指在溶解特性上与脂肪相似，在结构和化学本质上与脂肪并不相似的一类化合物。主要有脂溶性色素、植物固醇及脂溶性维生素等。

①脂溶性色素：纯净的植物油脂是无色的。常见的植物油脂之所以有颜色，是因为植物油料中的各种脂溶性色素溶于油中的缘故。因为不同的油料所含的色素种类、含量不同，从而使不同的油脂呈现不同的颜色。

②植物固醇：如豆固醇、麦角固醇、谷固醇等。大豆及谷类粮食中含有一定的量，油料中含量少。

脂类的主要功能是供给热量，它是人体热量的主要来源。人体每日所需热量的17% ~35%来自脂类。脂肪的热值很高，是相同质量淀粉或蛋白质发热值的2倍以上，是一种浓缩的营养素，可以缩小体积，减小胃肠负担，并且具有饱腹感，还可增加食物的美味。

脂肪同时也是脂溶性维生素的载体和必需脂肪酸的供源。另外，脂肪也是人体细胞的组成部分，还具有保暖、保护体内脏器等作用。

4. 水分

水分是粮油中重要化学成分之一，它不仅影响粮油籽粒的生理变化，而且影响粮油的加工、储藏及粮油食品的制作。水分过高，粮油不易保管，容易发热霉变，适量的水分可以保证粮油加工及食品制作的顺利进行，以及其产品品质。谷类粮食的水分一般为12.5% ~14%，油料8% ~9%。油脂含水很少，为0.2%以下。粮油中水分最高的是鲜薯，达65% ~80%。

水分在粮油籽粒中有两种不同的存在状态：一是游离水分子；二是结合水。

（1）游离水　又称自由水，一半谷类粮食水分达14% ~15%时，开始出现游离水。游离水存在于粮粒的细胞间隙和毛细管中，具有普通水的一般性质，能作为溶剂，0℃时能结冰，是进行生化反应的介质。游离水在粮油籽粒内很不稳定，可在环境温、湿度的影响下自由出入，故又称自由水，粮油水分的增减主要是游离水的变化。

（2）结合水　又称束缚水，存在于粮油的细胞内，与淀粉、蛋白质等亲水性高分子物质通过氢键作用相结合，因此性质稳定，不易散失。在温度低于 -25℃时也不结冰，几乎不能作溶剂，一般不易为生物所利用，粮油中结合水含量的多少，依据其化学成分的不同而有所区别，一般来说，含碳水化合物和蛋白质多的粮油，结合水较多；含脂肪多的粮食与油料，结合水较少。

游离水与结合水在粮油籽粒中同时存在，两者之间并无截然的分界线，其差别只在于它们与吸附物质之间引力的强弱不同。就谷类粮食而言，当水分很低时，可以看作全部是结合水，此时粮粒的生命活动很微弱，而且微生物不能利用这种结合水进行生长发育，粮食也不会生霉。随着粮油含水量的增高，生命活动不断增强。高水分粮油生命活动很旺盛，不仅消耗营养成分，造成干物质减少，而且还放出热量和水分。因此，游离水较多的粮油，容易发热生霉。在105°C 的温度下维持一定时间，粮油中绝大部分结合水都能挥发出来。因此，我们平时用烘干法测得的粮油水分，是游离水和结合水的总和。

水是一种无机物，本身无营养价值，但它是人体的重要组成成分。在构成人体的器官、组织中，水分约占60%，水分通过人的肠壁吸收，进入血液，再分配到各器官组织中去。水分的主要生理功能是：帮助消化，调节体温，运输营养物质和排泄废物，提供体内各生化反应介质，润滑体内各活动部位等。

5. 生理活性物质

粮油籽粒中某些化学物质，其含量虽然很低，但具有调节籽粒生理状态和生化变化的作用，促使生命活动强度增高或降低，这类物质称为生理活性物质，包括酶、维生素和植物激素。

（1）酶　粮食及油料籽粒内的生物化学反应是由籽粒本身所含的有机物质催化、调节和控制。从化学结构看，酶的成分是蛋白质，有些酶还含有非蛋白组分。非蛋白质部分是离子（如 Cu^{2+}、Fe^{3+}、Mg^{2+}）或由维生素衍生的有机化合物。酶具有底物专一性和作用专一性，因此粮油籽粒中各种生理生化变化是由多种多样的酶类共同作用所控制的。粮食及油料中的酶主要有以下几种：

①淀粉酶：粮食及油料籽粒中淀粉酶有三种：α－淀粉酶、β－淀粉酶及异淀粉酶。α－淀粉酶对谷物食用品质影响较大。大米陈化时流变学特性的变化与 α－淀粉酶的活性有关，随着大米陈化时间的延长，α－淀粉酶活性降低。高水分粮在储藏过程中 α－淀粉酶活性较高，它是高水分粮品质变化的重要因素之一。小麦在发芽后 α－淀粉酶活性显著增加，导致面粉的烘焙品质与蒸煮品质下降。α－淀粉酶又称淀粉 1,4－麦芽糖苷酶、糖化酶，能够从淀粉分子非还原性末端切开 1,4－糖苷键，生成麦芽糖。此酶作用于淀粉的产物是麦芽糖与极限糊精。它对谷物的食用品质影响主要表现在馒头和面包制作效果及新鲜甘薯蒸煮后的特有香味上。

②蛋白酶：蛋白酶在未发芽的粮粒中活性很低。目前，研究比较详细的是小麦和大麦中的蛋白酶。小麦蛋白酶与面筋品质有关，大麦蛋白酶对啤酒的品质产生很大影响。

小麦籽粒各部分蛋白酶的相对活性，胚为最强，糊粉层次之。小麦发芽时蛋白酶的活性迅速增加，在发芽的第 7d 增加 9 倍以上。至于麸皮和胚乳淀粉细胞中，不论是在休眠或发芽状态蛋白酶的活性都是很低的。蛋白酶对小麦面筋有弱化作用，发芽、虫蚀或霉变的小麦制成的小麦粉，因含有较高活性的蛋白酶，使面筋蛋白质分解，所以只能形成少量的面筋或不能形成面筋，因而极大地损坏了小麦粉加工和食用品质。

③脂肪水解酶：通常称脂肪酶或脂酶，该酶与粮食及油料中脂肪含量并无直接关系，但对粮油储藏稳定性影响较大，粮油籽粒中脂肪酸含量的增加主要是由

脂肪水解酶的作用所引起的。

④脂肪氧化酶：脂肪氧化酶能把脂肪中具有不饱和双键的脂肪酸氧化为具有共轭双键的过氧化物，造成必然的酸败条件，从而使小麦粉及大米产生苦味。

⑤过氧化物酶和过氧化氢酶：过氧化物酶对热不敏感，即使在水中加热到100℃，冷却后仍可恢复活性。过氧化氢酶主要存在于麦麸中，而过氧化物酶则存在于所有粮油籽粒中，粮油在储藏过程中变苦与这两种酶的作用及活性有密切关系。

（2）维生素　粮油籽粒中含有多种水溶性维生素（如B族维生素和维生素C）和脂溶性维生素（如维生素E），不含维生素A，却含有维生素A原——类胡萝卜素，经食用后，在酶的作用下能分解为维生素A。

①维生素E（生育酚）：大量存在于油料籽粒中和禾谷类籽粒的胚中，是一种主要的抗氧化剂，对防止油品的氧化有明显作用，因此对保持籽粒活力是有益的。

②B族维生素：禾谷类粮食和大豆中B族维生素的含量均很丰富。B族维生素的种类很多，其功能各异。在禾谷类粮食中的存在部位主要是麸皮、胚和糊粉层，因此碾米及制粉精度越高，B族维生素的损失也就越为严重。

③维生素C：在一般成熟的粮油籽粒中并不存在，但在种子萌芽过程中大量形成。

维生素的生理作用和酶有密切关系，许多酶由维生素和酶蛋白结合而成，因此缺乏维生素时，酶的形成和活动即受到影响。粮油籽粒中的维生素含量不是很高，一般容易因偏食而欠缺，但不会因过高而中毒。

（3）植物激素　植物激素具有促进种子及果实生长、发育、成熟、储藏物质积累，促进（或抑制）种子萌发等作用。根据激素的生理效应和作用，可将植物激素分为生长素、赤霉素、细胞分裂素和乙烯。它们具有不同的特性及作用。

6. 其他化学成分

（1）色素　色素不仅是粮油品种特性的重要标志，而且能表明种子的成熟和品质状况。例如，红米的食味不佳，小麦籽粒的颜色会影响制粉品质和休眠期的长短；油菜籽粒的颜色影响出油率；大豆、菜豆等籽粒的颜色影响储藏性和种子寿命。因此，色泽是品种差异及品质优劣的一项明显指标。粮油籽粒内所含的色素主要有叶绿素、类胡萝卜素、黄酮素以及花青素。在环境条件作用下，籽粒的颜色会发生改变，例如，发热霉变及高温损害，以及储存时间较长的陈粮和正常粮油籽粒的颜色有一定区别。所以，国外有利用粮油籽粒颜色来判断粮油新鲜度的报道。

（2）矿物质　粮油籽粒内的矿物质有30多种，根据其含量可分为大量元素及微量元素两类。一般禾谷类粮食灰分率为1.5%～3.0%，豆类含量较高，尤其是大豆，高达5%。

粮粒中所含的矿物质有P、Ca、Fe、S、Mn、Zn等多种。矿物质的分布很不均匀，胚与种皮（包括果皮）的灰分率高于胚乳数倍。

四、粮油中的有毒有害物质及其去除

粮油中含有某些有毒有害物质，这些物质按照来源的不同可以分为天然有毒有害物质、环境污染物和因储藏、加工方法不当而产生的有毒有害物三类。这些物质在不同程度上都会对人体产生毒害作用，引起慢性或急性中毒。

（一）天然有毒有害物质

天然有毒有害物指的是粮食在生长过程中自身合成的对人或动物有毒有害作用的物质。

1. 有毒有害蛋白质

（1）酶抑制剂　在豆类、谷类和马铃薯中存在着一类毒蛋白——酶抑制剂，其中比较重要的有胰蛋白酶抑制剂和淀粉酶抑制剂。

①胰蛋白酶抑制剂：胰蛋白酶抑制剂是一种分布最广的蛋白酶抑制剂，存在于大豆等豆类和马铃薯中，它可以与胰蛋白酶或胰凝乳蛋白酶结合，因而抑制酶水解蛋白质的活性，使胃肠消化蛋白质的能力下降。而且它能促使胰脏大量地制造胰蛋白酶，造成胰脏肿大，严重影响健康。

蛋白酶抑制剂较耐高温，需要在较高温度下才能使其破坏，所以豆类和豆制品、马铃薯等必须充分煮熟后才能食用。否则，胰蛋白酶抑制剂没有破坏，食入较多时，就会出现恶心、呕吐等中毒症状，不过中毒症状一般较轻，能自然恢复。

②淀粉酶抑制剂：在豆类、谷物等中含有各种淀粉酶的抑制剂。淀粉酶抑制剂的存在，使淀粉酶的活性钝化，从而影响糖类的消化利用，可引起消化不良等症状。

（2）凝集素　在豆类籽粒中含有一种能使红血球细胞凝集的蛋白质，称为植物红血球凝集素，简称凝集素。它与某些糖类分子有特殊的亲和作用，而在人体的细胞膜组织中有一半左右的糖类物质，一旦发生结合，就会引起细胞的凝集，造成食用者恶心、呕吐等，严重时会引起死亡。

2. 苷类

在一些粮食和油料及加工副产品中含有一些有毒的苷类，主要有三种：氰苷类、硫苷类和皂苷类。

（1）氰苷类　氰苷类存在于木薯的块根和某些豆类粮食中。氰苷在酸或酶的作用下可水解产生氢氰酸，当氢氰酸被机体吸收时，其氰离子与细胞色素氧化酶中的铁结合，从而破坏细胞色素氧化酶递送氧的作用，使机体呼吸不能正常进行，机体陷于窒息状态，最后可导致死亡。

木薯中氰苷主要分布在皮层中，因此木薯食用或加工淀粉前必须先进行剥皮处理。另外，木薯氰苷易溶于水，在剥皮后用清水浸泡2～3h，再换水洗净，充分蒸煮之后才能食用。蒸煮木薯时，将锅盖敞开，以便于分解产生的氢氰酸散发。

（2）硫苷类　致甲状腺肿素是异硫氰酸化合物的衍生物，由含有羟基硫苷类物质经水解、异构化而成，如油菜籽的芥子苷。

芥子苷，也称硫代葡萄糖苷，但它是一些毒性物质的母体，当油菜籽榨油后，细胞遭到破坏，释放出芥子酶，芥子苷在芥子酶的作用下水解，可生成异硫氰酸酯、恶唑烷硫酮、腈类等物质。单胃动物食用这种未经脱毒的菜籽饼，会产生甲状腺肿大，消化道受损和肝肾损坏等症状和不良影响，所以，用未经脱毒的菜籽饼作为饲料时，应当限量。

菜籽饼脱毒的方法有很多，如发酵中和法、减法脱毒、溶剂浸出法等。

芥子苷在人体消化道内也会水解产生毒物，所以经常食用未经精炼的菜籽油，对人体健康也有一定影响，且芥子苷存在于油脂中会使油脂具有使人不愉快的辛辣味，因此食用的菜籽油必须经过精炼。

（3）皂苷　皂苷也称皂素，是一类广泛分布于植物世界的苷类。由于它们能溶于水，生成胶体溶液，搅动时会像肥皂一样产生泡沫而称皂苷。

皂苷的种类较多，化学结构也不相同，有的有破坏红血球的溶血作用，对冷血动物有极大的毒性；有的对人也有较强的毒性，粮食和油料中的皂苷有茶籽皂苷、龙葵素和巢菜碱苷等。

①茶籽皂苷：在茶籽榨油后主要存在于茶籽饼粕中，如果茶籽饼粕作有机肥料，不仅肥效高，并且可防治地上的蝼蛄、蚂蚁、地老虎等害虫，还能改良土壤的理化性质，提高土壤的保水保肥能力。如果作为饲料，则应先提取皂苷，不可直接供饲用。去毒后的茶籽饼粕的营养价值与燕麦近似。

②龙葵素：又称茄素，存在于茄属植物中，粮油食物主要存在于马铃薯块茎中。这是一种胆碱酯酶抑制剂。人畜摄入过量均会引起中毒。中毒者咽喉、口腔刺痒有灼烧感，上腹部不适，恶心、呕吐、腹痛、腹泻。摄入量大者症状更为严重，将出现体温升高，意志丧失，抽搐，呼吸困难，甚至死亡。

马铃薯中普遍含有龙葵素。马铃薯中龙葵素含量的安全标准是20mg/100g。正常的马铃薯中龙葵素的含量一般为7～10mg/100g，食用是安全的。但发芽马铃薯芽眼四周和见光变绿部位龙葵素的含量极高，可达500mg/100g，大大超过安全标准，食用这种马铃薯是非常危险的。因此食用马铃薯时，应把皮、芽、芽眼、变绿和溃烂部分削去，再放在清水里浸泡2h使龙葵素溶解在水中；在烹调时加些醋，破坏残余龙葵素，并彻底煮熟、煮透。严重发芽的马铃薯不宜食用。

③巢菜碱苷：存在于蚕豆中，少数人食用蚕豆后会发生因巢菜碱苷中毒而引起的急性溶血性贫血，患者全身皮肤呈黄色，故称“蚕豆黄病”“蚕豆病”。

为了预防蚕豆病的发生，不要生吃鲜嫩蚕豆，食用干蚕豆时也应先用水浸泡几次再充分煮熟。

（4）有毒色素　粮油中的有毒色素很少，主要指的是棉酚。棉酚是一种深红色的有毒色素，存在于棉籽中。普通棉籽中含棉酚0.15%～1.8%，主要分布在棉仁中，棉籽壳中的棉酚含量较少。棉籽制油后，一部分棉酚转入棉油中，一般毛棉油中含棉酚0.24%～0.40%。棉酚对人体的毒害主要是引起烧热病。女性患者易发生顽固的闭经，子宫明显缩小；男性患者往往有严重的睾丸损害，造成精子缺乏或无精子。因此，毛棉油是不能食用的，应进行精炼处理再食用。

（二）环境污染物

环境污染物指的是粮油在收获、储存、运输和加工等过程中从外界浸染而来的有毒有害物质，主要有生物性污染物和化学性污染物两类。

1. 生物性污染物

粮食中的生物性污染物主要有微生物和储粮害虫等。

（1）微生物　主要是细菌、霉菌及其毒素，在粮油中危害最大是霉菌及其毒素。

①黄曲霉毒素：黄曲霉毒素是由黄曲霉和寄生曲霉所产生的一种次生代谢物。目前已经分离鉴定的黄曲霉毒素有20多种，常见的有黄曲霉毒素B_1、B_2、G_1、G_2、M_1、M_2等。黄曲霉毒素有很强的急、慢性毒性，其毒性远远高于氰化物、砷化物和有机农药的毒性，其中以黄曲霉毒素B_1毒性最大。黄曲霉毒素的致癌力也居首位，是目前已知最强致癌物之一。人类受黄曲霉毒素的危害主要是由于食用被黄曲霉毒素污染的食物，导致肝脏受损，引起肝炎、肝硬化、肝坏死，甚至肝癌。

黄曲霉毒素存在于土壤、动植物及各种坚果中，主要污染粮油及粮油制品，如花生、花生油、玉米、大米、稻谷、小麦、高粱、豆类等；动物性食品，如乳及乳制品、肝、干咸鱼中也有黄曲霉毒素的污染。我国现行的GB 2761—2011《食品安全国家标准　食品中真菌毒素限量》对食品中黄曲霉毒素B_1的限量指标作了严格规定：玉米、玉米面（渣、片）及玉米制品不得超过20μg/kg；稻谷、糙米、大米不得超过10μg/kg；小麦及小麦粉、麦片、大麦、其他谷类及去壳谷物不得超过5.0μg/kg；发酵豆制品、调味品不得超过5.0μg/kg；植物油脂（花生油、玉米油除外）不得超过20μg/kg；花生油、玉米油不得超过10μg/kg；婴幼儿配方食品不得超过0.5μg/kg。

②赭曲霉素：赭曲霉素是曲霉菌属和青霉菌属的某些种产生的二级代谢产物，基本结构为苯甲酸异香豆素，包含7种结构类似的化合物。其中赭曲霉毒素在自然界分布最广泛，毒性最强，对人类和动植物影响最大。它是一种稳定的无色结晶化合物，溶于极性溶剂和碳酸氢钠溶液，微溶于水，溶点为134℃，其甲醇溶液在冰箱中保存一年也不会分解。赭曲霉素耐热，焙烤只能使其毒性减少20%，蒸煮对其毒性不具有破坏作用。

赭曲霉素的急性毒性较强，对雏鸭的经口LD_{50}仅为0.5mg/kg体重，属于极毒类物质。赭曲霉素中毒死亡的原因是肝、肾的坏死性病变。此外已发现赭曲霉素具有致畸性，但未发现其具有致癌和致突变作用。

赭曲霉素的产毒菌较多，包括赭曲霉、疣孢青霉和炭黑曲霉，在自然界分布广，因此可污染多种农作物和食品。包括谷类、豆类及豆制品、干果、咖啡、葡萄及葡萄酒、香科、油料作物、啤酒、茶叶等均可被污染。动物饲料中污染也较严重，动物进食被污染后饲料会导致体内蓄积，因此在动物性食品，尤其是猪的肾脏、肝脏、肌肉、血液，及乳和乳制品等中常被检出。

③单端孢霉烯族类化合物：单端孢霉烯族类化合物是一类由镰刀菌产生的毒性物质的统称，其基本结构为四环的倍半萜，根据取代基的不同，可以分为 A、B、C、D 四种类型，天然污染的单端孢霉烯族类化合物属于 A、B 两型。A 型化合物在 C－8 位置上不含羰基，以 T－2 毒素、二乙酸蘸草镰刀菌烯醇为代表。B 型化合物在 C－8 位置上有羰基，DON、雪腐镰刀菌烯醇（NIV）等属于这一组。单端孢霉烯族类化合物较为耐热，需超过 200℃才能被破坏，对酸和碱也较稳定，因此经过普通的烹调加工难以破坏其活性。

单端孢霉烯族类化合物急性毒性较强，以局部刺激症状、炎症甚至坏死为主，慢性毒性可引起白细胞减少，抑制蛋白质和 DNA 的合成，某些单端孢霉烯族类化合物，如 T_2 毒素还具有一定的致癌性。

主要污染玉米、小麦、黑麦等谷物，以玉米污染最为常见。

④玉米赤霉烯酮：玉米赤霉烯酮是由玉米赤霉菌、禾谷镰刀菌和三线镰刀菌等真菌所产生的具有雌激素毒性作用的真菌毒素。玉米赤霉烯酮的耐热性较强，110℃下处理 1h 才被完全破坏。

玉米赤霉烯酮毒性有生殖毒性、肾脏毒性、免疫毒性、肝脏毒性和诱发肿瘤的形成。由于玉米赤霉烯酮具有雌激素作用，主要作用于生殖系统，可使家畜、家禽和实验小鼠产生雌性激素亢进症。妊娠期的动物（包括人）食用含玉米赤霉烯酮的食物可引起流产、死胎和畸胎。也可引起中枢神经系统的中毒症状，如恶心、发冷、头痛、神智抑郁和共济失调等。

主要污染玉米、小麦、大米、大麦、小米和燕麦等谷物，以玉米的阳性检出率最高，也可以通过饲料污染畜禽类产品。

（2）储粮害虫污染　粮油及其加工制品因为储存条件不良或者储存方法不当容易滋生各种储粮害虫，如甲虫、蛾类及它们的幼虫等，储粮害虫在危害粮油过程中还要进行繁殖等生命活动，使粮油中产生虫卵、蛹、皮壳、虫尸、粪便等，有的害虫还具有臭腺分泌臭气使粮油及其制品带有难闻的气味。尽管储粮害虫及其卵、蛹等并不会对食用者的生命安全构成威胁，但却损害了粮油及其加工制品的外观品质、营养品质，影响食用卫生。

2. 化学性污染

粮油及其制品中的化学性污染物，主要是化学药剂和金属与非金属毒物等。

（1）化学药剂 粮油中的化学药剂有田间化学农药和粮仓杀虫药剂等，它们在田间和粮仓中使用后会造成粮食的污染，致使粮油中有一定数量的农药残留，人畜长期大量摄入含有化学药剂的粮油制品，会对机体造成一定的损害。

防止化学药剂对粮油污染的措施有：禁止或限制使用严重污染粮油、危害人畜健康的农药或粮仓杀虫药剂；加强农药和粮仓杀虫药剂的使用管理；使用高效、低毒、低残留的化学药剂；改善储藏技术；采用生物防治和物理机械防治的方法代替化学防治。

（2）金属与非金属毒物 粮油中的金属和非金属毒物主要有 Hg、Pb、As 和 Cd 等，这些物质人体只需要或只能耐受极少的数量，计量稍高即会出现中毒症状。预防金属与非金属毒物对粮油污染的方法主要是：认真做好环境保护工作，严格执行工业“三废”排放卫生标准；加强粮油及其制品的卫生检测，掌握污染情况，及时采取去毒措施；采用合理的粮油加工工艺，严格执行食品添加剂的使用限量；严格执行国家食品卫生标准，禁止含毒食品销售和食用。

（三）因储存、加工方法不当而产生的有毒有害物

粮油中的有毒有害物质除本身固有的和从外界浸染的外，也可以因为储藏或加工方法不当而产生有毒有害物质。如马铃薯中的龙葵素，虽然天然含有，但量少，不会对人畜产生毒害。而当储藏时受阳光照射皮层变绿或温湿适宜而发芽时，其中的龙葵素含量就会大大增加。油脂也是一样，长期储存于不良的环境下，可因空气中的氧气、日光、微生物、酶等作用而使油脂酸败，使油脂分解产生脂肪酸、醛、酮等有机化合物，不仅使油脂的感官性质发生裂变，而且对人体健康造成危害，轻者引起呕吐、腹泻，重者则能引起肝肿大、各种炎症等，还可以使人体呼吸系统的某些酶受到破坏。另外煎炸等食品加工方式，油脂受高温加热作用会发生热氧化、热聚合、热分解和水解等化学反应，使油脂品质劣化，不仅会使油脂气泡、发烟、着色、保存稳定性降低、营养价值降低，而且还会生成氧化聚合物，出现毒性。

五、 粮油的生理性质

粮食及油料收获后，已与母体植株脱离，但其生命活动并未停止，仍为活的有机体，即使处于休眠或干燥条件下，仍进行各种生理生化变化，这些生理活动是粮食及油料新陈代谢的基础，又直接影响粮食及油料的储藏稳定性。

（一）呼吸作用

呼吸作用是粮食及油料籽粒维持生命活动的一种生理表现，呼吸停止就意味着死亡。通过呼吸作用，消耗 O_2，放出 CO_2并释放能量。对有萌发力的籽粒，呼吸作用主要发生在胚部，以有机物质的消耗为基础。呼吸作用强则有机物质的损耗大，造成粮油品质下降快，甚至丧失利用价值。加工后的成品粮虽已丧失发芽

能力，但也表现为消耗 O_2 与放出 CO_2，这主要是由于感染了微生物和害虫，这些生物也进行呼吸，且强度比籽粒大，所以粮油籽粒的呼吸作用实际上是粮堆生态系统的总体表现。

粮食的呼吸作用有两种类型，即有氧呼吸与无氧呼吸。

有氧呼吸是活的粮油籽粒在游离氧存在的条件下，通过一系列酶的催化作用，有机物质彻底氧化分解成 CO_2 和 H_2O，并释放能量的过程。有氧呼吸是粮食呼吸作用的主要形式，产生的能量大约有70%储藏在ATP中，其余的能量则以热能散发出来，这就是为什么呼吸作用是粮食发热的重要原因之一。

有氧呼吸的特点是有机物的氧化比较彻底，同时释放出较多的能量，从维持生理活动来看是必需的，但对粮油储藏则不利，因此储藏期间人为地将有氧呼吸控制到最低水平。当粮堆通风良好时，水分超过临界水分、氧气供应充足，粮食处于正常生理条件下，主要以有氧呼吸为主。

无氧呼吸是粮油籽粒在无氧或缺氧条件下进行的。籽粒的生命活动取得能量不是靠空气中的 O_2 直接氧化营养物质，而是靠内部的氧化与还原作用来取得能量的。无氧呼吸也称缺氧呼吸，由于无氧呼吸基质的氧化不完全，产生乙醇，因此，与发酵作用相同。粮食和油料在储藏过程中，既存在有氧呼吸，也存在无氧呼吸。处于通气情况下的粮堆，以有氧呼吸为主，但粮堆深处可能以无氧呼吸为主，尤其是较大的粮堆更为明显；长期密闭储藏的粮堆，则以无氧呼吸为主。

影响粮油籽粒在储藏过程中呼吸作用的因素很多，主要包括两方面，即内部因素和外部因素（环境因素）。

内部因素：粮油籽粒本身对储藏过程中的呼吸作用有十分显著的影响。一般来说，胚占籽粒比例大的粮种呼吸作用强，如玉米比小麦的呼吸强度在相同的外部条件下要高；未熟粮粒较完熟粮粒的呼吸作用强；当年新粮比隔年陈粮呼吸作用旺盛；破碎籽粒较完整的籽粒呼吸强度高；带菌量大的粮油较带菌量小的粮油呼吸作用强。

外部因素：影响粮油籽粒呼吸作用的外部因素主要是水分、温度及环境气体成分。

在影响粮油劣变速度的诸因素中，水分是最主要因素。一般情况下，随着水分含量的增加，粮油籽粒呼吸强度升高，当粮油水分增高到一定数值时，呼吸强度就急剧加强，形成明显的转折点，这个转折点的粮油含水量称为粮油的临界水分。

（二）后熟作用

粮食和油料在田间达到完熟即收获入仓，这时的粮油称为“收获成熟”，但生理上并未完全成熟，表现为种子发芽率较低，加工成品率（如出粉率、出米率、出油率）低、食用品质较差、呼吸作用强，经过储藏一定时期之后，粮食和油料籽粒继续完成内部的生理生化变化，逐步达到生理上的完全成熟，使得上述现象得以改善。粮油从收获成熟到生理成熟的变化过程，称为“后熟作用”。完成后熟作用所经历的时间，称为“后熟期”。通常以粮食和油料种子的发芽率达到80%以上作为完成后熟作用的标志。

粮食和油料后熟期的长短，随粮种、品种以及储藏条件的不同而有很大的差异。有的后熟期较长，可达两三个月，如大麦、小麦，花生；有的后熟期较短，只有10～20d，如玉米；有的则基本无后熟期，如籼稻。

值得注意的是，谷物中的小麦不仅有明显的后熟期，而且有生理后熟和工艺后熟之分。一般情况下，新收获小麦品质较差，但经过一定时间的储藏，烘焙品质及其他品质都逐步提高，而且食用品质也得以改善。通常把小麦在储藏过程中加工及工艺品质逐步提高的过程称为“工艺后熟”。收获后小麦品质逐步改善，大量研究认为是由于组成面筋的麦谷蛋白和醇溶蛋白结构和功能发生变化所造成的。

粮食和油料在入仓储藏过程中进行后熟作用，使得储藏稳定性较差，即使籽粒水分不高，也会出现籽粒表面潮湿“出汗”及“乱温”现象。由于籽粒在后熟作用中酶的活性很强，在物质合成和旺盛的呼吸作用中能释放出较多的水分，这些水分如不能及时散发出去，就有可能在籽粒堆局部集聚，造成局部“出汗”。

旺盛的呼吸作用除产生水分外，还释放大量热量，使微生物得以滋长，从而使籽粒堆温度升高或出现籽粒堆各部分温度不均，这就是后熟期的“乱温”现象。

“出汗”及“乱温”现象造成了籽粒的储藏稳定性较差，所以对处于后熟期的储藏籽粒堆，要勤检查、严管理，注意散温散湿，防虫、防霉，发现问题要及时处理。

任务实施

粮食商品认知

1. 粮食商品认知

名称	别名	类型	形态	结构	用途

2. 油料认知

名称	别名	类型	形态	结构	用途

3. 油脂认知

名称	色泽	气味	类型	用途

任务评价

学生评价表

序号	项目		学习任务的完成情况评价		
1	职业素养	遵守实验室管理规定，严格执行操作程序（10 分）			
2		安全操作，按时完成任务（10 分）			
3		学习积极主动，勤学好问（10 分）			
4		与人协作，相互配合好（5 分）			
5		清洁、整理（5 分）			
6	专业能力	能正确认知各类粮油商品（20 分）			
7		操作规范、熟练（15 分）			
8		认真填写实验报告，且填写正确（10 分）			
9	拓展能力	能发现问题、思考问题并主动解决（15 分）			

续表

序号	项目	学习任务的完成情况评价
10	分数合计（100 分）	
11	存在问题及建议	
12	综合评价	

知识与技能检测

一、理论知识检测

（一）填空题

1. 粮油商品种类繁多，为了便于经营管理，粮食商业部门根据粮油商品的性质、用途将其分为：______、______、______和______四大类。

2. 稻谷籽粒的基本结构是由______、______和______三大部分组成。

3. 粮食是由不同的化学物质按一定的比例组成的，主要营养成分有______、______、______、维生素、矿物质、水分。

4. 糖类是自然界中存在最多、分布最广的一类有机化合物，也是粮食、油料中最主要的储藏物质。根据糖类的结构和水解情况的不同，可以分为______、______、______三大类。

5. 粮油中含有某些有毒有害物质，这些物质按照来源的不同可以分为______、______和______三类。

（二）简答题

1. 简述粮油中的有毒有害物质对人体健康的影响及去除方法。

2. 根据粮油籽粒结构的营养特点，试分析粮油加工过程对粮油营养的影响。

二、技能检测

国家某粮食单位欲对全国粮油品种及粮油特点进行摸底调查，现从地方各粮食行业或企业抽调部分专业人员组建调查队，请协助制作粮油调查表及完成部分调查工作。

任务二

粮油标准与粮油检验

任务目标

1. 了解粮油标准的概念、分级分类及表示方法。
2. 熟悉现行的粮油标准及规定要求。

3. 了解“中国好粮油”标准的基本原则、基本内容及质量控制导则。

4. 了解粮油检验的方法，熟练运用感官鉴定法鉴别粮油品质。

任务分析

粮油标准是粮油在收购、储存、运输、加工、销售等环节的实施准则，了解并熟悉粮油标准，能更好地指导粮油流通各个环节的质量管理、检验等工作。

任务相关知识

一、 标准及标准化

标准与标准化术语是标准化体系中最基本的概念，是人们在生产实践中对标准化活动有关范畴、本质、特征的高度概括。

GB/T 20000. 1—2014《标准化工作指南　第 1 部分：标准化和相关活动的通用术语》对“标准化”的定义是：“为了在既定范围内获得最佳秩序，促进共同效益，对现实问题或潜在问题确立共同使用和重复使用的条款以及编制、发布和应用文件的活动。”由此可见，标准化是一项制定条款的活动，即制定、发布与实施标准的活动过程。标准化活动是以科学、技术与实验的综合成果为依据的。标准化的目的是针对存在的有关问题，提出解决问题的方法，为了在一定范围内获得最佳秩序，最全面的经济效果。标准化条款的特点是“共同使用”和“重复使用”。条款的对象是研究现实的问题和潜在的问题。

GB/T 20000. 1—2014《标准化工作指南　第 1 部分：标准化和相关活动的通用术语》对“标准”的定义：“通过标准化活动，按照规定的程序经协商一致制定，为各种活动或其结果提供规则、指南或特性，供共同使用和重复使用的文件。”

粮油标准是指在粮食及油料收购、储存、运输、加工、销售环节中发布实施的各种技术规范、技术要求检验方法、管理规程及标准化指导性技术文件。粮油标准主要包括粮油及制品的产品标准（含实物标样），质量安全标准，检验方法标准，仪器、设备、设施和加工工艺技术标准，包装、储存、运输技术要求，行业管理、信息技术的规范、规程，行业的通用技术术语、图形符号、编码、图例、图标等。

标准的形式有两种：一类是由文字表达的文本；另一类是实物标准，标准物质、标准样品都属于标准。

（一）标准的分级、分类

1. 分级

根据标准的适用领域和有效范围的不同，我国标准分为国家标准、行业标准、地方标准、企业标准。

（1）国家标准　由国务院标准化行政主管部门制定的在全国范围内统一的技术要求称为国家标准。

（2）行业标准　没有国家标准而又需在全国某个行业范围内统一的技术标准，由国务院有关行政主管部门制定并报国务院标准化行政主管部门备案的标准称为行业标准。行业标准在相应的国家标准实施后，自行废止。

（3）地方标准　没有国家标准和行业标准而又需在省、自治区、直辖市范围内统一的工业产品的安全、卫生要求，由省、自治区、直辖市标准化行政主管部门制定并报国务院标准化行政主管部门和国务院有关行政主管部门备案的标准，称为地方标准。

（4）企业标准　企业生产的产品在没有或者为了严于国家标准、行业标准和地方标准而由企业自行组织制定的、作为本单位内部组织生产的依据，并按省、自治区、直辖市人民政府的规定备案（不含内控指标）的标准，称为企业标准。

上述四种标准主要是适用范围不同，不是标准技术水平高低的分级。

2. 分类

为适应不同的要求，人们从不同的角度和属性对标准进行了分类，主要分类方法有：

（1）根据法律的约束性分类　根据法律的约束性分类，国家标准和行业标准可分为强制性标准和推荐性标准。

①强制性标准：强制性标准又分为全文强制和条文强制两种形式，在标准的前言中加以说明；条文强制在标准的前言中要说明强制条款，并在标准中以黑体字表示。

条文强制形式的标准，其内容涉及国家安全，人身安全、健康，动、植物生命或财产安全，环境保护或资源合理利用的，列为强制性条款。各级政府的行政法律、法规条款在标准中出现，也属于强制性条款。

②推荐性标准　推荐性标准是指导性文件、规定。世界贸易组织贸易技术壁垒协定（WTO/TBT）对推荐性标准的定义是：由公认机构批准的，非强制性的，为了通用或反复使用的目的，为产品或相关生产方法提供规则、指南或特性的文件。推荐性标准也可以包括或专门规定用于产品、加工或生产方法的术语、符号、包装标准或标签要求。

推荐性准则由于是协调一致的文件，不受政府和社会团体的利益干预，能更科学地规定特性或指导生产。《标准化法》鼓励企业积极采用推荐性标准。为了防止企业利用标准欺诈消费者，要求企业采用标准一般不低于同类推荐性标准的要求，若企业用低于同类推荐性标准组织生产的，应向消费者明示其产品标准水平。

③标准化指导性技术文件　标准化指导性技术文件是为处于技术发展较快的技术领域的标准化工作提供指南或信息，供科研、设计、生产、使用和管理等有

关人员参考使用而制定的文件。

（2）根据标准的性质分类

①技术标准：技术标准是对标准化领域中需要协调统一的技术事项而制定的标准。技术标准主要是事物的技术性内容。

②管理标准：管理标准是对标准化领域中需要协调统一的管理事项所制定的标准。管理标准主要是规定人们在生产活动和社会生活中的组织结构、职责权限、过程方法、程序文件以及资源分配等事宜，它是合理组织国民经济、正确处理各种生产分配、提高生产效率和效益的依据。

③工作标准：工作标准是对标准化领域中需要协调统一的工作事项所制定的标准。工作标准是针对具体岗位而规定人员和组织在生产经营管理活动中的职责、权限，对各种过程的定性要求以及活动程序和考核评价要求。

（3）根据标准化的对象和作用分类

①基础标准：基础标准是在一定范围内作为其他标准的基础并普遍通用，具有广泛指导意义的标准。如：名词、术语、符号、代号、标志、方法等标准；计量单位制、公差与配合、形状与位置公差、表面粗糙度、螺纹及齿轮模数标准；图形符号和工程制图；产品环境条件及可靠性要求等。

②产品标准：产品标准是为保证产品的适用性，对产品必须达到的某些或全部特性要求所制定的标准。包括品种、规格、技术要求、试验方法、检验规则、包装、标志、运输和储存要求等。

③方法标准：方法标准是以试验、检查、分析、抽样、统计、计算、测定、作业等各种方法为对象而制定的标准。

④安全标准：安全标准是以保护人、动物和财、物等安全为目的而制定的标准。

⑤卫生标准：卫生标准是为保护人的健康，对食品、医药及其他方面的卫生要求而制定的标准。

⑥环境保护标准：环境保护标准是为保护环境和有利于生态平衡，对大气、水体、土壤、噪声、振动、电磁波等环境质量、污染管理、监测方法及其他事项而制定的标准。

（二）标准的代号和表示方法

根据《国家标准管理办法》《行业标准管理办法》《地方标准管理办法》和《企业标准化管理办法》的有关规定，我国各级（类）标准的代号和表示方法如下：

1. 国家标准

国家标准代号是以 GB（汉语拼音头两个字母，下同）表示。如 GB 1350—2009《稻谷》，表示标准名称是稻谷，标准级别是国家标准，标准序号是1350，标准发布年代是 2009 年。

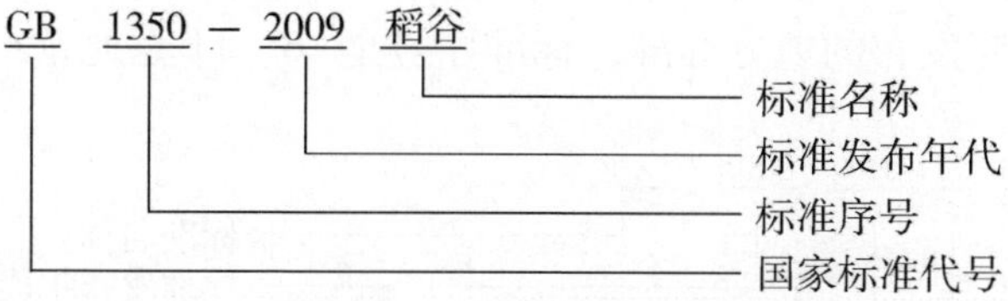

推荐性国家标准代号为 GB/T，GB——国家标准，T——推荐性，如 GB/T 17892—1999《优质小麦 强筋小麦》，标准的名称是优质小麦—强筋小麦，标准发布的年代是 1999 年，标准发布序号是 17892。

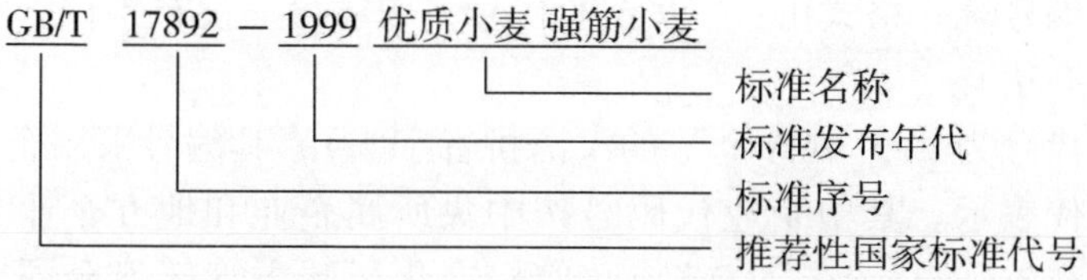

2. 行业标准

行业标准代号由国务院标准化行业主管部门规定，不同行业标准的代号不同，粮食行业标准代号是以 LS 表示。

例 1　LS/T 1202—2002《储粮机械通风技术规程》，表示是推荐性粮食行业标准，标准的名称是储粮机械通风技术规程，2002 年发布的，标准序号是 1202。

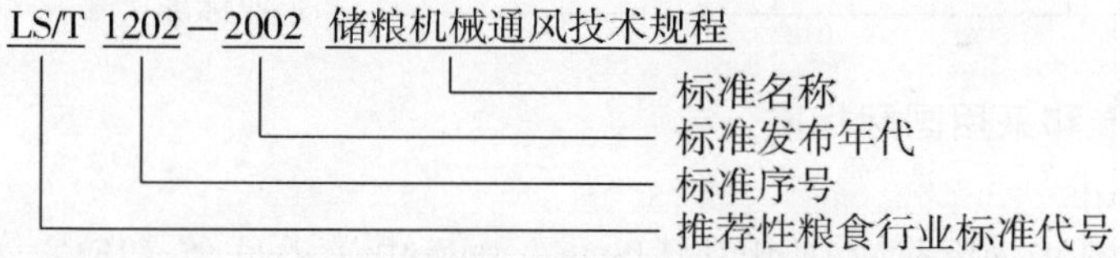

例 2　LS 1206—2005《粮食仓库操作规程》，表示是强制性粮食行业标准，标准名称是粮食仓库操作规程，2005 年发布的，标准序号是 1206。

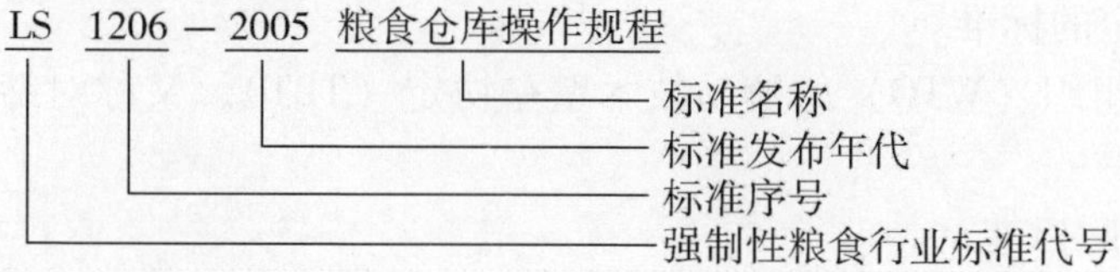

应该注意的是，国家标准、行业标准的代号中若没有“/T”，则为强制性标准；若有“/T”，则为推荐性标准。

3. 地方标准

地方标准代号是由“地标”汉语拼音第一个字母“DB”组合，加上省、自治区、直辖市的行政代码的前两位数和标准序号和发布年代号构成。如 DB 11/016—2005，代表 2005 年发布的地方标准，标准序号是 16，11 是北京市代号。

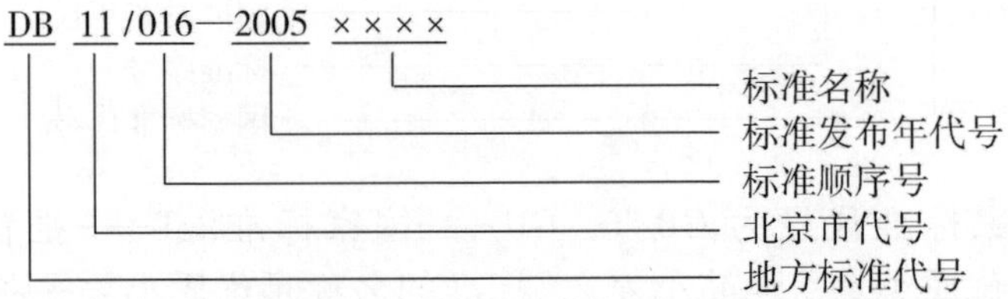

4. 企业标准

企业标准编号统一格式由：“Q/企业代号　顺序号—发布年代”组成（依据企业标准化管理办法）。

企业标准代号为“Q”（“企”的汉语拼音字头），其编号采用企业代码号、顺序号和发布年代表示。其中企业代码号按中央所属企业和地方企业分别由国务院行政主管部门和省、自治区、直辖市政府标准化行政主管部门会同同级有关行政主管部门规定。如，某企业标准编号为：

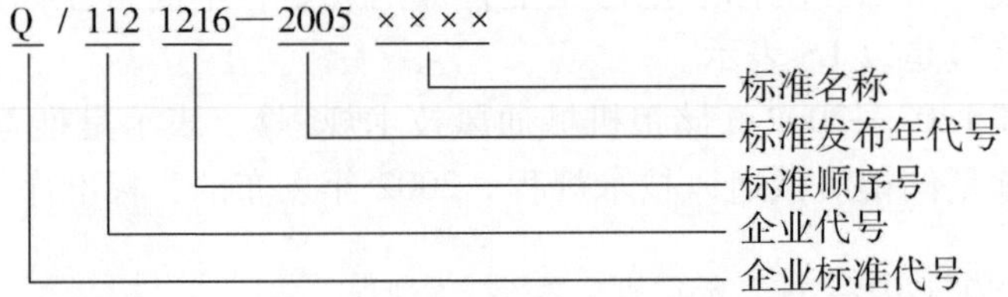

（三）国际标准和采用国际标准

1. 国际标准

国际标准是指国际标准化组织（ISO）、国际电工委员会（IEC）和国际电信联盟（ITU）制定的标准，以及国际标准化组织确认并公布的其他国际组织［国际计量局（BIPM）、食品法典委员会（CAC）、国际橄榄油理事会（IOOC/COI）、国际法制计量组织（OIML）、世界卫生组织（WHO）、世界知识产权组织（WIPO/CIPR）］等制定的标准。

世界贸易组织（WTO）的贸易技术壁垒协定（TBT），又称对缔约国标准化工作的标准守则。

2. 采用国际标准

采用国际标准是指将国际标准的内容，经过分析研究和试验验证，等同或修改转化为我国标准（包括国家标准、行业标准、地方标准和企业标准，下同），并按我国标准审批发布程序审批发布。

（1）采用国际标准的原则　采用国际标准，应当符合我国有关法律、法规，遵循国际惯例，做到技术先进、经济合理、安全可靠。有些国家的标准申请了专利权，我们应谨慎采用。制定或修订我国标准，应当以相应国际标准（包括即将制定完成的国际标准）为基础，同时需标明与相应国际标准之间的差异。对于国际标准中通用的基础性标准、试验方法标准应当优先采用。

采用国际标准中的安全标准、卫生标准、环保标准制定我国标准，应当以保障国家安全、防止欺骗、保护人体健康和人身财产安全、保护动植物的生命和健康、保护环境等正当理由为目标。

采用国际标准时，应当尽可能等同采用国际标准。由于基本气候、地理因素或者基本的技术问题等原因对国际标准进行修改时，应当将与国际标准的差异控制在合理的、必要的并且是最小的范围之内。

采用国际标准，应当同我国的技术引进、企业的技术改造、新产品开发、老产品改进相结合。

采用国际标准的我国标准的制定、审批、编号、发布、出版、组织实施和监督，同我国其他标准一样，按我国有关法律、法规和规章规定执行。

采用国际标准的我国标准，在编制说明中，应当详细地说明采用该标准的目的、意义、标准的水平、我国标准与被采用标准的主要差异及其原因等。

（2）采用国际标准的程度　我国标准采用国际标准的程度，分为等同采用、修改采用和非等效。

①等同采用　代号 IDT，指与国际标准在技术内容和文本结构上相同，或者与国际标准在技术内容上相同，只存在少量编辑性修改。

②修改采用　代号 MOD，指与国际标准之间存在技术性差异，并清楚地标明这些差异以及解释其产生的原因，允许包含编辑性修改。

③非等效　代号 NEQ，当国家标准和国际标准的技术内容和文本机构不同，同时这种差异在国家标准中没有被清楚地说明时，国家标准与相应国际标准的一致性程度为“非等效”。非等效还包括在国家标准中只保留国家标准中少量或者不重要的条款的情况。与国际标准的一致性程度为“非等效”的国家标准，不属于采用国际标准。

（3）编号表示方法　采用国际标准的我国标准的编号表示方法如下：

①等同采用国际标准的我国标准采用双编号的表示方法

示例：GB/T ×××××—2014/ISO ×××××：2012

上述双编号方法仅适用于等同采用国际标准。对修改和非等效的国家标准，只使用国家标准编号，不可使用上述双编号方法。

②修改采用国际标准的我国标准，只使用我国标准编号：在采用国际标准时，应当按 GB/T 1.1—2009《标准化工作导则　第 1 部分：标准的结构和编写》的规定起草和编写我国标准。在等同采用 ISO/IEC 以外的其他组织的国际标准时，我国标准的文本结构应当与被采用的国际标准一致。

二、现行的粮油标准

国家一直高度重视粮油标准化工作，始终以保护农民利益、促进粮食生产、维护消费者健康、提高粮油产品质量、规范粮食流通秩序、增强粮油市场宏观调控能力为目标，大力推进粮油标准化事业。目前，我国已形成了包括粮油产品标准、检验方法标准、储运加工机械设备和检验仪器标准、行业管理技术规范标准等数百项标准在内的比较完整的粮油标准体系，覆盖了粮食收购、储存、加工、运输、销售和进出口等各个环节。

（一）原粮、油料质量标准

关于稻谷、小麦、玉米、大豆、油菜籽等原粮油料的现行有效国家标准，较好地反映了我国现阶段粮食生产流通的实际情况，对全面提高我国商品粮整体质量、配合落实国家有关惠农政策、促进粮食种植结构调整、促进种粮农户增收、推动粮食产销衔接等方面发挥了重要作用（表1-5）。目前，稻谷、小麦、玉米、大豆的质量标准为强制性国家标准，其他为推荐性标准。

表1-5　主要原粮、油料国家质量标准

序号	标准名称	执行标准代码	分类	实施日期
1	稻谷	GB 1350—2009	产品	2009/7/1
2	优质稻谷	GB/T 17891—2017	产品	2018/7/1
3	富硒稻谷	GB/T 22499—2008	产品	2009/1/20
4	小麦	GB 1351—2008	产品	2008/5/1
5	优质小麦 强筋小麦	GB/T 17892—1999	产品	2000/4/1
6	优质小麦 弱筋小麦	GB/T 17893—1999	产品	2000/4/1
7	大豆	GB 1352—2009	产品	2009/9/1
8	玉米	GB 1353—2009	产品	2009/9/1
9	花生	GB/T 1532—2008	产品	2009/1/20
10	芝麻	GB/T 11761—2006	产品	2007/1/1
11	油菜籽	GB/T 11762—2006	产品	2007/4/1
12	棉籽	GB/T 11763—2008	产品	2009/1/20
13	葵花籽	GB/T 11764—2008	产品	2009/1/20
14	亚麻籽	GB/T 15681—2008	产品	2009/1/20

（二）主要成品粮油质量标准

大米、小麦粉、食用油脂等粮食加工产品是我国消费最多、涉及面最广的食品。为此，相关标准中，除了对产品质量提出进一步的要求以外，重点对产品安全、产品成分的真实性、标签标识的规范性等方面进行了规范，以保障消费者的健康和权益、推动我国粮油加工行业健康发展提供了必要技术法规保障（表1-6）。

表1-6　　主要粮食、油料制品国家质量标准

序号	标准名称	执行标准代码	分类	实施日期
1	大米	GB 1354—2009	产品	2009/10/1
2	糙米	GB/T 18810—2002	产品	2003/2/1
3	小麦粉	GB/T 1355—1986	产品	1987/4/1
4	高筋小麦粉	GB/T 8607—1988	产品	1988/7/1
5	低筋小麦粉	GB/T 8608—1988	产品	1988/7/1
6	营养强化小麦粉	GB/T 21122—2007	产品	2008/1/1
7	小米	GB/T 11766—2008	产品	2009/1/20
8	玉米粉	GB/T 10463—2008	产品	2009/1/20
9	玉米糁	GB/T 22496—2008	产品	2009/1/20
10	花生油	GB 1534—2003	产品	2004/5/1
11	大豆油	GB 1535—2003	产品	2004/5/1
12	芝麻油	GB 8233—2008	产品	2009/1/1
13	亚麻籽油	GB/T 8235—2008	产品	2009/1/20
14	葵花籽油	GB 10464—2003	产品	2003/10/1
15	油茶籽油	GB 11765—2003	产品	2003/10/1
16	玉米油	GB 19111—2003	产品	2003/10/1
17	米糠油	GB 19112—2003	产品	2003/10/1
18	棕榈油	GB/T 15680—2009	产品	2009/10/1
19	橄榄油、油橄榄果渣油	GB 23347—2009	产品	2009/10/1

（三）粮油的食品安全标准

为了保证消费者健康，所有粮油需依据《中华人民共和国食品安全法》符合食品安全标准要求。粮油产品的国家和行业标准中，均将食品安全标准作为质量要求的一项内容。目前，涉及粮油的食品安全标准主要有GB 2715—2016《食品安全国家标准　粮食》、GB 19641—2015《食品安全国家标准　食用植物油料》、GB 2761—2005《食用植物油卫生标准》、GB 2761—2017《食品安全国家标准　真菌毒素限量标准》、GB 2762—2017《食品安全国家标准　污染物限量标准》、GB 2763—2016《食品安全国家标准　农药残留限量标准》。

1. 粮食的食品安全标准

GB 2715—2016《食品安全国家标准　粮食》，适用于供人食用的原粮和成品粮，包括谷物、豆类、薯类等，不适用于加工食用油的原料。标准中对粮食的感官要求、理化指标、有毒有害菌类和植物种子限量、污染物限量和真菌毒素限量、农药残留限量、食品添加剂和食品营养强化剂食用要求作了规定。感官要求、理化指标、有毒有害菌类和植物种子限量分别见表1－7、表1－8、表1－9。

表1－7　　食品安全标准　粮食感官要求

项目	要求	检验方法
色泽、气味	具有正常粮食的色泽、气味	GB/T 5492—2008《粮油检验　粮食、油料的色泽、气味、口味鉴定》
热损伤粒/%		按GB/T 5494—2008《粮油检验　粮食、油料的杂质、不完善粒检验》中不完善粒检验规定，挑拣出热损伤粒，称量，计算含量
小麦	≤0.5	
霉变粒/%		按GB/T 5494—2008《粮油检验　粮食、油料的杂质、不完善粒检验》中不完善粒检验规定，挑拣出霉变粒，称量，计算含量
大豆	≤1.0	
除大豆外的其他粮食	≤2.0	

表1－8　　食品安全标准　粮食理化指标

项目	指标	检验方法
总氢氰酸/(mg/kg)		GB 5009.36—2016《食品安全国家标准　食品中氰化物的测定》
木薯粉	≤10	
单宁（以干基计）/%		GB/T 15686—2008《高粱　单宁含量的测定》
高粱米、高粱粉	≤0.3	

表1－9　　食品安全标准　粮食中有毒、有害菌类和植物种子限量

项目	限量	检验方法
麦角/%		GB 2715—2016《食品安全国家标准　粮食》中附录A
大米、玉米、豆类	不得检出	
小麦、燕麦、莜麦、大麦、米大麦	≤0.01	
毒麦/(粒/kg)		SN/T 1154—2002《植物检疫　毒麦检疫鉴定方法》
小麦、大麦	≤1	
曼陀罗属及其他有毒植物的种子[a]/(粒/kg)		GB 2715—2016《食品安全国家标准　粮食》中附录B
玉米、高粱米、豆类、小麦、燕麦、莜麦、大麦、米大麦	≤1	

注：猪屎豆属（*Crotalaria* spp.）、麦仙翁（*Agrostemma githago* L.）、蓖麻籽（*Ricinus communis* L.）和其他公认的对健康有害的种子。

2. 食用植物油的食品安全标准

GB 19641—2015《食品安全国家标准　食用植物油料》，适用于制取食用植物油的油料。标准中对植物油料的感官要求、有毒有害菌类和植物种子限量、污染物限量和真菌毒素限量、农药残留限量、转基因的标识要求作了规定。感官要求、有毒有害菌类和植物种子限量分别见表1－10、表1－11。

表1－10　　食品安全标准　食用植物油料感官要求

项目	要求	检验方法
色泽、气味	具有正常油料的色泽、气味	GB/T 5492—2008《粮油检验　粮食、油料的色泽、气味、口味鉴定》
霉变粒，%		按 GB/T 5494—2008《粮油检验　粮食、油料的杂质、不完善粒检验》中不完善粒检验规定，挑拣出霉变粒，称量，计算含量
大豆	≤1.0	
其他	≤2.0	

表1－11　食品安全标准　食用植物油料中有毒有害菌类和植物种子限量

项目	限量	检验方法
曼陀罗属及其他有毒植物的种子/(粒/kg)		GB 19641—2015《食品安全国家标准　食用植物油料》中附录 A
大豆、油菜籽	≤1	
麦角/%		GB 19641—2015《食品安全国家标准　食用植物油料》中附录 B
油菜籽	≤0.05	
其他	不得检出	

3. 食用植物油的食品安全标准

食用植物油的食品安全标准仍按 GB 2716—2005《食用植物油卫生标准》执行其适用于食物原油、食用植物油，不适用于氢化油和人造奶油。标准对食用植物油的原料和辅料要求、感官要求、理化指标、食品添加剂及生产过程作了规定，理化指标见表1－12。

表1－12　　食用植物油卫生标准的理化指标

项目	指标	
	植物原油	食用植物油
酸价*（KOH）/（mg/g）	≤4	≤3
过氧化值*/（g/100g）	≤0.25	≤0.25
浸出油溶剂残留/（mg/kg）	≤100	≤50
游离棉酚/%		
棉籽油	—	≤0.02

续表

项目	指标	
	植物原油	食用植物油
总砷（以 As 计）/(mg/kg)	≤0.1	≤0.1
铅（Pb）/(mg/kg)	≤0.1	≤0.1
黄曲霉毒素 B_1/(μg/kg)		
花生油、玉米胚油	≤20	≤20
其他油	≤10	≤10
苯并（a）芘/(μg/kg)	≤10	≤10
农药残留	按 GB 2763—2014《食品安全国家标准　食品中农药最大残留限量》规定执行	

注：* 栏内项目如具体产品的强制性国家标准中已作规定，按已规定的指标执行

4. 粮油中真菌毒素限量、污染物限量、农药残留限量的主要指标

（1）粮油中真菌毒素限量　GB 2761—2017《食品安全国家标准　食品中真菌毒素限量》中，涉及粮食的毒素主要有黄曲霉毒素 B_1、脱氧雪腐镰刀菌烯醇、赭曲霉毒素 A、玉米赤霉烯酮，具体指标见表 1－13。

表 1－13　食品安全标准　粮食中真菌毒素限量

项目	限量/(μg/kg)	检验方法
黄曲霉毒素 B_1		
谷物及其制品		
玉米、玉米面（渣、片）及玉米制品	20	GB 5009.22—2003《食品中黄曲霉毒素 B_1 的测定》
稻谷、糙米、大米	10	
小麦、大麦、其他谷物	5.0	
小麦粉、麦片、其他去壳谷物	5.0	
脱氧雪腐镰刀菌烯醇		
谷物及其制品		GB/T 5009.111—2003《谷物及其制品中脱氧雪腐镰刀菌烯醇的测定》
玉米、玉米面（渣、片）	1000	
小麦、大麦、小麦粉、麦片	1000	
赭曲霉毒素 A		
谷物及其制品		GB 5009.96—2016《食品安全国家标准　食品中赭曲霉毒素 A 的测定》
谷物	5.0	
谷物碾磨加工品	5.0	
玉米赤霉烯酮		
谷物及其制品		GB 5009.209—2016《食品安全国家标准　食品中玉米赤霉烯酮的测定》
小麦、小麦粉	60	
玉米、玉米面（渣、片）	80	

（2）粮油中污染物限量　污染物是指食品在从生产（包括农作物种植、动物饲养和兽医用药）、加工、包装、储存、运输、销售，直至食用等过程中产生的或由环境污染带入的、非有意加入的化学性危害物质。本标准所规定的污染物是指除农药残留、兽药残留、生物毒素和放射性物质以外的污染物。污染物限量是指污染物在食品原料和（或）食品成品可食用部分中允许的最大含量水平。

GB 2762—2017《食品安全国家标准　食品中污染物限量》中涉及粮食的污染物主要有铅、镉、汞、砷、铬、镍、苯并（a）芘，具体指标限量见表 1－14。

表 1－14　　食品安全标准　粮食、油脂中污染物限量

项目	限量		检验方法
铅/（mg/kg）			GB 5009.12—2010《食品安全国家标准　食品中铅的测定》
谷物及其制品*［麦片、面筋、八宝粥罐头、带馅（料）面米制品除外］	0.2		
麦片、面筋、带馅（料）面米制品	0.5		
镉/（mg/kg）			GB/T 5009.15—2003《食品中镉的测定》
谷物及其制品			
谷物（稻谷*）除外	0.1		
谷物碾磨加工品（糙米、大米除外）	0.1		
稻谷*、糙米、大米	0.2		
汞/（mg/kg）	总汞		GB 5009.17—2014《食品安全国家标准　食品中总汞及有机汞的测定》
谷物及其制品			
稻谷*、糙米、大米、玉米、玉米面（渣、片）、小麦、小麦粉	0.02		
砷/（mg/kg）	总砷	无机砷	GB 5009.11—2014《食品安全国家标准　食品中总砷及无机砷的测定》
谷物及其制品			
谷物（稻谷*除外）	0.5	—	
谷物碾磨加工品（糙米、大米除外）	0.5	—	
稻谷*、糙米、大米	—	0.2	
铬/（mg/kg）			GB 5009.123—2014《食品安全国家标准　食品中铬的测定》
谷物及其制品			
谷物*	1.0		
谷物碾磨加工品	1.0		
镍/（mg/kg）			GB 5009.138—2017《食品安全国家标准　食品中镍的测定》
油脂及其制品			
氢化植物油及氢化植物油为主的产品	1.0		
苯并（a）芘/（μg/kg）			GB 5009.27—2016《食品安全国家标准　食品中苯并（a）芘的测定》
谷物及其制品			
稻谷*、糙米、大米、小麦、小麦粉、玉米、玉米面（渣、片）	5.0		

注：*稻谷以糙米计

(3) 农药残留限量　GB 2763—2016《食品安全国家标准　食品中农药最大残留限量》中，规定了食品中433中农药4140项最大残留限量及相关的检测方法。涉及粮油的农药主要有有机磷、有机氯、氨基甲酸酯和拟除虫菊酯等四类。在实际工作中，要检测粮食中农药残留，需根据所检测粮食施用的农药名录，按照上述标准中规定的方法和限量要求，有针对性的进行检测和评价。

三、“中国好粮油”标准

我国粮食生产经过十几年的稳步增长，已经解决了国民的温饱问题。粮食供给也开始从解决“吃得饱”到满足“吃得好”转变。为此，中央政府在2016年底提出了《中共中央国务院关于深入推进农业供给侧结构性改革加快培育农业农村发展新动能的若干意见》。国家粮食局于2017年在其官网发布了《关于实施优质粮食工程促进粮食产业提质增效的通知》，提出要“聚焦增加绿色优质粮油产品供给，发挥市场对生产的引导作用，通过标准引领、质量测评、品牌培育、健康宣传和试点示范，促进优质粮油基地建设，提高绿色优质粮油产品的供给水平，满足城乡居民消费升级需求”。为此，在全国粮油标准化委员会的支持下，提出制定“中国好粮油系列标准”，包括：小麦系列（小麦、小麦粉和挂面），稻米系列（稻谷和大米），玉米系列（食用玉米和饲用玉米），大豆、食用植物油和杂粮系列（杂粮和杂豆），作为粮食行业标准发布。

（一）“中国好粮油”系列标准编制原则

1. 安全是底限，应高于现行国家相关卫生标准的要求，引入了“安全指数”的概念。

2. 按照用途进行分类定等，定等指标在满足达到目的要求的情况下尽量简化，提出了“声称指标”的定义。

3. 强调原粮的品质一致性，提出了不同原粮的“一致性”的定义和要求。

4. 注重营养，重点体现在挂面、植物油和杂粮系列标准中。

5. 体现“适度加工、节粮减损”的原则，尤其是在稻米系列标准中。

6. 标准中应有质量追溯信息。

（二）“中国好粮油”标准的主要内容

1. 适用范围

该系列标准适用于参加“中国好粮油行动”的食用/饲用/食品工业用国产商品粮油。尤其强调原粮的国产属性，对于成品粮，也强调以国产粮油为主要加工原料。

2. 相关术语和定义

系列标准中通用的术语和定义如下：

(1) 基本指标　各类和各级产品都必须满足的质量指标。

（2）定等指标　用于对粮食进行分类和判别等级，并由第三方进行检验的质量指标。

（3）声称指标　虽不用于定等，但须提供第三方检验报告，或提供可证明其声称的文件，并做交易时进行声称的指标。

（4）食品安全指标　规定真菌毒素、重金属、农药残留等卫生指标在符合相关国家标准及有关规定的基础上，安全指数应≤0.7。

安全指数是用于综合反映粮食安全情况，通过检测粮食重金属、农药残留和真菌毒素等安全指标的含量并与标准规定的限量值计算获得。用内梅罗指数（PN）表示。内梅罗指数是一种兼顾极值或突出最大值的计权型多因子环境质量指数。

（5）标签标识　强调了标签标识中对收获年度、声称指标检验值及安全指数的标注。

3. 生产质量控制导则

本标准规定了参加“中国好粮油行动”的粮油生产质量控制的产地环境要求、品种要求、栽培技术、田间管理技术、收储条件、烘干技术、运输条件、加工、包装、销售等质量控制技术要求等。适用于参加“中国好粮油行动”的稻谷、小麦、玉米、大豆的生产、收获、储存、运输及大米、面粉、油脂的加工等环节。

（1）种植生产环节　该环节主要把握产地环境、品种要求、栽培和田间管理、农药管理等相关规定和技术要求。

（2）收获环节　该环节主要在保证成熟度的条件下，适当控制收获时水分；收割前应对收割机进行清理，防止品种间混杂。

（3）干燥环节　该环节采用保质干燥技术，即根据不同粮食品种的加工用途要求采用相应的干燥工艺技术及装备，最低限度地降低烘干对粮食加工用途的影响，满足粮食加工生产需求。

（4）储藏环节　该环节主要根据粮食加工用途，实现保质保鲜储藏。

（5）加工环节　该环节主要是在执行现有相关规范的基础上，强调大米适度加工和小麦粉清洁加工。建立符合好粮油要求的加工管理制度，建立常用品种原料加工指标控制体系，特别是原料更换清理和防虫处理。

（6）运输环节　该环节主要是防止运输条件下不当造成粮油产品品质劣变。

（7）销售环节　该环节主要强调销售过程中产品保质保鲜，并建立产品质量信息追溯机制和问题粮油召回机制。

（8）记录控制　建立各环节信息的记录、登录系统，实现信息可查询和追溯。

四、 粮油检验

粮、油及其制品是人类赖以生存的营养物质来源，粮油质量与安全是关系国计民生的大事，为最大限度地满足人们对安全、优质的粮油产品的消费需要，粮油检验是保证这一目标实施的基础。

（一）粮油检验的目的

按照粮食的流通情况，分为收购、销售、调运、储存、加工5个环节，在不同的业务环节，实施检验的目的是不同的。

粮油收购、销售、调运时实施检验，其目的是为粮油的定等作价提供依据，以贯彻优质、优价的价格政策。

各级储备库在粮油轮入时实施的检验，其目的是判定粮油是否符合储备粮油的入库质量标准，检查粮油的新陈程度以及储存品质指标是否适宜储存，同时为粮食分类储存提供科学依据；粮油储存时定期的（如中央储备粮油每年3月和9月的质量检查）粮油质量分析，其目的是探索粮食储存指标的变化规律，指导科学储粮，为“推陈储新，适时轮换”提供科学依据；不定期的粮情检测，其目的是探查局部粮情异常的原因；粮油轮出时的质量检验，是检测粮油的综合品质，同时还要对储存期间曾经使用过的熏蒸剂残留进行检测，看其是否符合相应的卫生标准，是否能投放市场。

加工企业的进货检验，是验证所购原料与采购合同、原料技术标准及加工工艺要求是否相符合，作出接收或拒收的处理意见，防止不合格原粮进厂；加工过程的工序检验，是检查关键工序质量控制点的确立是否准确、有效，在制品的质量是否符合相关工艺的质量要求，确保资源的合理利用，防止不合格的半成品流入下道工序，确保生产出的产品达到规定的质量指标；加工企业的出厂检验（自行出厂检验或委托出厂检验）是检验各批次的产品的品种、规格、质量、标识等项目是否符合相关标准和技术要求，防止不合格成品流入市场。

粮油检验的类型不同，其检验目的也不同。

受质量技术监督部门、工商行政管理部门或其他政府机构的委托而实施的监督检验，其目的在判定其产品是否符合生产、销售的质量标准，为政府机构实施产品质量监督和宏观调控提供科学依据。

委托检验旨在按委托合同（或协议）的要求，为客户提供产品质量信息，一般不下综合性的结论。

粮食品质测报实施检验，其目的在对各地所产的主要粮种（稻谷、玉米、小麦、大豆等）进行检测，调查其品质状况，按规定进行统计、汇总、上报，为领导提供决策依据，为用户提供基础数据和基础资料，以指导农业生产、育种、种植结构调整及粮食贸易等工作。

（二）粮油检验的任务

1. 按相关的产品质量标准和卫生标准对粮油实施检验，判定产品质量是否合格。

2. 研究和改进粮油分析技术，研究快速、准确、经济、客观的检测方法及仪器设备，研究粮油的新陈试验、掺伪检验和储备粮储存品质指标体系的综合评价。

3. 调查和研究粮油的工艺品质、储藏品质、加工品质、食用品质、卫生品质，为制定和修订粮油质量标准和粮油卫生标准提供科学依据。

（三）粮油检验的方法

根据粮油检验的目的、内容和所应用的技术，粮油品质检验的方法分为以下几类。

1. 物理检验

物理检验是指通过物理方法进行的，反映粮油及其制品的商品外观、物理特性和工艺品质特性的检验，测定方法相对来说简便易行、快速、设备简单、容易普及。在现行粮油质量标准中，有很多物理检验项目，是粮油检验的重要内容。物理检验项目在质量标准中的应用既能较好地贯彻依质论价的政策，又有利于广大基层单位采用和广大粮油生产者接受。物理检验与粮油加工、食品加工关系非常密切，对改进工艺操作、指导生产、保证产品质量、提高经济效益具有重要的作用。

2. 化学检验

化学检验是指依据待测物质的化学性质或本身是化学组成成分特性，通过化学分析技术或仪器分析技术，完成样品中营养物质、有害物质或添加物质等组分的分析。这类方法往往准确度较高，对评价粮油及产品的品质，指导生产有重要意义。

3. 生物学方法

生物学方法包括利用待测组分的生物活性采用的生化技术进行测定的方法，以及免疫学、组织形态学、微生物学等方法。生物学方法往往操作繁琐，技术要求较高、测定周期长、准确性常不如理化方法，但它也是其他方法不可替代的测定技术。

4. 感官分析

感官分析是利用人的视觉、嗅觉、味觉、触觉等感觉对粮油的外观及嗜好性进行检验的方法。粮油及产品的色泽、气味、口感、蒸煮品质、烘焙品质的测定方法，都属于此类方法。感官分析方法简便、无需专门设备和仪器，但这类方法对检验者和物理环境有独特的要求，虽然这种方法主观因素大、结果准确性差，但由于数据统计和评定的科学性，使其成为一个完整的检测手段，是粮油检验中独特而不可缺少的分析技术。

（1）粮谷类感官检验要点　感官检验谷类质量的优劣时，一般依据色泽、外观、气味、滋味等项目进行综合评价。眼睛观察可感知谷类颗粒的饱满程度，是否完整均匀，质地的紧密与疏松程度，以及其本身固有的正常色泽，并且可以看到有无霉变、虫蛀、杂物、结块等异常现象，鼻嗅和口尝则能够体会到谷物的气味和滋味是否正常，有无异臭异味。其中，注重观察其外观与色泽在对粮谷类作感官鉴别时有着尤其重要的意义。

（2）油料与油脂感官检验要点　油料的感官检验主要是依据色泽、组织状态、水分、气味和滋味几项指标进行。这里包括了眼观其籽粒饱满程度、颜色、光泽、杂质、霉变、虫蛀、成熟度等情况，借助于牙齿咬合，手指按捏等办法，根据声响和感觉来判断其水分大小，此外就是鼻嗅其气味，口尝其滋味，以感知是否有异臭异味。其中尤以外观、色泽、气味三项为感官鉴别的重要依据。

油脂的质量优劣，在感官鉴别上也可大致归纳为色泽、气味、滋味等几项，再结合透明度、水含量、杂质沉淀物等情况进行综合判断。其中眼观油脂色泽是否正常，有无杂质或沉淀物，鼻嗅是否有霉、焦、哈喇味，口尝是否有苦、辣、酸及其他异味，是鉴别油脂好坏的主要指标。油脂还可以进行加热试验，当有油脂酸败时油烟浓重而呛人。

任务实施

粮油品质的感官检验

正常的粮食、油料具有固有的色泽、气味和口味。通过色、气、味、形和口感的鉴定，可以初步判断粮食、油料的新陈度和有无异常变化。

（一）粮食、油料的感官检验

1. 色泽鉴别

分取 20 ~ 50g 粮食或油料试样放在手掌中，均匀地摊平，在散射光线下仔细观察其色泽，并与参照样品进行对照，鉴定结果除用“正常”或“不正常”表示外，对“不正常”的应加以说明。

对色泽不易鉴别的样品，根据不同的粮种，取 100 ~ 150g 的粮食或油料样品，在黑色平板上均匀地摊成 15cm × 20cm 的薄层，在散射光线下仔细观察样品的整体颜色和光泽。

2. 气味鉴别

分取 20 ~ 50g 样品放在手掌中，用哈气或摩擦的方法提高试样的温度后，立即嗅其气味。

对气味不易鉴别的样品，分取 20g 试样放入广口瓶中，置于盛有 60 ~ 70℃ 的温水中，盖上瓶塞，颗粒状样品保温 8 ~ 10min，粉末状样品保温 3 ~ 5min，开盖嗅辨气味。

3. 口味鉴别

粮食的口味鉴别一般需加工成成品粮后，再制成熟食品，品尝其口味和滋味是否正常。

（1）稻谷、大米口味的鉴别　取 500g 稻谷样本经砻谷、碾白，制备成标准一等精度大米，再分取 10g 大米，在一定条件下蒸煮成米饭，用感官品评米饭的色泽、气味、外观结构、滋味等，结果以品尝评分值表示。

（2）玉米口味的鉴别　对玉米样品直接评定其色泽、气味后，再将其制成玉米粉并过筛后，在一定条件下蒸制成窝头，用感官评窝头的色泽、气味、外观形状、内部性状、滋味等，结果以品尝评分值表示。

（二）食用油脂的感官检验

1. 透明度鉴别

鉴别方法：当油脂样品在常温下为液态时，量取试样 100mL 注入比色管中，在 20℃下静置 24h（蓖麻油静置 48h），然后移置到乳白色灯泡前（或在比色管后衬以白纸），观察透明程度，记录观察结果。

当油脂样品在常温下为固态或半固态时，根据该油脂熔点熔化样品，但温度不得高于熔点 5℃。待样品熔化后，量取试样 100mL 注入比色管中，设定恒温水浴温度为产品标准中“透明度”规定的温度，将盛有样品的比色管放入恒温水浴中，静置 24h，然后移置到乳白色灯泡前（或在比色管后衬以白纸），观察透明程度，记录观察结果。

观察结果用“透明”“微浊”“浑浊”字样表示。

质量好的液体状态油脂，温度在 20℃静置 24h 后，应呈透明状。如果油质浑浊，透明度低，说明油中水分多、黏蛋白和磷脂多，加工精炼程度差，有时油脂变质后，形成的高熔点物质，也能引起油脂的浑浊，透明度低，掺了假的油脂，也有浑浊和透明度差的现象。

2. 气味、滋味的鉴别

鉴别方法：取少量油脂试样注入烧杯中，均匀加温至 50℃后，离开热源，用玻璃棒边搅拌边嗅气味，同时品尝样品的滋味。

结果表示：

（1）气味表示　当样品具有油脂固有的气味时，结果用“具有某某油脂固有的气味”表示。

当样品无味、无异味时，结果用“无味”“无异味”表示。

当样品有异味时，结果用“有异常气味”表示，再具体说明异味为“哈喇味、酸败味、溶剂味、汽油味、柴油味、热糊味、腐臭味等”。

（2）滋味表示　当样品具有油脂固有的滋味时，结果用“具有某某油脂固有的滋味”表示。

当样品无味、无异味时，结果用“无味”“无异味”表示。

当样品有异味时，结果用“有异常滋味”表示，再具体说明异味为“哈喇味、酸败味、溶剂味、汽油味、柴油味、热糊味、腐臭味、土味、青草味”等。

油的气味正常与否，可以说明油料的质量，油的加工技术及保管条件等的好坏。国家油品质量标准要求食用油不应有焦臭、酸败或其他异味。品尝时，除小磨麻油带有特有的芝麻香味外，一般食用油多无任何滋味。油脂滋味有异感，说明油料质量、加工方法、包装和保管条件等不良。新鲜度较差的食用油，可能带有不同程度的酸败味。

3. 色泽鉴别

鉴别方法：取少量油放在50mL比色管中，在白色幕前借反射光观察试样的颜色。

观察结果以“黄色”“淡黄色”“红色”“深红色”等油脂颜色表示。

各种食用油由于加工方法、消费习惯和标准要求的不同，其色泽有深有浅。如油料加工中，色素溶入油脂中，则油的色泽加深，如油料经蒸炒或热压生产出的油，常比冷压生产出的油色泽深。

任务评价

学生评价表

序号	项目		学习任务的完成情况评价		
1	职业素养	遵守实验室管理规定，严格执行操作程序（10分）			
2		安全操作，按时完成任务（10分）			
3		学习积极主动、勤学好问（10分）			
4		与人协作，相互配合好（5分）			
5		清洁、整理（5分）			
6	专业能力	能熟悉粮油标准并能够运用感官鉴别的方法鉴定粮油品质（20分）			
7		操作规范、熟练（15分）			
8		认真填写实验报告，且填写正确（10分）			
9	拓展能力	能发现问题、思考问题并主动解决（15分）			
10	分数合计（100分）				
11	存在问题及建议				
12	综合评价				

知识与技能检测

一、理论知识检测

（一）填空题

1. 根据标准的适用领域和有效范围的不同，我国标准分为四类：______、______、______和______。

2. 根据法律的约束性分类国家标准和行业标准可分为：______和______；______又分为全文强制和条文强制两种形式。

3. 我国标准采用国际标准的程度，分为______、______和______。

（二）简答题

1. 根据标准的适用领域和有效范围的不同，我国标准分为几类？分别在什么情况下实施？

2. 采用国际标准的原则是什么？如何表示？

二、技能检测

某粮油质监站接收了一批玉米样品，要求对该样本的质量和品质进行全面检验，请找出该样品检测所使用的所有标准。

项目二

稻谷和大米

稻谷是我国主要的粮食作物之一，目前我国水稻的播种面积约占粮食作物总面积的1/4，产量约占全国粮食总产量的1/2，在商品粮中占一半以上。产区遍及全国各地。稻谷是制取大米的原料，全世界约有半数的人以大米为主食，我国也有将近2/3的人以大米为主食。此外，大米还可以用来制作糕点、酿酒和制取淀粉等；稻谷加工的副产品用途也十分广泛。因此，认知并掌握稻谷和大米的特点对于其在储藏、加工、质量检测以及流通等环节都具有非常重要的意义。

任务一

稻谷的认知

任务目标

1. 掌握稻谷的分类及各类稻谷的特点。
2. 认识并掌握稻谷的籽粒形态与结构特点。
3. 了解稻谷的质量标准及质量指标。
4. 了解稻谷的储存特点。

任务分析

正确识别稻谷及其质量指标，了解影响稻谷品质的因素；掌握不同种类稻谷的结构、品质特点是正确检测稻谷及安全储存稻谷的必备基础知识。

任务相关知识

一、稻谷的分类及各类稻谷的特点

（一）根据不同地域、温度条件分类

普通栽培稻可分为籼稻和粳稻两个亚种。籼稻粒形细长，长度是宽度的3倍以上，扁平，茸毛短而稀，一般无芒，即使有芒也很短，稻壳较薄，腹白较大，硬质粒较少；加工时容易出碎米，出米率较低，米质胀性较大而黏性较弱。粳稻则粒形短圆，长度是宽度的1.4～2.9倍，茸毛长而密，芒较长，稻壳较厚，腹白小或没有，硬质粒多，加工时不易产生碎米，出米率较高，米质胀性较小而黏性较强。

（二）根据大米淀粉性质不同分类

无论籼稻或粳稻，根据大米淀粉性质的不同可分为黏稻与糯稻两类。黏稻米淀粉中含直链淀粉10%～30%，其余为支链淀粉，米质黏性小而胀性大，其中粳稻米的黏性又大于籼稻米。糯稻米淀粉则几乎全部为支链淀粉，米质胀性小而黏性大，其中粳糯米黏性最大。此外，黏稻米和糯稻米的色泽不同，黏米胚乳呈半透明状（腹白除外），米质硬而脆，糯米胚乳则是蜡白色不透明（但阴糯半透明状），米质疏松。

（三）根据生长期长短分类

籼稻或粳稻，根据其生长期长短的不同，又可以分为早稻、中稻和晚稻三类。早稻的生长期90～125d，中稻的生长期为125～150d，晚稻的生长期为150～180d。由于生长期长短和气候条件的不同，同一类型的稻谷的品质也表现出一些差别：早稻米一般腹白较大，硬质粒较少，米质疏松，品质较差，而晚稻米则反之，品质较好。

（四）根据栽种地区土壤水分的不同分类

根据栽种地区土壤水分的不同分为水稻和陆稻（旱稻）。水稻种植于水田中，需水量多，产量高，品质较好；陆稻则种植于旱地，耐旱性强，成熟早，产量低，谷壳及糠层较厚，米粒组织疏松，硬度低，出米率低，大米的色泽和口味也较差，目前已很少种植。

（五）根据粮油质量国家标准分类

根据GB 1350—2009《稻谷》将稻谷分为五类：早籼稻谷、晚籼稻谷、粳稻谷、粳糯稻谷、籼糯稻谷。

第一类：早籼稻谷，生长期较短、收获期较早的籼稻谷，一般米粒腹白较大，角质部分较少。

第二类：晚籼稻谷，生长期较长、收获期较晚的籼稻谷，一般米粒腹白较小

或无腹白，角质部分较多。

第三类：粳稻谷，粳型非糯性稻的果实，糙米一般呈椭圆形，米质黏性较大，胀性较小。

第四类：粳糯稻谷，粳型糯性稻的果实，糙米一般呈椭圆形，米粒呈乳白色，不透明或半透明状，黏性大。

第五类：籼糯稻谷，籼型糯性稻的果实，糙米一般呈长椭圆形或细长形，米粒呈乳白色，不透明或半透明状，黏性大。

二、 稻谷的籽粒形态与结构

（一）稻谷

稻谷籽粒（图2－1）是带壳的颖果，由颖（稻壳）和颖果（糙米）两部分构成。颖壳包围在糙米外，包括外颖、内颖和护颖。内颖和外颖呈船形，表面着生茸毛。外颖比内颖大，包住内颖，形成内外颖重叠，表面有五条稍隆起的脉迹（左右两侧各两条，另一条在谷粒的腹线部），颖尖伸长成芒（有的无芒）；内颖较外颖小，表面有三条脉迹（背部及左右两侧各一条），颖尖无芒，极少数有芒，称为双芒稻；护颖呈披针状，共有两片，着生在内外颖基部。

稻谷的色泽与品种有关，一般呈鲜明的金黄色。同一稻粒的颖壳、护颖和芒的颜色不尽相同。

稻谷的颖壳对糙米起保护作用，可防止虫、霉侵害，湿热影响和机械损伤等。

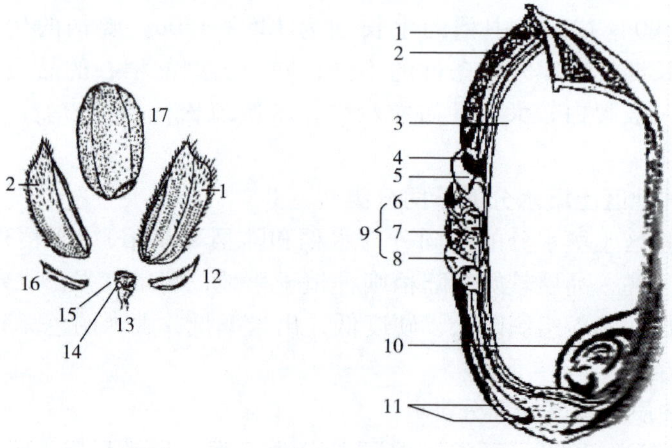

图2－1 稻谷及糙米形态结构

1—外颖 2—内颖 3—胚乳 4—糊粉层 5—种皮 6—内果皮
7—中果皮 8—外果皮 9—果皮 10—胚 11—护颖 12—第1护颖
13—小穗梗 14—副护颖 15—小花梗 16—第2护颖 17—糙米

（二）糙米

稻谷经砻谷脱去颖壳后即可得到糙米，其结构如图 2－1 所示。糙米属于颖果，它的表面平滑有蜡状光泽。糙米米粒中有胚的一面称为腹面，无胚的一面称为背面。糙米米粒表面共有五条纵向沟纹，背面的一条称背沟，两侧各有两条称米沟，背沟相对较深。糙米沟纹处的皮层在碾米时很难全部除去，对于同一品种的稻谷，沟纹处留皮越多，可以认为加工精度越低，所以大米的加工精度以粒面和背沟的留皮程度来表示。

糙米的结构由皮层、胚及胚乳所组成，皮层包围在胚和胚乳外面。

1. 皮层

皮层由果皮、种皮、中心层、糊粉层等组成。

果皮是由子房壁老化干缩而成的一薄层，厚度约为 10μm，又可分为外果皮、中果皮、内果皮（叶绿层管状细胞）。籽粒未成熟时，由于叶绿层中尚有叶绿素，米粒呈绿色；籽粒成熟后叶绿素黄化或淡化成玻璃色。果皮中含有较多的纤维素，由粗糙的矩形细胞组成。

种皮一般很薄，厚度约为 2μm。有半渗透性，较易吸收水分，色素沉积其中，使糙米呈现颜色。

球心层被胚乳挤压成薄膜状，厚度约为 1～2μm，糊粉层由排列整齐的几乎方形的厚壁细胞组成，细胞比较大，胞腔中充满着微小的粒状物质“糊粉粒”，其中主要含有蛋白质、脂肪、维生素和矿物质，但不含淀粉粒。紧靠糊粉细胞内侧的一层细胞称作亚糊粉层，性质介于糊粉细胞与内部淀粉细胞之间，形状略似糊粉细胞，其中含有较多的蛋白质、脂肪等成分。

糙米皮层的厚度，除受成熟度影响外，也因稻谷的类型及品种的不同而有较大的差异，一般粳稻的皮层较薄，糯稻的皮层较厚，有色糙米粒的皮层比普通糙米粒的皮层厚。

糙米皮层主要由纤维素、半纤维素和果胶物质组成，同时也含有较多的蛋白质、脂肪、维生素和矿物质。皮层占糙米总质量的 6%～8%。

2. 胚

胚呈明显弯曲状态，位于米粒腹面的基部，长约 2mm，由胚芽、胚茎、胚根和盾片组成，盾片与胚乳相连接，种子发芽时分泌酶，分解胚乳中的储藏物质供给胚以养分。胚中脂肪、蛋白质含量很高，还含有丰富的维生素（维生素 B_1、维生素 B_2、烟酸、肌醇等）、矿物质、酶系以及各种生物活性物质（功能性成分）。胚占糙米总质量的 2%～3%。

3. 胚乳

胚乳是米粒最大的部分，主要由淀粉细胞组成。淀粉细胞由横向排列的长形薄壁细胞组成，细胞腔中充满着一定形状的淀粉粒，淀粉粒的间隙中填充着蛋白质类的“框质”，胚乳部分不含植酸。胚乳占糙米总质量的 89%～94%。

三、 稻谷的质量标准与质量指标

（一）质量标准

根据国家标准 GB 1350—2009《稻谷》，各类稻谷以出糙率为定等指标，3 等为中等。早籼稻谷、晚籼稻谷、籼糯稻谷质量指标见表 2 - 1。粳稻谷、粳糯稻谷质量指标见表 2 - 2。

表 2 - 1　　早籼稻谷、晚籼稻谷、籼糯稻谷质量指标

等级	出糙率/%	整精米率/%	杂质含量/%	水分含量/%	黄粒米含量/%	谷外糙米含量/%	互混率/%	色泽、气味
1	≥79.0	≥50.0	≤1.0	≤13.5	≤1.0	≤2.0	≤5.0	正常
2	≥77.0	≥47.0						
3	≥75.0	≥44.0						
4	≥73.0	≥41.0						
5	≥71.0	≥38.0						
等外	<71.0	—						

注："—"为不要求。

表 2 - 2　　粳稻谷、粳糯稻谷质量指标

等级	出糙率/%	整精米率/%	杂质含量/%	水分含量/%	黄粒米含量/%	谷外糙米含量/%	互混率/%	色泽、气味
1	≥81.0	≥61.0	≤1.0	≤14.5	≤1.0	≤2.0	≤5.0	正常
2	≥79.0	≥58.0						
3	≥77.0	≥55.0						
4	≥75.0	≥52.0						
5	≥73.0	≥49.0						
等外	<73.0	—						

注："—"为不要求。

（二）质量指标及检验意义

1. 色泽、气味

正常的粮食、油料具有固有的色泽和气味。通过色、气、味、形和口感的鉴定，可以初步判断粮食、油料的新陈度和有无异常变化。

正常稻谷随品种不同外壳颜色有淡黄、金黄、黄色等颗粒形状，无不良气味、无杂质、无虫害。发霉的稻谷颜色变暗，外壳呈褐色、黑色，肉眼可见霉菌菌系，有霉味，结块。

2. 出糙率

出糙率是指净稻谷脱壳后的糙米占试样的质量分数，其中不完善粒折半计算。

稻谷的主要用途是碾米供食用，稻谷出糙率的高低直接反映了稻谷的工艺品质——碾米产量的潜力。一般出糙率高的稻谷，籽粒成熟、饱满，极少受病、虫害的影响，因此，加工出米率高，食用品质也好。

任何粮食籽粒都有完善与不完善粒之分，一般认为，籽粒成熟、完整、品质正常的是完善粒。反之，未成熟或受到损伤但尚有使用价值的稻谷颗粒称为不完善粒。因为不完善粒降低了原有的食用价值，故在作为“纯粮”时要“折半”计算。

按照国家标准规定，稻谷的不完善粒包括未熟粒、虫蚀粒、病斑粒、生芽粒和生霉粒。

（1）未熟粒　如图 2 – 2 所示，籽粒不饱满，糙米粒外观全部为粉质的颗粒。

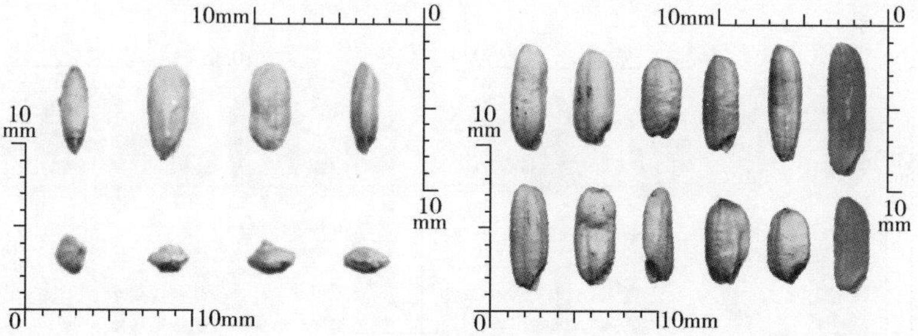

(1)　(2)

图 2 – 2　糙米未熟粒

（1）早籼未熟粒　（2）晚籼未熟粒与正常粒

（2）虫蚀粒　如图 2 – 3 所示，被虫蛀蚀并伤及胚或胚乳的颗粒。

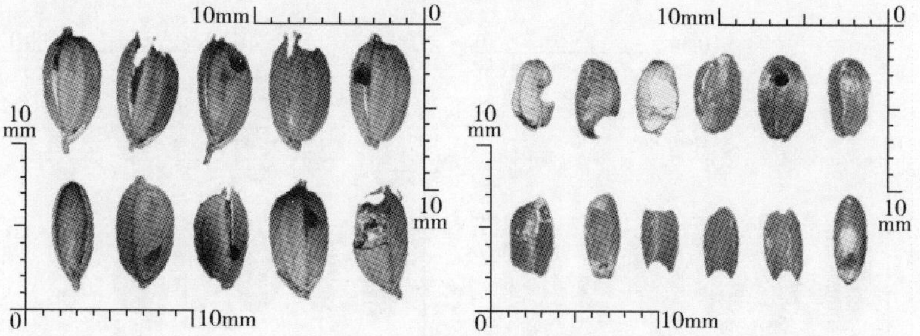

(1)　(2)

图 2 – 3　稻谷虫蚀粒

（1）粳稻虫蚀粒　（2）粳米虫蚀粒

（3）病斑粒　如图 2－4 所示，糙米胚或胚乳有病斑的颗粒。

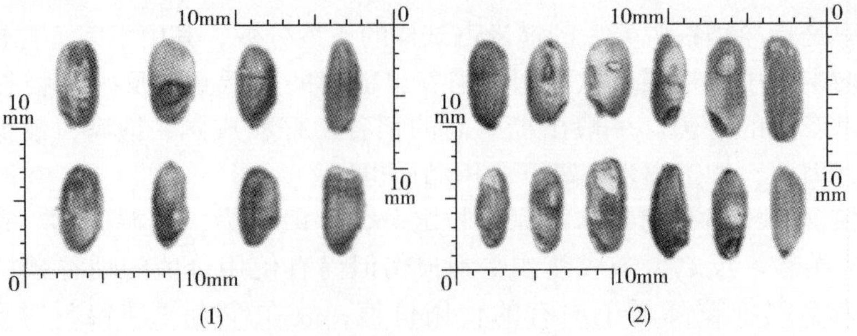

图 2－4　糙米病斑粒

（1）早籼米病斑粒　（2）晚籼米病斑粒与完善粒

（4）生芽粒　如图 2－5 所示，芽或幼根已突出稻壳，或芽或幼根已突破糙米表皮的颗粒。

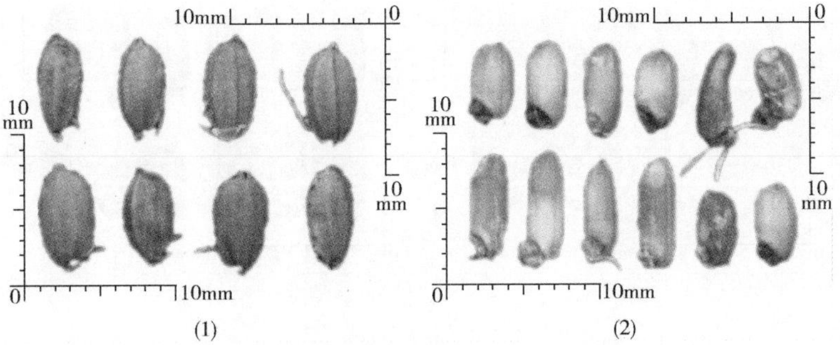

图 2－5　糙米生芽粒

（1）粳稻生芽粒　（2）晚籼糙米生芽粒

（5）生霉粒　如图 2－6 所示，稻谷粒生霉，去壳后糙米表面有霉斑的颗粒。

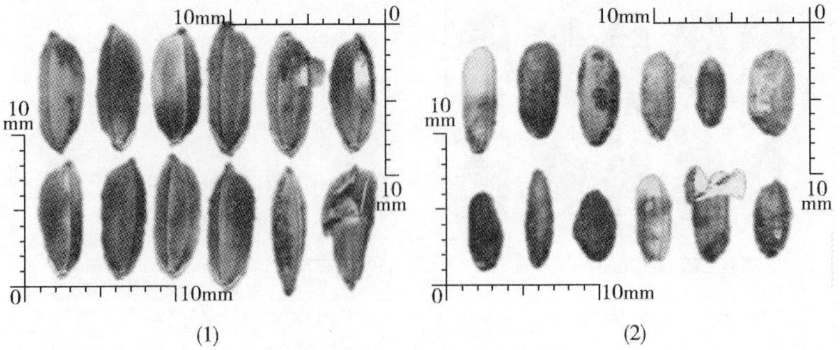

图 2－6　糙米生霉粒

（1）晚籼稻生霉粒　（2）晚籼糙米生霉粒

成熟、饱满、腹白小或无、壳薄的稻谷出糙率高，出米率也高，因此出糙率可以反映稻谷食用价值的高低，在等级制标准中它是稻谷定等的基础指标。

3. 整精米率

整精米率是指整精米占净稻谷试样的质量分数。整精米为糙米碾磨成加工精度为国家标准 GB 1354—2009《大米》中的三级大米时，长度达到试样完整米粒平均长度 3/4 及以上的米粒，如图 2－7 所示。

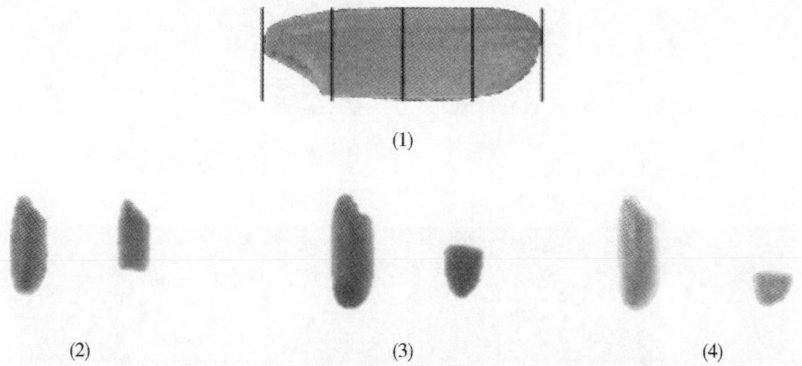

图 2－7　整粳米及碎米示意图

（1）整精米示意图　（2）3/4 碎米示意图

（3）1/2 碎米示意图　（4）1/4 碎米示意图

整精米率是衡量稻谷品质好坏的重要尺度之一。整精米率与稻谷垩白粒、未熟粒、裂纹米等含量有关，也与稻谷的粒形、含水量、陈化度等有关。

4. 杂质

杂质是指夹杂在粮食、油料中没有使用价值的物质和影响粮食、油料质量的异种粮粒。

粮食、油料中混有杂质不但降低食用价值，而且往往由于杂质含水量高，存在微生物和虫卵，容易引起储粮生虫、霉变、发热，影响安全。因此，入库粮食、油料的杂质含量是作为分等分级储存的依据之一。在粮食、油料加工中，杂质含量高，将影响出品率，根据杂质含量大小指导加工和应采取的除杂措施。此外，有些杂质、种子和针刺状金属物等，人、畜食用后会产生有害作用。因此，在粮食、油料的质量指标中杂质作为限制性项目，除油菜籽规定其杂质不得大于 3% 外，其他的均规定杂质含量不得大于 1%。大米、小麦粉等成品粮限制更严。

杂质按其性质可以分为三类：筛下物、无机杂质和有机杂质。

（1）筛下物　如图 2－8 所示，通过直径 2.0mm 圆孔筛的物质。

（2）无机杂质　如图 2－9 所示，泥土、砂石、砖瓦块及其他无机物质。

（3）有机杂质　如图 2－10 所示，无使用价值的稻谷粒、异种类粮粒及其他有机物质。

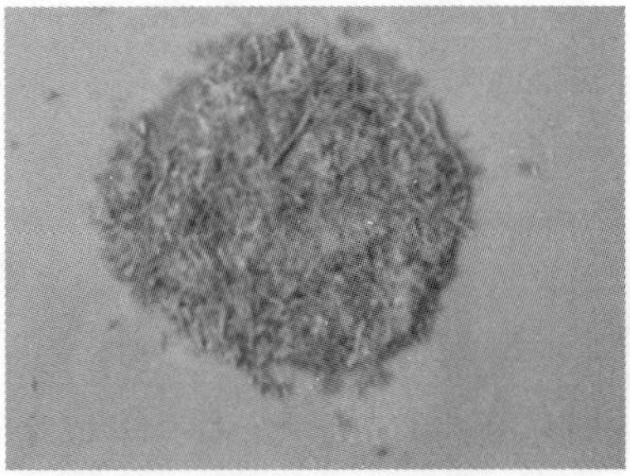

图 2－8　筛下物

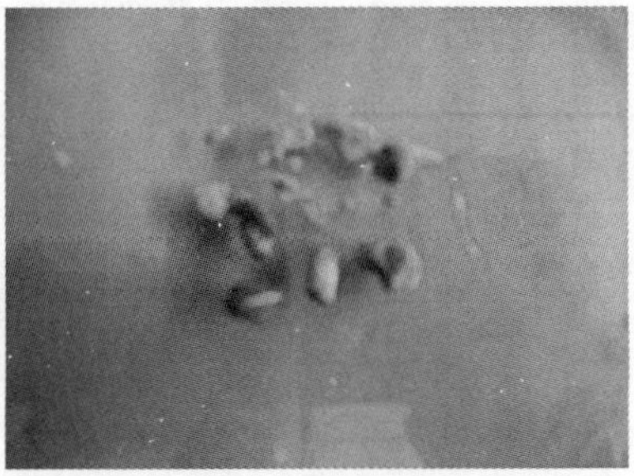

图 2－9　无机杂质

图 2－10　有机杂质

此外，粮油中的杂质按其性质可以分为无机杂质和有机杂质两类；按其体积大小分为大型杂质、并肩杂质和筛下物三类，大型杂质是体积显著大于被检粮油籽粒，且分布极不均匀的杂质，并肩杂质是体积与被检粮油籽粒差不多的杂质；按照检杂时用样量大小还分为大样杂质和小样杂质，大样杂质是用较多的样品检验得到的杂质，由大型杂质与筛下物构成，而小样杂质是在大样杂质检验后的试样中称取的一部分试样里拣出的杂质，一般是并肩杂质。

5. 黄粒米

黄粒米（如图 2－11 所示）是指胚乳呈黄色，与正常米粒色泽显著不同的颗粒。

黄粒米的形成主要是在收货季节，稻谷不能及时脱粒干燥，带穗堆垛，湿谷在通风不良情况下储存，微生物繁殖，堆垛发热，稻谷受本身内源酶或微生物的作用使胚乳呈黄色。稻谷在储藏、运输过程中，入仓水分高也是产生黄粒米的主要原因。

稻谷变黄后，营养价值降低，食用品质较差，严重的发芽率丧失，而且影响商品外观价值。此外，黄粒米可溶性物质较正常米丰富，提供了霉菌生长繁殖所需营养源，在同等条件下，高水分黄粒米比正常稻米易受黄曲霉侵染，黄曲霉污

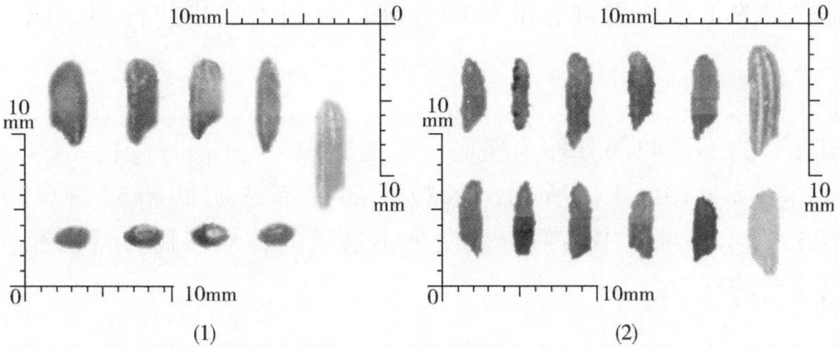

图 2－11　黄粒米

（1）早籼黄粒米与正常粒（长粒型）　（2）晚籼黄粒米与正常粒

染快，产毒量高。因此，在我国稻谷、大米质量标准中黄粒米限度为 1.0%，优质稻谷质量标准中黄粒米限度为 0.5%。

6. 互混

稻谷互混指本类别稻谷中混入其他类别的稻谷，如图 2－12 所示。

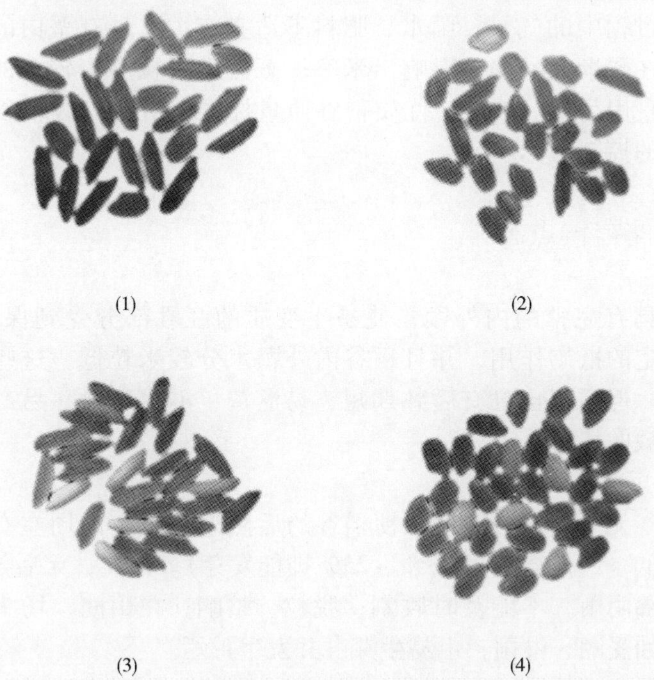

图 2－12　稻谷互混

（1）籼米中混入粳米　（2）粳米中混入籼米

（3）籼米与籼糯互混　（4）粳米与粳糯互混

互混检验是为了保证粮食、油料的纯度，有利于食用、种用、储存、加工和经营管理。

7. 垩白

稻谷胚乳中的不透明部分称为垩白，包括腹白、心白和背白。

腹白粒如图 2－13（1）所示，米粒腹部有不透明的粉质白斑；心白粒如图 2－13（2）所示，米粒中心部分呈白色不透明的粉质白斑；背白粒，沿米粒背沟上有条状垩白的籽粒。

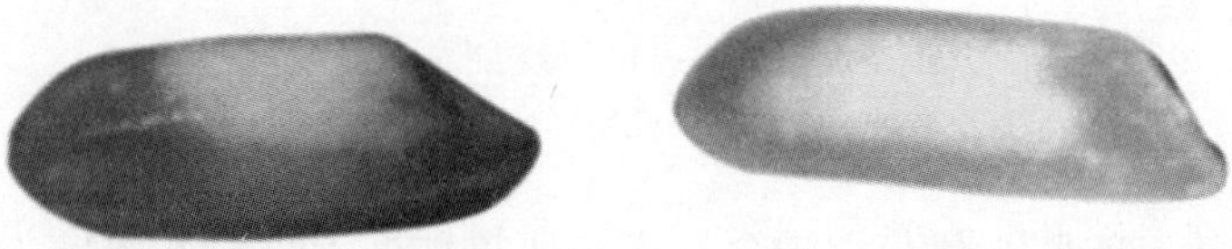

(1)　　(2)

图 2－13　稻谷垩白粒

（1）腹白　（2）心白

垩白是因稻米胚乳中淀粉和蛋白质颗粒填塞疏松所致，其形成与稻谷的品种以及稻谷生长过程中的气候、雨水、肥料不适宜有关。具有垩白的稻米，商品外观品质降低；在碾米时易碎，影响出米率；蒸煮后饭粒产生较多的裂纹，米饭蓬松中空，影响食用品质。因此，优质稻谷质量标准中对各等级稻谷的垩白粒率和垩白度有严格的控制指标。

四、 稻谷的储存特点

稻谷籽粒具有完整的内外颖，使易于变质的胚乳部分受到保护，对虫、霉、湿、热都有一定的抵御作用，并且稻谷内外颖水分较米粒低。这些特点使得稻谷相对易于储藏。但稻谷也具有后熟期短、易沤黄、不耐高温并易产生粮面结露等不利于安全储藏的特性。

1. 后熟期短

一般籼稻谷无明显的后熟期，粳稻谷的后熟期也只有四周左右；同时稻谷发芽所需的水分低（一般含水量 23% ~25% 即能发芽）。因此，无后熟期的稻谷，在收获期如遇连绵阴雨，不能及时收割、脱粒、整晒，在田间、场头即可生芽；新稻谷入库后，如受潮、淋雨，也易生芽，并发生霉烂。

2. 易沤黄

稻谷收割后，带草堆放场头或在脱粒后因雨未及时干燥，易为微生物侵蚀，使稻谷堆发热，造成米粒变黄，品质变劣，食味变差。

3. 不耐高温

稻谷在烈日下暴晒或较高温度下烘干，容易爆腰，这种稻谷加工大米时，碎米率高，出米率低。稻谷经过夏季高温，往往黏度降低、发芽率降低，脂肪酸酯增高，呈现明显的陈化现象。稻谷中以籼稻谷最稳定，粳稻谷次之，糯稻谷最易陈化。

4. 易产生结露

结露是稻谷储存中最常见的问题。由于新收获的稻谷呼吸旺盛，加之早中稻谷入库，原始粮温高，入库后 1 ~ 2 周内，往往上层粮温突升超过仓温 10 ~ 15℃，如不及时处理，则易结露。此时若气温下降，则情况更加严重。晚稻谷秋后收获，正值低温季节，不易干燥，往往入库后水分较高，到翌年 2 ~ 3 月也易因粮堆内外温差悬殊而形成粮堆结露。

因此，稻谷保管的原则是“干燥、低温、密闭”。按照这个原则保管稻谷，能够实现安全储藏，较长期地保持稻谷品质和新鲜度。

任务实施

稻谷的鉴别与认知

（一）稻谷籽粒的识别

1. 稻谷籽粒识别

取一定量混合的谷物籽粒样本，从中正确挑选出稻谷籽粒。

2. 稻谷互混识别

取一定量互混的稻谷样本，经脱壳、碾米后分别挑选出籼米、粳米、糯米籽粒。

（二）稻谷品质的感官鉴别

1. 外观鉴别

取一定量稻谷样品，在纸上均匀地撒一薄层，仔细观察各粒的外观，并观察有无杂质。良质稻谷颗粒饱满，完整，大小均匀，无虫害及霉变，无杂质。次质稻谷有未成熟颗粒，少量虫蚀粒，生芽粒及病斑粒等，大小不均，有杂质。劣质稻谷有大量虫蚀粒、生芽粒、霉变颗粒，有结团、结块现象。

2. 色泽鉴别

将样品在黑色纸板上撒一薄层，在散射光下仔细观察。然后将样品用小型砻谷机或装入小帆布袋揉搓脱去米壳，观察有无黄粒米，如有拣出称量。

良质稻谷外壳呈黄色，浅黄色或金黄色，色泽鲜艳一致，具有光泽，无黄粒米。次质稻谷色泽灰暗无光泽，黄粒米超过 2%。劣质稻谷色泽变暗或外壳呈褐色、黑色，肉眼可见霉菌菌丝，有大量黄粒米或褐色米粒。

3. 气味鉴别

取少量稻谷样品于手掌上，用嘴哈气使之稍热，立即嗅其气味。良质稻谷具有纯正的稻香味，无其他任何异味。质次稻谷稻香味微弱，稍有异味，米粒煮出来之后颜色不够通透。劣质稻谷有霉味、酸臭味，腐败味等不良气味。

4. 滋味鉴别

取一定量的稻谷样本经砻谷、碾白，制备成标准一等精度大米，再分取适量大米，在一定条件下蒸煮成米饭，用感官品评米饭的色泽、气味、外观结构、滋味等，结果以品尝评分值表示。

（三）稻谷结构特点的认知

分别用放大镜、立体解剖镜及普通光学显微镜，在不同的放大倍数下观察稻谷的结构特点，绘出其形态结构图，注明其主要部分，并简要描述每部分的营养特点及其主要加工利用形式。

任务评价

学生评价表

序号	项目		学习任务的完成情况评价		
1	职业素养	遵守实验室管理规定，严格执行操作程序（10 分）			
2		安全操作，按时完成任务（10 分）			
3		学习积极主动、勤学好问（10 分）			
4		与人协作，相互配合好（5 分）			
5		清洁、整理（5 分）			
6	专业能力	能正确认知并辨识稻谷及其质量指标（20 分）			
7		操作规范、熟练（15 分）			
8		认真填写实验报告，且填写正确（10 分）			
9	拓展能力	能发现问题、思考问题并主动解决（15 分）			
10	分数合计（100 分）				
11	存在问题及建议				
12	综合评价				

知识与技能检测

一、理论知识检测

（一）填空题

1. 在我国粮油质量国家标准中，稻谷按其粒型和粒质可分为五类：______、______、______、______和______。

2. 稻谷籽粒是带壳的颖果，由______和______两部分构成。

3. 根据国家标准 GB1350—2009《稻谷》，各类稻谷以______为定等指标，______等为中等。

4. 按照国家标准规定，稻谷的不完善粒包括______、______、______、______和______。

（二）简答题

1. 稻谷的质量指标有哪些？为什么要检测这些指标？

2. 稻谷的质量指标对其储藏、加工有何影响？

二、技能检测

某粮油质监站接收了一批稻谷样品，质检员正在进行出糙率的检验，请协助其将各稻谷样本中的不完善粒正确地挑拣出来。

任务二 大米的认知

任务目标

1. 掌握大米的分类及各类大米的品质特点。
2. 了解大米的质量标准并掌握大米的质量指标及其检测意义。
3. 了解大米的储存特点及其与结构的关系。

任务分析

正确识别大米及其质量指标，了解影响大米品质的因素；掌握不同种类大米的结构、品质特点，为正确检测大米、安全储存及合理加工利用大米打下坚实基础。

任务相关知识

一、 大米的碾制

大米是稻谷经清理、砻谷、碾米、成品整理等工序后制成的成品。因稻谷品种、质量的差异，加工前应根据稻谷情况调整加工工艺。清理工序是利用合适的设备，通过适当的工艺流程和妥善的操作方法，将混入稻谷中的各类杂质除去，以提高大米成品的质量，同时利用磁铁除去稻谷中的铁钉、铁屑等，以保证生产安全和食用安全。砻谷工序就是用橡胶辊砻谷机或金刚砂砻谷机将稻谷的颖壳脱下，并使颖壳与糙米分离。碾米工序即用碾米机碾削、摩擦糙米使皮层和胚乳分离，然后再进行刷米、去糠、去碎、晾米等处理，这样就可得到所需等级的大米。

现代新型大米加工还应用色选、风选、去菌除尘、灭菌绝虫、抗菌、阻氧、抑酶、仿生包装等加工技术以使大米更卫生安全，鲜香营养，损耗更小。

二、 大米的分类及各类大米的特点

（一）按照类型分类

大米按类型分为籼米、粳米和糯米三类，糯米又分为籼糯米和粳糯米。

1. 籼米

籼米是指用籼型非糯性稻谷制成的大米，米粒一般呈长椭圆形或细长形，如图2－14（1）所示。长者长度在7mm以上，蒸煮后出率高，黏性较小，米质较脆，加工时易破碎，横断面呈扁圆形，颜色白色透明的较多，也有半透明和不透明的。

根据稻谷收获季节，籼米可分为早籼米和晚籼米。早籼米米粒宽厚而较短，呈粉白色，腹白大，粉质多，质地脆弱易碎，黏性小于晚籼米，质量较差。晚籼米米粒细长而稍扁平，组织细密，一般是透明或半透明，腹白较小，硬质粒多，油性较大，质量较好。

国际市场上，可按籼米米粒的长度分为长粒米和中粒米。长粒米粒形细长，长与宽之比一般大于3，一般为蜡白色，透明或半透明，性脆，油性大，煮后软韧有劲而不黏，食味细腻可口，是籼米中质量最优者。中国广东省生产的齐眉、丝苗和美国的蓝冠等均属长粒米。中粒米粒形长圆、较之长粒米稍肥厚，长宽比在2～3，一般为半透明，腹白多，粉质较多，煮后松散，食味较粗糙，质量不如长粒米。中国两湖、两广、江西、四川等省所产的大米多属中粒米，美国的齐奈斯也属中粒米。

2. 粳米

粳米是指用粳型非糯性稻谷制成的大米，米粒一般呈椭圆形，如图2－14（2）所示。米粒丰满肥厚，横断面近于圆形，长与宽之比小于2，颜色蜡白，呈透明或半透明，质地硬而有韧性，煮后黏性、油性均大，柔软可口，但出饭率低。

粳米根据收获季节，可分为早粳米和晚粳米。早粳米呈半透明状，腹白较大，硬质粒少，米质较差。晚粳米呈蜡白色，腹白小，硬质粒多，品质优。

粳米主要产于中国华北、东北和苏南以及江苏泗洪等地。著名的小站米、上海白粳米等都是优良的粳米。粳米产量远低于籼米。

3. 糯米

糯米是指用糯性稻谷制成的大米，如图2－14（3）所示，又称江米，呈乳白色，不透明，煮后透明，黏性大，胀性小，一般不作主食，多用制作糕点、粽子、元宵等，以及酿酒的原料。

糯米又分为籼糯米和粳糯米两种。

籼糯米是用籼型糯性稻谷制成的大米。米粒一般呈长椭圆形或细长形，乳白色，不透明，也有的呈半透明状（俗称阴糯），黏性大。

粳糯米是用粳型糯性稻谷制成的大米。米粒一般呈椭圆形，乳白色，不透明，也有的呈半透明状（俗称阴糯），黏性大。

(1) (2) (3)

图2－14 大米

（1）籼米 （2）粳米 （3）粳糯米

（二）按食用品质分类

按食用品质分为大米和优质大米。优质大米的米粒饱满，洁净、有光泽、纵沟较浅，掰开米粒其断面呈半透明白色。闻之有清新气味，蒸熟后米粒油亮，有嚼劲，气味喷香。

三、大米的质量标准与质量指标

（一）质量标准

我国大米质量是根据加工精度定等的。根据GB/T 1354—2009《大米》规定，大米按其加工精度分为一级、二级、三级、四级4个等级。各等级大米质量要求及质量指标分别见表2－3和表2－4。

表 2-3　　大米质量指标

品种		籼米				粳米				籼糯米			粳糯米		
等级		一级	二级	三级	四级	一级	二级	三级	四级	一级	二级	三级	一级	二级	三级
加工精度		对照标准样品检验留皮程度													
碎米	总量/% ≤	15.0	20.0	25.0	30.0	7.5	10.0	12.5	15.0	15.0	20.0	25.0	7.5	10.0	12.5
	其中小碎米/% ≤	1.0	1.5	2.0	2.5	0.5	1.0	1.5	2.0	1.5	2.0	2.5	0.8	1.5	2.3
不完善粒/% ≤		3.0		4.0	6.0	3.0		4.0	6.0	3.0	4.0	6.0	3.0	4.0	6.0
杂质最大限量	总量/% ≤	0.25		0.3	0.4	0.25		0.3	0.4	0.25		0.3	0.25		0.3
	糠粉/% ≤	0.15		0.2		0.15		0.2		0.15		0.2	0.15		0.2
	矿物质/% ≤	0.02													
	带壳稗粒/(粒/kg) ≤	3		5	7	3		5	7	3		5	3		5
	稻谷粒/(粒/kg) ≤	4		6	8	4		6	8	4		6	4		6
水分/% ≤		14.5				15.5				14.5			15.5		
黄粒米/% ≤		1.0													
互混/% ≤		5.0													
色泽、气味		无异常色泽和气味													

注：其中加工精度、碎米与其中小碎米、不完善粒、杂质最大限量为定等指标。

表 2-4　　优质大米质量指标

品种		籼米			粳米			籼糯米			粳糯米		
等级		一级	二级	三级	一级	二级	三级	一级	二级	三级	一级	二级	三级
加工精度		对照标准样品检验留皮程度											
碎米	总量/% ≤	5.0	10.0	15.0	2.5	5.0	7.5	5.0	10.0	15.0	2.5	5.0	7.5
	其中小碎米/% ≤	0.2	0.5	1.0	0.1	0.3	0.5	0.5	1.0	1.5	0.2	0.5	0.8
不完善粒/% ≤		3.0		4.0	3.0		4.0	3.0		4.0	3.0		4.0
垩白粒率/% ≤		10.0	20.0	30.0	10.0	20.0	30.0	—	—	—	—	—	—
品尝评分值/分≥		90	80	70	90	80	70	75					
直链淀粉含量（干基）/%		14.0~24.0			14.0~20.0			≤2.0					
杂质最大限量	总量/% ≤	0.25		0.3	0.25		0.3	0.25		0.3	0.25		0.3
	糠粉/% ≤	0.15		0.2	0.15		0.2	0.15		0.2	0.15		0.2
	矿物质/% ≤	0.02											
	带壳稗粒/(粒/kg) ≤	3		5	3		5	3		5	3		5
	稻谷粒/(粒/kg) ≤	4		6	4		6	4		6	4		6
水分/% ≤		14.5			15.5			14.5			15.5		

续表

品种	籼米			粳米			籼糯米			粳糯米		
等级	一级	二级	三级	一级	二级	三级	一级	二级	三级	一级	二级	三级
黄粒米/% ≤	1.0											
互混/% ≤	5.0											
色泽、气味	无异常色泽和气味											

注：其中优质籼米和优质粳米以加工精度、碎米与其中小碎米、不完善粒、垩白粒率、品尝评分值和杂质最大限量为定等指标，优质籼糯米和优质粳糯米以加工精度、碎米与其中小碎米、不完善粒和杂质最大限量为定等指标。

（二）质量指标及检验意义

1. 加工精度

大米加工精度指大米加工后米胚残留以及米粒表面和背沟残留皮层的程度。根据国家标准分为 4 个等级。

一级：背沟无皮，或有皮不成线，米胚和粒面皮层去净的占 90% 以上。

二级：背沟有皮，米胚和粒面皮层去净的占 85% 以上。

三级：背沟有皮，粒面皮层残留不超过 1/5 的占 80% 以上。

四级：背沟有皮，粒面皮层残留不超过 1/3 的占 75% 以上。

以上四种不同加工精度的大米，除背沟、米胚和粒面的留皮程度不同外，其营养成分和品质特点也是不同的。一级大米基本除净了糙米的皮层、糊粉层和胚，所有淀粉含量在各级大米中最高，粗纤维、灰分含量最低，维生素 B_1、维生素 B_2 和烟酸以及钙、磷、铁等含量低于我国暂定的营养素供给量标准。但是一级米的胀性好、出饭率高，食用口感好，消化吸收率也最高。二级大米、三级大米加工精度依次降低，食用品质、出饭率和消化吸收率也略低，维生素、矿物质、脂肪、蛋白质含量仍偏小。四级大米在各级大米中加工精度最低，所以出饭率和消化率也较低，但粗纤维、灰分含量高，维生素 B_1 和烟酸含量能满足人体需求，维生素 B_2 和钙的含量仍达不到营养标准。

大米加工精度的高低直接影响出米率，精度高，则出米率低，相应地营养价值也较低，但口感和蒸煮品质往往较好，所以加工精度与大米的质量、应用价值等有密切关系。大米的加工精度应严格控制，在保证加工精度的前提下，完善碾米工艺，提高出米率和纯度。

2. 杂质

大米杂质是指除大米粒之外的其他物质，包括糠粉、矿物质、带壳稗粒、稻谷粒等。

糠粉是指通过直径 1.0mm 圆孔筛的筛下物，以及黏附在筛上的粉状物质（如图 2－15 所示）。

米类中混有杂质不但会降低食用价值，而且可能危害身体健康。特别是糠粉中富含的蛋白质、脂肪、矿物质和维生素等营养物质直接暴露在空气中，易受外界的温、湿、虫、霉等因素的影响，再者糠粉易堵塞米粒之间的空隙度，使大米的储藏稳定性降低，因此大米中的糠粉作为杂质，要加以控制。

图 2－15　大米糠粉

3. 不完善粒

大米的不完善粒包括尚有食用价值的未熟粒、虫蚀粒、病斑粒、生霉粒以及完全未脱皮层的糙米粒。

未成熟粒：米粒不饱满，外观全部呈粉质的米粒。

虫蚀粒：被虫蛀蚀的米粒。

病斑粒：粒面有病斑的米粒。

生霉粒：粒面有霉斑的米粒。

糙米粒：完全未脱皮层的米粒。

米类中的不完善粒不但降低了食用价值，而且水分含量高，容易导致微生物和害虫繁殖，影响储存安全。

4. 碎米

碎米是指米类在碾制过程中产生的低于允许长度和规定筛层下的破碎粒，如图 2－16 所示。检验时，通常将长度小于同批试样米粒平均长度的 3/4、留存 1.0mm 圆孔筛上的不完整米粒称为碎米。碎米有大碎米和小碎米之分，通过直径 2.0mm 圆孔筛，留存在直径 1.0mm 圆孔筛上的不完整米粒称为小碎米。

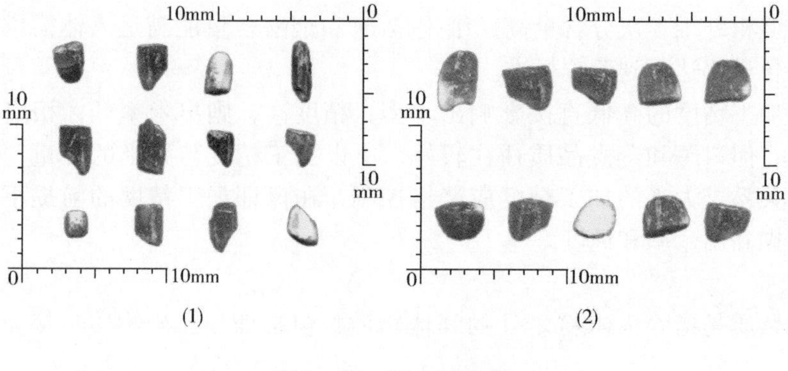

图 2－16　碎米示意图

（1）晚籼米碎米　（2）晚粳米碎米

碎米的产生与稻谷品质、裂纹粒等有密切关系，此外，腹白粒、发芽粒、未熟粒、生霉粒、裂纹粒、软质粒、加工工艺不当等很多因素也是引起碎米产生的主要原因。

碎米对米类外观品质有很大影响，既影响其整齐度，同时严重影响米的蒸煮品质、食用品质、储藏品质，并且淘洗时米类损失率较大，因此米类质量标准中对碎米含量都做了严格限制。

5. 垩白粒率

胚乳中有白色（包括腹白、心白和背白）不透明部分的米粒为垩白粒。垩白粒占试样米粒数的百分率为垩白粒率。

6. 黄粒米

同稻谷黄粒米。

7. 互混

同稻谷互混。

8. 色泽、气味

正常的大米应具有大米固有的色泽、气味，不得有发霉变质现象。

四、 大米的储存特点

1. 储藏稳定性差

大米没有皮层的保护，营养物质直接暴露于外，因此，对外界的温、湿、氧等条件的影响比较敏感，吸湿性强，害虫、霉菌易于直接危害，易导致营养物质加速代谢。大米中含有较多的米糠和碎米，堵塞了米堆的孔隙，内部积热不易散发。糠粉中含有较多的脂肪，易氧化分解，使大米的酸度增加，所以大米容易受潮、发热、生霉、生虫，不耐储藏。

2. 容易陈化

大米储藏日久，色泽逐渐变暗，香味消失，出现糠酸味，酸度增加，黏度下降，吸水量减少，持水能力减退，食用品质降低。水分越大，温度越高，储藏时间越久，陈化越严重。

3. 容易爆腰

大米适宜低温储藏，不宜直接吹风或骤然冷却，只可在常温下缓慢降温；大米适宜干燥储藏，但不宜高温烘干或阳光直射暴晒，只可在低温环境中缓慢降水。否则，都易造成大米爆腰，降低品质。

因此，大米储藏应根据大米的品质与所处季节，灵活运用通风降温、低温密闭、缺氧保管、化学药剂处理等方法，以防止发热霉变、延缓陈化，以保持品质。

任务实施

大米的鉴别与认知

（一）大米的识别

1. 大米籽粒识别

取一定量混合的谷物籽粒样本，从中正确挑选出大米籽粒。

2. 大米互混识别

取一定量互混的大米样本，分别挑选出籼米、粳米、糯米籽粒。

（二）大米品质的感官鉴别

1. 色泽鉴别

取适量大米样品在黑纸上均匀撒上一薄层，观察其外观并注意是否有无生虫、杂质。

优质大米色泽呈清白色或者精白色，具有光泽，呈半透明状；次质大米呈呆白色或者微淡黄色，透明度差或者不透明；劣质大米霉变的米粒色泽差，表面呈绿色、黄色、灰色。

2. 外观鉴别

优质大米大小均匀，坚实丰满，粒面光滑、完整，很少有碎米、爆腰、腹白，无虫，不含杂质；次质大米米粒大小不均匀，饱满程度差，碎米较多，有爆腰、腹白，粒面发毛，有杂质，带壳粒含量超过 20 粒/kg。劣质大米有结块、发霉现象，表面可见霉菌丝，组织疏松。

3. 气味鉴别

取少量大米样品于手掌上，哈一口热气，然后立即嗅其气味。

优质大米具有正常的香气味；次质大米微有异味；劣质大米有霉变气味、酸臭味、腐败味及其他异味。

4. 滋味鉴别

取少量样品进行细嚼，或者磨碎后品尝。也可将样品蒸煮后品尝。

优质大米味佳，微甜，无任何异味；次质大米乏味或者微有异味；劣质大米有酸味、苦味及其他不良味道。

（三）大米结构特点的认知

分别用放大镜、立体解剖镜及普通光学显微镜，在不同的放大倍数下观察大米表面形态、附着物状态及内部结构特点，绘出其形态结构图。

任务评价

学生评价表

序号	项目		学习任务的完成情况评价		
1	职业素养	遵守实验室管理规定，严格执行操作程序（10 分）			
2		安全操作，按时完成任务（10 分）			
3		学习积极主动、勤学好问（10 分）			
4		与人协作，相互配合好（5 分）			
5		清洁、整理（5 分）			
6	专业能力	能正确认知并辨识大米种类及其质量指标（20 分）			
7		操作规范、熟练（15 分）			
8		认真填写实验报告，且填写正确（10 分）			
9	拓展能力	能发现问题、思考问题并主动解决（15 分）			
10	分数合计（100 分）				
11	存在问题及建议				
12	综合评价				

知识与技能检测

一、理论知识检测

（一）填空题

1. 根据国家质量标准，大米按类型分为______、______和______三类，糯米又分为______和______。按食用品质分为______和______。

2. 根据 GB 1354—2009《大米》规定，大米按其加工精度分为______个等级，其中一级大米要求背沟无皮，或有皮不成线，米胚和粒面皮层去净的占______以上。

3. 大米杂质包括______、______、______、及稻谷粒和其他杂质等。

4. 大米的不完善粒包括尚有食用价值的______、______、______、______以及完全未脱皮层的______。

5. 大米碎米是指长度小于同批试样米粒平均长度______、留存______圆孔筛上的不完整米粒。小碎米是指通过直径______圆孔筛、留存在直径______圆孔筛上的不完整米粒。

（二）简答题

1. 大米的质量指标有哪些？为什么要检测这些指标？

2. 大米的储存特点有哪些?

3. 市场上大米有哪些品种? 分别属于哪种类别?

二、技能检测

某食品加工企业欲购进一批大米原料，为合理采购，现委托某质量监督站对该批大米进行加工精度的检验，请协助质检员完成相关任务。

项目三

小麦和小麦粉

小麦是世界历史上最古老的作物之一，约在一万年以前，在西南亚人类首先成功地将小麦进行栽培生产粮食，因此小麦栽培历史和人类开化有着密切的相互关系。在现代世界农业中，小麦也是最重要的作物之一，它分布面积很广，从北纬67°的挪威到南纬45°的阿根廷都有栽培。全世界有1/3的人以小麦为主要粮食，消费的小麦食物卡值占整个世界的20%以上。

我国小麦历年种植面积为全国耕种地总面积的22%～30%和粮食作物总面积的22%～27%，分布遍及全国各省（市、自治区），总产量位居世界第一。我国冬小麦面积约占小麦总面积的84%～90%，主要分布在长城以南，其中河南、山东种植面积最大。春小麦播种面积约占16%，主要分布在长城以北。小麦在我国是仅次于水稻的主要粮食作物。小麦的颖果是人类的主食之一，磨成面粉后可制作面包、馒头、饼干、面条等食物；发酵后可制成啤酒、酒精、白酒（如伏特加），用途非常广泛。认知并掌握小麦和小麦粉的特点对于其在储藏、加工、质量检测以及流通过程等环节都具有非常重要的意义。

任务一

小麦的认知

任务目标

1. 掌握小麦的分类及各类小麦的特点。
2. 认识小麦的籽粒形态与结构特点。
3. 了解小麦的质量标准及质量指标。

4. 了解小麦的储存特点。

任务分析

正确识别小麦，了解小麦的质量指标，掌握小麦的分类及其特点，是粮食行业质量检验及其安全储存的基础知识。

任务相关知识

一、 小麦的分类及各类小麦的特点

小麦属于单子叶植物纲，禾本科，小麦属，其分类主要根据播种期、皮色或粒质进行。

（一）按播种期分类

按播种期可分为冬小麦和春小麦。

春小麦在冬季很冷的地方种植，因为冬季太冷，不能播种，所以在开春后才种，称为春小麦，春播秋收；冬小麦是在冬季稍暖的地方种植，秋季播种夏季收，比如中国东北种植春小麦，华北及其以南种植冬小麦。春小麦 3 月下旬至 4 月上旬播种，7 月中下旬收获。春小麦的抗旱能力极强，株矮穗大，生长期短，适于春天播种，但不如冬小麦粉好吃。

冬小麦是稍暖的地方种的，一般在 9 月中下旬至 10 月上旬播种，翌年 5 月底至 6 月中下旬成熟。比如华北及其以南是冬小麦。在我国一般以长城为界，长城以北大体为春小麦，长城以南则为冬小麦。我国以冬小麦为主。

（二）按皮色分类

按皮色可分为白皮麦（白麦）、红皮麦（红麦）。

白麦：白麦为小麦的一种，白麦分为硬质白小麦和软质白小麦。一年或二年生草本植物，茎直立，中空，叶子宽条形，子实椭圆形，腹面有沟。子实含大量淀粉，是我国必不可少的粮食作物之一。子实呈穗纺锤型，长芒、白壳、白粒、硬质。白麦较普通小麦相比，分蘖力较强，抽穗快，且穗层整齐，熟相较好；植株茎秆粗壮，抗倒性强。

红麦：白小麦与红小麦的种皮颜色不同，白小麦种皮颜色较浅，近白色，红小麦种皮颜色较深，近红色。除此之外，白小麦种皮相对较薄，出粉率也相对较高，红小麦种皮相对较厚，出粉率也相对低一点。

（三）按硬度指数分类

按硬度指数可分为硬质小麦与软质小麦两类。

硬质小麦：硬质小麦是指角质率不低于 70% 的小麦。硬麦的胚乳结构紧密，呈半透明状，也称为角质或玻璃质；就小麦籽粒而言，当其角质占其中部横截面

1/2 以上时，称其为角质粒，为硬麦。硬质小麦蛋白质含量较高、容量较大、出粉率较高，面粉面筋含量较多，延伸性和弹性较好，适于做馒头、面包等发酵食品。

软质小麦：软质小麦是指粉质率不低于 70% 的小麦。软麦的胚乳结构疏松，呈石膏状，也称为粉质；就小麦籽粒而言，而当其角质不足 1/2 时，称其为粉质粒，为软麦。软质粒小麦磨出的面粉只适于生产饼干、糕点等食品。

（四）根据国家标准分类

根据国家标准 GB 1351—2008《小麦》规定，小麦按其皮色、硬度指数分为以下四类：

硬质白小麦：种皮为白色或黄白色的麦粒不低于90%，硬度指数不低于60 的小麦。

软质白小麦：种皮为白色或黄白色的麦粒不低于90%，硬度指数不高于45 的小麦。

硬质红小麦：种皮为深红色或红褐色的麦粒不低于 90%，硬度指数不低于 60 的小麦。

软质红小麦：种皮为深红色或红褐色的麦粒不低于 90%，硬度指数不高于 45 的小麦。

二、小麦的籽粒形态与结构

（一）小麦

小麦籽粒是不带壳的颖果。成熟的小麦籽粒多为卵圆形、椭圆形和长圆形等（图 3－1、图 3－2）。卵圆形籽粒的长宽相似；椭圆形籽粒中部宽，两端小而尖。研究表明，籽粒越接近圆形，越易磨粉，其出粉率越高，副产品越少。成熟的小麦籽粒表面较粗糙，皮层较坚韧而不透明，顶端生有或多或少的茸毛，称为“麦毛”，麦毛脱落形成杂质。麦粒背面隆起，胚面位于背面基部的皱缩部位，

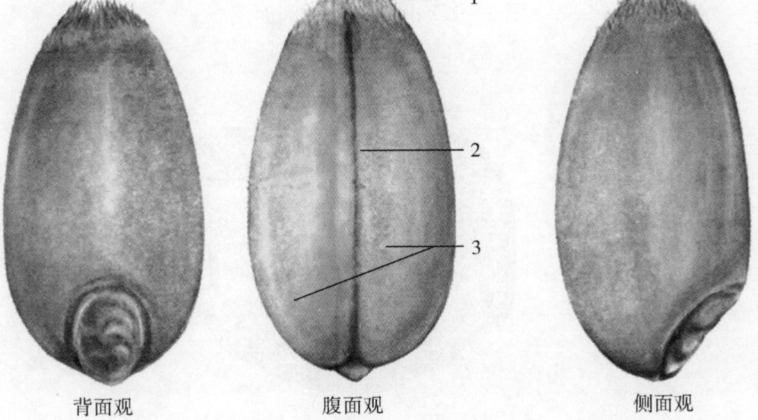

图 3－1　小麦麦粒

1—果毛　2—腹沟　3—果颊

腹面较平且有凹陷称为腹沟，腹沟两侧为颊，两颊不对称，剖面近似心脏形状（图3-3）。小麦具有腹沟是其最大的特征，腹沟的深度及沟底的宽度随品种和生长条件的不同而异。腹沟内易沾染灰尘和泥沙，对小麦清理造成困难，且腹沟的皮层不易剥离，对小麦加工不利，腹沟越深沟底越宽，对小麦的出粉率、小麦粉质量以及小麦的储藏影响也越大。

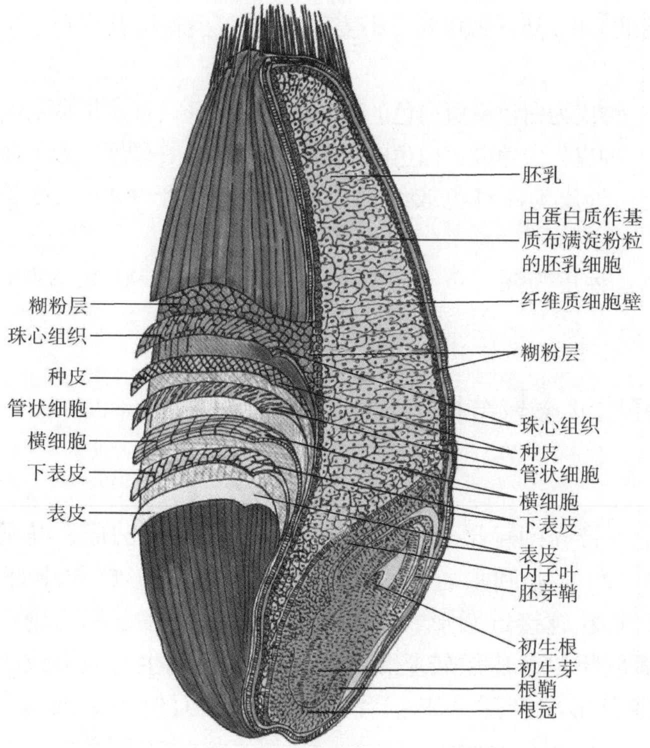

图3-2 小麦籽粒纵剖面图

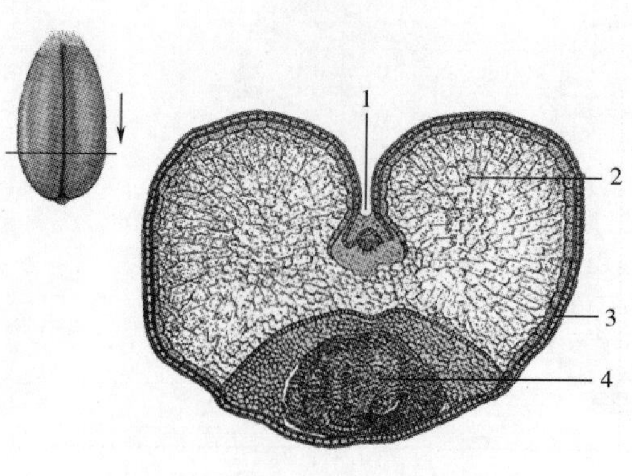

图3-3 小麦籽粒横切面图

1—腹沟 2—胚乳 3—皮层 4—胚

小麦的胚乳也有角质和粉质两种结构，角质与粉质胚乳的分布或大小，因品种不同或栽培条件的影响存在差异，有的麦粒全部为角质，有的全部为粉质，也有的同时有角质和粉质两种结构，其粉质部分常常位于麦粒背面近胚处，我国南方冬麦区的麦粒较大，皮厚、角质率低、含氮量低、出粉率低；而北方冬麦区的麦粒小，皮薄、角质率高、含氮量高，出粉率也较高。胚乳的结构对麦粒的颜色、外形、硬度等都有很大的影响，它不仅是小麦分类的依据，而且与制粉工艺和小麦粉品质有密切关系。

（二）小麦的结构

小麦和糙米一样，由麸皮层、胚乳、胚组成。

1. 麸皮层

皮层共分6层，小麦籽粒的皮层约占籽粒的6%～7%。第一层为表皮层；第二层是外果皮层；第三层是内果皮层。以上三层总称果皮，是小麦的外皮，在磨粉时较易被除去，果皮的灰分含量为18%～22%。第四层为种皮，质地很薄，与第五层紧密结合在一起，包括小麦有色体的大部分，又称为色素层；第五层称胚珠层；第六层是糊粉层，细胞较大，灰分含量很高，体积约占麸皮总量的1/3。以上三层总称为种皮，种皮灰分含量达7%～11%。小麦的麸皮主要由木质纤维和易溶性蛋白质组成。麦皮外面的两层含粗纤维较多，营养少，难以消化。中层（包括内果皮和种皮）的纤维较少，色素成分较多。内层（包括胚珠层和糊粉层）的纤维最少，蛋白质最多，但灰分含量最高。

2. 胚乳

胚乳是制成面粉的基本部分。胚乳是由糊粉层和淀粉细胞两部分组成，占麦粒总质量的80%～90%。糊粉层是胚乳最外的一层方形厚壁细胞，排列紧密而整齐。淀粉细胞是位于小麦糊粉层层内侧的大型薄壁细胞，内部充满淀粉粒。在角质胚乳即硬质胚乳中，淀粉颗粒之间被蛋白质充实，胚乳结构紧密，颜色较深，断面呈透明状；在粉质胚乳中，淀粉粒相互挤压成多边形而被较少的蛋白质所包围，细胞与细胞之间有间隙，胚乳结构疏松，断面呈白色还不透明。胚乳部分蛋白质含量是从外层到中心逐渐递减的，但愈近中心其面筋蛋白质量越好，含淀粉越多，脂质、纤维、灰分越少，颜色也越白。

3. 小麦胚

小麦的胚，位于麦粒背部的下端，麦粒中胚芽约占2%，由胚芽鞘、胚芽、第一片叶原基、胚轴、胚根、胚根鞘、盾片等部分组成。它孕育着未来植株的一些特征特性，是小麦种子中极重要的部分。胚中含有一定数量的蛋白质、脂肪和糖等，把其磨入面粉可以增加营养成分，而且良好与完整的胚还能促进水分调节。故生产一般等级粉时，应将其磨入，以增加面粉的营养成分。但胚中含有大量易变质的脂肪，易使面粉酸度增加，加速腐败变质，因此不适于长期保存，同时灰分和纤维较多，黄色的脂肪还会影响粉色，故麦胚不宜磨入优质面粉中。

三、小麦的质量标准与质量指标

（一）质量标准

各类小麦按容重定等，3 等为中等。各类小麦质量要求见表 3 – 1。

表 3 – 1　　小麦质量要求

<table>
<tr><th rowspan="2">等级</th><th rowspan="2">容重/(g/L)</th><th rowspan="2">不完善粒/%</th><th colspan="2">杂质/%</th><th rowspan="2">水分/%</th><th rowspan="2">色泽、气味</th></tr>
<tr><th>总量</th><th>其中:矿物质</th></tr>
<tr><td>1</td><td>≥790</td><td rowspan="2">≤6.0</td><td rowspan="6">≤1.0</td><td rowspan="6">≤0.5</td><td rowspan="6">≤12.5</td><td rowspan="6">正常</td></tr>
<tr><td>2</td><td>≥770</td></tr>
<tr><td>3</td><td>≥750</td><td rowspan="2">≤8.0</td></tr>
<tr><td>4</td><td>≥730</td></tr>
<tr><td>5</td><td>≥710</td><td>≤10.0</td></tr>
<tr><td>外</td><td><710</td><td>—</td></tr>
</table>

注：“—”为不要求。

（二）质量指标及检验意义

1. 色泽、气味

正常的粮食、油料具有固有的色泽、气味和口味。通过色、气、味、形和口感的鉴定，可以初步判断粮食、油料的新陈度和有无异常变化。

（1）小麦的色泽大体分三种：

①色泽丰润，油光发亮。

②无光泽，暗。

③呆白或灰白色。

（2）小麦的气味判定　气味分为麦香味（正常）、霉味（轻、重）、熏仓味（轻、重）、陈味（轻、重）。

2. 水分

小麦水分检测对粮食的收购、运输、储存、加工、贸易都具有十分重要的意义。水分过高浪费运力和仓容，促使粮油生命活动旺盛，容易引起粮食发热、霉变、生虫及其他生化变化。在我国，由于水分检测的技术不完善，每年有数百亿斤的小麦因水分含量过高在运输和存储过程中出现霉烂变质，造成了巨大的损失。而小麦水分含量过低，降低了小麦质量，影响了小麦品质。因此，水分一直是小麦的一项重要品质指标。水分的验收标准：新麦≤13.5%，陈麦≤12.5%。

3. 容重

容重是指粮食籽粒在单位容积内的质量，以克/升（g/L）表示。容重是小麦品质的综合标志，也是国内小麦收购时定等指标。通过容重还可以推算出粮食仓容、粮堆体积和粮食质量，这对粮食的储运工作有一定的实践意义。小麦容重的大小与其籽粒的组织结构、化学成分、籽粒的形状大小、含水量以及含杂质等均有密切关系。特别是粮食中水分含量影响容重大小，一般呈负相关关系。这主要是由于水的相对密度小于粮食的相对密度，同时，水分与籽粒的体积也呈正相关关系，在一定的范围内，水分越大，籽粒体积也越大，容重就越小了。

4. 不完善粒

不完善粒是指受到损伤但尚有使用价值的小麦颗粒。包括虫蚀粒、病斑粒、破损粒、生芽粒和生霉粒。

（1）虫蚀粒　虫蚀粒是被虫蛀蚀，伤及胚或胚乳的颗粒（图 3－4）。

危害：不易清理出去，严重影响小麦的加工工艺品质和面粉的食用卫生品质，造成出粉率低、灰分高、面筋质量差。虫蚀粒增加，加大了打麦机的工作压力，同时给面粉的销售、储存带来一定难度。

图 3－4　小麦虫蚀粒

（2）病斑粒　粒面带有病斑，伤及胚或胚乳的颗粒，其中：赤霉病粒的籽粒皱缩、呆白，有的粒面呈紫色，或有明显的粉红色霉状物，间有黑色子囊壳；黑胚粒为籽粒胚部呈深褐色或黑色的颗粒（图 3－5）。

危害：出粉率低，面粉保质期缩短、面粉麸星重、面粉色泽发青，制成的馒头结构差、耐醒发性差，大量食用容易引发食物中毒。

①黑胚粒：籽粒胚部呈深褐色或黑色，伤及胚或胚乳的颗粒（图 3－6）。

危害：黑胚粒不能清理出去，黑色的胚乳会造成面粉中的黑点过多，影响加工精度。

图3-5　小麦病斑粒

图3-6　小麦黑胚粒

②赤霉病粒：籽粒皱缩、呆白，有的粒面呈紫色或有明显的粉红色霉状物，间有黑色子囊壳（图3-7）。

危害：含有呕吐毒素，由于它可以引起猪的呕吐而得名，对人体有一定危害作用，欧盟分类标准为三级致癌物。欧盟要求呕吐毒素要小于1.0mg/kg；中国饲料要求低于1mg/kg。

（3）破损粒　压扁、破碎，伤及胚或胚乳的颗粒（图3-8）。

危害：因是物理过程挤压，品质未发生变化，由于粒度小，容易被筛出去，造成原料浪费。

图 3－7　小麦赤霉病粒

图 3－8　小麦破碎粒

（4）生芽粒　芽或幼根虽未突破种皮但胚部种皮已破裂或明显隆起且与胚分离的颗粒，或芽或幼根突破种皮不超过本颗粒长度的颗粒（图 3－9）。

危害：面粉灰分较高、降落数值偏低，制成品起发较差、馒头塌皮、口感发黏；粉色较暗，变色较快。

（5）生霉粒　粒面生霉的颗粒（图 3－10）。

危害：引起小麦的蛋白质变性，使面粉网络的黏结力、弹性、延伸性降低，还具有让人难以接受的气味（霉味）。

5. 杂质

杂质通常包括以下几类。

（1）筛下物　通过直径 1.5mm 圆孔筛的物质。

（2）无机杂质　砂石、煤渣、砖瓦块、泥土等矿物质及其他无机类物质。

图3－9　小麦生芽粒

图3－10　小麦生霉粒

（3）有机杂质　无食用价值的小麦，异种粮粒及其他有机类物质。常见无食用价值的小麦有：霉变小麦、生芽粒中芽超过本颗粒长度的小麦、线虫病小麦、腥黑穗病小麦等籽粒。

四、 小麦的储存特点

1. 吸湿性强

小麦种皮较薄，含有大量的亲水物质，极易吸附空气中的水汽。其中白皮小麦的吸湿性比红皮小麦强，软质小麦的吸湿性比硬质小麦强。吸湿后的小麦籽粒体积增大，容易发热霉变。

2. 后熟期长

小麦有明显后熟期，一般春小麦的后熟期较长，可达 6 ~ 7 个月，冬小麦后熟期相对较短，为 1 ~ 2.5 个月。红皮小麦又比白皮小麦的后熟期长。小麦在后熟期间，酶活性强，呼吸强度大，代谢旺盛，容易导致粮堆“出汗”、发热和生霉现象。

3. 能耐高温

小麦具有较强的耐热性。据试验，水分 17% 以下的小麦，在温度不超过 54℃时进行干燥，不会降低发芽率，磨成的小麦粉工艺品质不但不降低，反而有所提高，所以小麦可以采用高温储藏。

4. 呼吸特性

完成后熟的小麦，呼吸作用微弱，比其他谷类粮食都低。红皮小麦的呼吸作用又比白皮小麦低。由此可见，小麦有较好的耐藏性，一般正常条件下储藏 2 ~ 5 年后仍能保持良好的品质。

5. 易受虫害

小麦是抗虫性差、染虫率较高的粮种。除少数豆类专食性虫种外，小麦几乎能被所有的储粮害虫侵染，其中以玉米象、麦蛾等为害最严重。小麦成熟、收获、入库季节，正值害虫繁育、发生阶段，入库后气温高，若遇阴雨，就造成害虫非常适宜的发生条件。

任务实施

小麦的识别与认知

（一）小麦籽粒的识别

取一定量混合了小麦、大麦、燕麦的籽粒样本，正确挑选出其中的小麦籽粒。

（二）小麦的感官检验

①色泽识别

分取 20 ~ 50g 小麦试样放在手掌中，均匀摊平，在散射光线下仔细观察其色泽，并与参照样品进行对照。结果除用“正常”或“不正常”表示外，对“不正常”的加以描述或说明。

②气味识别

分取 20 ~ 50g 小麦试样放在手掌中，用哈气或摩擦的方法提高试样温度后，立即嗅其气味；或先将小麦粉碎，并用开水冲，则更易辨别。

（三）小麦结构特点的认知

放大镜下观察小麦的形态和结构特点，绘出其形态结构图，注明其主要部分，并简要说出每部分的营养特点及其主要加工利用形式。

任务评价

学生评价表

序号	项目		学习任务的完成情况评价		
1	职业素养	遵守实验室管理规定，严格执行操作程序（10分）			
2		安全操作，按时完成任务（10分）			
3		学习积极主动、勤学好问（10分）			
4		与人协作，相互配合好（5分）			
5		清洁、整理（5分）			
6	专业能力	能正确认知并辨识小麦及其质量指标（20分）			
7		操作规范、熟练（15分）			
8		认真填写实验报告，且填写正确（10分）			
9	拓展能力	能发现问题、思考问题并主动解决（15分）			
10	分数合计（100分）				
11	存在问题及建议				
12	综合评价				

知识与技能检测

一、理论知识检测

（一）填空题

1. 在我国现行粮油质量标准中，小麦可分为五类：______、______、______、______和______。

2. 小麦和糙米一样，由______、______、______组成。

3. 根据GB 1351—2008《小麦》，各类小麦以_____为定等指标，_____等为中等。

4. 按照国家标准规定，小麦的不完善粒包括______、______、______、______和______。

5. 按照国家标准规定，小麦的杂质有______、______、______。

（二）简答题

1. 稻谷的质量指标有哪些？为什么要检测这些指标？

2. 稻谷的质量指标对其储藏、加工有何影响？

二、技能检测

某粮库欲购买一批小麦，签订合同之前需要先对小麦进行检验，以便定等，质检员正在进行容重的检验，请协助其将各小麦样本中的杂质挑拣出来。

任务二

小麦粉的认知

任务目标

1. 掌握小麦粉的分类及各类小麦粉的品质特点。
2. 了解小麦粉的质量标准并掌握小麦粉各质量指标及检测意义。
3. 了解小麦粉的储存特点及其与结构的关系。

任务分析

正确识别小麦粉，了解小麦粉的质量指标，掌握小麦粉的分类及其特点，是粮食行业质量检验及其安全储存的必备基础知识。

任务相关知识

一、 小麦制粉

小麦制粉的主要过程是小麦籽粒经清理和水分调节后将胚乳与麦胚、麦皮分开，再将胚乳磨细成粉；之后，再根据消费需要，进行不同等级面粉的配制。有时还需通过面粉处理，制成各种专用粉。

1. 清理

由于收获和储运过程中混入了各种杂质，必须先加以清除，才能制粉。除黏附在麦粒表面的杂质如尘土、茸毛、微生物等可通过打麦机、洗麦机等的摩擦、水洗得到清理外，对野草种子、麦秆、麦壳、尘土、石子、碎铁、害虫及其他粮粒等杂质，主要是利用麦粒与杂质在大小、形状、悬浮速度、相对密度、磁性等方面的差别进行清理。生产上一般用振动筛、平面回转筛等筛选机械，通过合适的筛孔，分离出与小麦大小（厚度、宽度）不同的杂质；用滚筒精选机和碟片精选机，分离出与小麦长短不同的荞麦、大麦等籽粒；用螺旋精选机分离出圆球形的荞麦、豌豆等籽粒；用永磁滚筒和磁栏吸除磁性金属杂质；用比重去石机和洗麦去石机等分离出相对密度大于小麦籽粒的石子和矿渣。

2. 润麦

由于不同品种和来自不同地区的小麦籽粒含水量和物理特性各异，有的干硬，有的湿软，麦粒经清理后还须进行水分调节，即对水分高的加以烘干，水分低的适当加水，使之达到最适水分含量，才能具备良好的制粉性质。经过润麦（将小麦加水后在仓内存放一定时间），可使麦粒皮层与胚乳易于分离，胚乳酥松易于磨细；表皮则因韧性增加，可免破碎而影响粉质，从而为整个工艺过程的良好、稳定和成品水分的合乎标准提供了条件。

3. 胚乳分离磨粉

现代面粉厂一般为5~6层高的建筑物，内设磨粉机、平筛和清粉机，以及升运、平运和自流管等输送设备。整个系统包括皮磨、渣磨、心磨和相应的分级、清粉等子系统，形成连续的生产过程。皮磨主要作用是剥开麦粒，并从麸片上刮下胚乳。一般需经4~5道研磨工序。渣磨主要作用是处理从皮磨清粉系统分出的粘有麦皮的胚乳粒，经磨辊的轻微剥刮，进一步使麦皮与胚乳分开，再通过筛理、清粉，回收较纯净的胚乳粒。心磨作用是将经皮磨、渣磨和清粉后获得的不同粒度的胚乳磨细成粉。

4. 成品配制

由于硬质小麦和软质小麦的食用和加工性能不同，面粉厂现多将二者分别加工成面粉，然后根据用户需要按比例搭配混合后销售。面粉厂还可根据生产不同食品的质量要求，加工成各种专用粉，如面包粉、糕点粉、面条粉以及通用面粉等。此外还可对各种面粉进行处理，如在面粉中添加维生素和矿物质，以增加营养价值，制成强化面粉；添加漂白剂以改进色泽；添加改进剂以改善烘焙性质等。

二、 小麦粉的分类及各类小麦粉的特点

（一）按性能和用途分

1. 专用面粉

小麦专用粉就是有专门用途的面粉，是相对于通用粉而言的，能满足各类食品不同品种的品质需求和加工工艺要求专用的面粉。专用粉品种很多，一般常见有：面包粉、饼干粉、饺子粉、馒头粉、面条粉、蛋糕粉、自发粉、汤用粉、面糊粉等。

2. 通用面粉

通用小麦粉是指供一般面制食品用的小麦粉，不是为某种特殊需求而生产的，大都为家庭直接消费，包括习惯上所说的等级粉和标准粉。

3. 营养强化面粉

小麦粉中虽含有人体所需的各种营养成分，但由于小麦和小麦粉的营养含量不等，以及在加工过程中营养素的损失，加之人体所需的营养素是多方面的，因此，需要向小麦粉内添加其含量不足或缺乏的营养成分，以提高面粉的营养价值，这个过程称为面粉的强化。经过添加外来营养成分的小麦粉称为营养强化小麦粉。常见的有增钙面粉、富铁面粉、“7+1”营养强化面粉等。

（二）按加工精度分

1. 特制一等面粉

相当于前苏联一等粉，质量比国外的特等粉差，我国单独生产特制一等粉的出粉率为60%～70%。它适宜制作精度较高的面包、馒头、面条、包子等面制品。在生产特制一等粉中也可提取更高的精制粉（灰分在0.5%左右），以供制作高档食品。

2. 特制二等面粉

由于特制一等粉出粉率低，标准粉质量又次，因此根据用户习惯，生产了特制二等粉这种比较大众化的实惠面粉。这种面粉出粉率在73%～75%，是制作馒头、包子、饺子、面条等食品的良好原料。

3. 标准面粉

相当于国外的二等粉。它是在粮食紧缺的条件下，要求有较高的出粉率，并对面粉质量要求不高的情况下生产的，一般出粉率可达82%～85%，基本上能满足馒头、面条等面制品的生产需要。

4. 普通面粉

就是所谓的低筋面粉，比较粗，灰分含量最高。随着粮食形势的好转，人们食用面粉的质量要求提高，普通粉供应范围逐步缩小。进入20世纪80年代普通粉退出市场，基本停止了生产和供应。

（三）按蛋白质含量分

1. 高筋面粉

高筋面粉又称强筋面粉，其蛋白质和面筋含量高。蛋白质含量为12%～15%，湿面筋值在35%以上。高筋面粉颜色较深，本身较有活性且光滑，手抓不易成团状；因蛋白质含量高，所以筋度强，常用来制作具有弹性与嚼感的面包、面条、起酥点心、泡芙点心等。

2. 低筋面粉

低筋面粉又称弱筋面粉，其蛋白质和面筋含量低。蛋白质含量为7%～9%，湿面筋含量值在25%以下。颜色较白，用手抓易成团，低筋面粉适宜制作蛋糕、甜酥点心、饼干等。

3. 中筋面粉

中筋面粉是介于高筋面粉与低筋面粉之间的一类面粉。蛋白质含量为9%～11%，湿面筋含量值为25%～35%。颜色呈乳白色，介于高、低粉之间，体质半松散，中筋粉多用在中式点心制作上，如包子、馒头、饺子等。

三、小麦粉的质量标准与质量指标

（一）质量标准

我国小麦粉的质量标准按加工精度定等。根据国家标准GB 1355—1986《小麦粉》规定，小麦粉按加工精度分为特制一等、特制二等、标准粉、普通粉4个等级。各等级小麦粉质量要求及质量指标分别见表3-2。

表3-2　　小麦粉质量指标

等级	加工精度	灰分/%（以干物计）	粗细度/%	面筋质/%（以湿重计）	含砂量/%	磁性金属物/（g/kg）	水分/%	脂肪酸值（以湿基计）	气味、口味
特制一等	按实物标准品对照检验粉色麸星	≤0.70	全部通过CB36号筛，留存在CB42号筛的不超过10.0%	≥26.0	≤0.02	≤0.003	≤14.0	≤80	正常
特制二等	按实物标准品对照检验粉色麸星	≤0.85	全部通过CB30号筛，留存在CB36号筛的不超过10.0%	≥25.0	≤0.02	≤0.003	≤14.0	≤80	正常
标准粉	按实物标准品对照检验粉色麸星	≤1.10	全部通过CQ20号筛，留存在CB30号筛的不超过20.0%	≥25.0	≤0.02	≤0.003	≤13.5	≤80	正常
普通粉	按实物标准品对照检验粉色麸星	≤1.40	全部通过CQ20号筛	≥22.0	≤0.02	≤0.003	≤13.5	≤80	正常

（二）质量指标及检验意义

1. 加工精度

小麦粉的加工精度即小麦在制粉工艺中的去皮程度，通常以小麦粉的粉色和所含麸星的多少来衡量（粉色是指小麦粉的颜色，麸星是指小麦粉中含有的麸皮碎片），是反映面粉质量的标志之一。根据国家标准分为特制一等、特制二等、标准粉和普通粉4个等级。在小麦制粉过程中，小麦粉加工精度越高，出粉率越低，混入其中的麸皮就越少，颜色也越白，其商品价值越高。因此，加工精度是小麦粉最重要的质量指标之一，小麦粉加工精度直接影响小麦粉的产量和质量，影响小麦粉的市场价格，也影响小麦粉加工企业的经济效益。

2. 灰分

小麦粉经高温灼烧剩下的残渣占试样总质量的百分率，即矿物质含量。我国现行的国家标准小麦粉加工精度检验方法是感官检验法，经人工搭粉或者蒸馒头后，以目测方式与实物标准样品比较粉色和麸星，确定小麦粉的加工精度。该方法不仅受主观因素影响大，而且操作繁琐，判断误差较大，结果表述不准确。由于国标方法测定带有主观性，不能量化，生产企业在质量控制过程中，常采用灰分含量间接表示小麦粉的加工精度。灰分含量测定方法客观，结果可以数字化。小麦粉灰分含量高，说明粉中麸星多、加工精度低。

3. 粗细度

面粉的粗细度表示了小麦加工过程研磨的程度。面粉的粗细度对面粉的品质有很大的影响。面粉的细度增加，白度提高，灰分降低，但是过度的研磨造成了面粉品质的降低，稍有不慎就容易造成面团发黏等问题。

4. 面筋质

面筋蛋白质赋予小麦粉一定的加工特性，使面团具有黏着性、湿润性、膨胀性、弹性、韧性和延展性等流变学特性，因而小麦粉能够制作馒头、面包等食品，同时也使食品具有柔软的质地、网状的结构、均匀的空隙和耐咀嚼等特性。而小麦在储藏过程中，面筋蛋白质会发生变化，直接影响了小麦粉的食用品质。因此，测定和研究小麦的面筋含量和质量，对小麦储藏品质和小麦粉质量具有重要的意义。小麦粉面筋质的湿基含量，以面筋占面团质量分数表示。

5. 含砂量

含砂量是指小麦粉中细砂含量占试样总质量的百分率。小麦粉含砂量是衡量小麦粉质量的一项重要指标。国标明确规定小麦粉中的含砂量不得超过 0.02%，如果砂粒含量超标，将影响小麦粉的口感，不但会有牙碜的感觉，而且长期食用会影响人体健康。

6. 磁性金属物

面粉中磁性金属物超标的主要原因是加工设备中的磨辊质量不合格。磨辊的材质、硬度、拉丝精度等都不同程度地影响面粉中的磁性金属物含量。部分磨辊生产企业为了降低成本，不在磨辊白口层内添加铬、镍、钼等贵重金属，虽然磨辊表面硬度符合要求，但其机械性能不高，韧性较差。在小麦碾磨过程中，大量铁屑脱落到面粉中，造成面粉中磁性金属物含量超标。如果人们长期食用磁性金属物含量超标的面粉，将会造成磁性金属物在胃、肠、胰腺等器官大量沉积，引起肝脏和心脏中毒。由此可见，面粉中的磁性金属物超标，对人体的危害是极大的。

7. 水分

水分是指在 105℃下烘干面粉，所损失的水分占试样的百分含量。面粉水分的高低，主要受入磨小麦水分的影响，小麦水分高，麸皮的韧性就越好，粉率不变的条件下，面粉的加工精度会越高，粉色也越好，相应的面粉的水分也会越高。反之亦然。国家标准中规定面粉的水分不超过 14.0%，水分超过标准时，面粉不宜存放，很容易结块、生虫甚至霉变。

8. 脂肪酸值

脂肪酸值以中和 100g 粮食试样中的游离脂肪酸，所需 KOH 的毫克数来表示。是衡量小麦粉品质的重要标志。由于小麦粉在储存过程中，主要受储存时间、储藏温度、水分等诸多因素的影响，在储存中脂肪酸值逐步升高，而脂肪酸值的增高则意味着小麦粉的品质向劣变方向转化，从而降低食用价值。

9. 气味、口味

正常的小麦粉应具有固有的气味、口味。通过气味、口味的鉴定，可以初步判断面粉的新鲜度和有无异常变化。

四、 小麦粉的储存特点

1. 吸湿性强，储藏稳定性差

小麦粉颗粒细小，与外界接触面积大，吸湿性强，同时粉堆孔隙小，导热性特差，最易发热霉变。刚出机的小麦粉温度高，未经摊晾即行码垛，往往也易引起发热。面粉发热生霉，主要是由于面粉水分高，或面粉吸湿返潮导致面粉微粒的呼吸作用及微生物的呼吸作用增强而引起的。

2. 易成团结块

面粉堆垛储藏一段时间，下层因受中、上层压力的影响而被压成团。受压缩成团块的面粉，并无菌丝黏连，出仓时经搓揉弄松后，即可恢复正常，对品质无大影响。但如果伴有发热霉变而结块时，则不易恢复松散，品质也显著降低。储藏时间越长，水分越大，结块成团就越严重。

3. 面粉的“熟化”与变白

面粉出机入库后，大约储藏 10 ~ 30d，品质有所改善，筋力增强，发酵性好，制成面包体积大而松，面条粗细均匀，食味松软可口，这种面筋改善的作用，称为面粉的“熟化”。另外，面粉经储藏一定时间，其颜色由初出机时稍带淡黄色而逐渐褪色变白，这是由于面粉中脂溶性色素氧化的结果。面粉的营养性能没有改善，相反还有所降低。

4. 面粉发酸变苦

小麦粉在高温高湿的环境下储存或储存时间过久，其中的脂肪容易在酶和微生物或空气中氧的作用下被不断分解产生低级脂肪酸和醛、酮等酸、苦等异味物质，使小麦粉发酸变苦。脂肪酸的变化是面粉品质劣变的主要指标。即使正常水分含量的面粉，由于脂肪的水解，导致脂肪酸有规律的增加，酸价增高；水分含量较高的面粉，由于微生物的不良影响，使水溶性有机酸积累，加上脂肪分解而使酸价增加更快。发过芽或发过热的小麦制成面粉，其酸败过程比正常面粉更快。

任务实施

小麦粉的识别与认知

（一）小麦粉的感官检验

1. 视觉鉴别

取少量面粉在手掌上，在白天散射光下，对着光线观察，正常面粉呈白色或微黄、无杂色，不正常的面粉呈灰白色或深黄色，发暗、色泽不均匀。将面粉样品在黑纸上撒一薄层，然后与适当的标准颜色或标准样品做比较，如果麦麸量大且分布密，说明加工精度达不到要求。

2. 嗅觉鉴别

取少量面粉样品置于手掌中，用嘴哈气使之稍热，为了增强气味，也可将样品置于有塞的瓶中，加入60℃热水，紧塞片刻，然后将水倒出嗅其气味。良质面粉具有面粉的正常气味，无其他异味。次质面粉微有异味。劣质面粉有霉臭味、酸味、煤油味以及其他异味。

3. 味觉鉴别

可取少量面粉样品细嚼，遇有可疑情况，应将样品加水煮沸后尝试之。如果有牙碜现象，说明面粉含砂量高；如果味道发酸，判断面粉酸度高。良质面粉味道可口，淡而微甜，没有发酸、刺喉、发苦、发甜以及外来滋味，咀嚼时没有砂声。次质面粉淡而乏味，微有异味，咀嚼时有砂声。劣质面粉有苦味，酸味，发甜或其他异味，有刺喉感。

4. 触觉鉴别

将面粉样品在黑纸上撒一薄层，仔细观察有无发霉、结块、生虫及杂质等，然后用手捻捏，以试手感。良质面粉呈细粉末状，不含杂质，手指捻捏时无粗粒感，无虫子和结块，置于手中紧捏后放开不成团。次质面粉手捏时有粗粒感，生虫或有杂质。劣质面粉吸潮后霉变，有结块或手捏成团。

（二）小麦粉加工精度检验

用洁净的粉刀取少量小麦粉加工精度标准样品置于粉板上，用粉刀压平，将右边切齐，刮净粉刀右侧的粉末，再取少量试样置于样品右侧压平，将左边切齐，并刮净粉刀左侧的粉末。用粉刀将试样慢慢向左移动，使试样与标准品相连接。再用粉刀把两个粉样紧紧压平（标准样品与试样不得互混），打成上厚下薄的坡度（上厚约6mm，下与粉板拉平），切齐各边，刮去标准样品左上角，目测比较试样表面与标准样品表面的颜色与麸星大小及密集度。

任务评价

学生评价表

序号	项目		学习任务的完成情况评价		
1	职业素养	遵守实验室管理规定，严格执行操作程序（10分）			
2		安全操作，按时完成任务（10分）			
3		学习积极主动、勤学好问（10分）			
4		与人协作，相互配合好（5分）			
5		清洁、整理（5分）			

续表

序号	项目		学习任务的完成情况评价		
6	专业能力	能正确认知并进行面粉的感官检验和加工精度检验（20 分）			
7		操作规范、熟练（15 分）			
8		认真填写实验报告，且填写正确（10 分）			
9	拓展能力	能发现问题、思考问题并主动解决（15 分）			
10	分数合计（100 分）				
11	存在问题及建议				
12	综合评价				

知识与技能检测

一、理论知识检测

（一）填空题

1. 根据国家质量标准，小麦粉按______定等。分别分为______和______、______、______四等。

2. 小麦粉的质量指标分别是______、______、______、______、______、______、______、______、______。

（二）简答题

1. 小麦粉按蛋白质的不同有哪些种类？分别有什么区别？

2. 小麦粉的储存特点有哪些？

二、技能检测

某烘焙公司欲长期向某粮食加工企业购买小麦粉，为了确保质量，现委托某质监站对抽样的小麦粉进行加工精度的检验，请协助质检员采用蒸馒头法测定样品加工精度。

项目四

玉米和玉米粉

玉米是一种重要的粮食作物，起源于美洲大陆，已有数千年的栽培历史，是人类种植最广泛的谷类作物之一。自 1998 年以来，世界玉米的总产量已经超过稻谷和小麦。目前，玉米是世界上产量最高和增产潜力最大的谷类粮食作物，并已成为世界上贸易量最大的粮食产品。在我国，从 2012 年始玉米产量超过稻谷，成为我国第一大粮食作物品种。玉米经加工制成的玉米粉或玉米糁，既可单独食用，也可与其他粮食混合食用，又可用于制作的玉米膨化食品、玉米片、果葡糖浆和糕点等；玉米胚含有丰富的脂肪，可提取玉米胚油，制油后的玉米胚饼粕是良好的蛋白资源，可用于生产味精、饴糖、酱油及氨基酸等。目前世界生产的玉米 70% 作为饲料，玉米产业链广泛延伸，产品涉及饲料、食品、医药、化工、能源等多个领域，在世界上被称为“黄金作物”。

玉米不仅在我国农业生产中占据重要地位，更与我国粮食安全、整体经济安全息息相关。因此，认知并掌握玉米和玉米粉的特点对于其在储藏、加工、质量检测以及流通过程等环节都具有非常重要的意义。

任务一

玉米的认知

任务目标

1. 掌握玉米的分类及各类玉米的特点。
2. 认识并掌握玉米的籽粒形态与结构特点。
3. 了解玉米的质量标准及质量指标。

4. 了解玉米的储存特点。

任务分析

正确识别玉米及其质量指标，掌握其不同类型及产生原因，是正确检测玉米及安全储存玉米的基础。

任务相关知识

根据不同的应用目的和分类依据，可将玉米分成四大类。最常见的是按籽粒的形态与结构、籽粒的成分与用途、生育期、株型等进行分类。

一、 玉米的分类及各类玉米的特点

（一）根据籽实形态与结构分类

1. 马齿形

又称马牙形，如图 4－1（1）所示。果穗筒型，籽粒扁平呈长方形，由于粉质的顶部比两侧角质干燥得快，所以顶部的中间下凹，形似马齿，故名。籽粒表皮皱纹粗糙不透明，多为黄、白色，少数呈紫或红色、食用品质较差。它是世界上及中国栽培最多的一种类型，植株高大，耐肥水，产量高，成熟较迟，适宜制造淀粉和酒精或作饲料。

2. 硬粒形

也称燧石形，如图 4－1（2）所示。果穗多呈锥形，籽粒项部呈圆形，顶部及四周胚乳都是角质，仅中心近胚部分为粉质，故外表半透明有光泽、坚硬饱满。粒色多为黄色，间或有红、紫等色。籽粒品质好，是中国长期以来栽培较多的类型，产量较低，适应性强，耐瘠、早熟，主要作食粮用。

3. 半马齿形

也称中间形，介于硬粒型与马齿形之间。它是由硬粒形和马齿形玉米杂交而来。籽粒顶端凹陷较马齿形浅，有的不凹陷仅呈白色斑点状。顶部的粉质胚乳较马齿形少但比硬粒形多，种皮较厚，品质较马齿形好，在中国栽培较多。

4. 粉质型

又名软质型，果穗及籽粒形状与硬粒形相似，但胚乳全部为粉质，籽粒乳白色，无光泽，是制造淀粉和酿造的优良原料，在中国很少栽培。

5. 爆裂型

又名玉米麦，如图 4－1（3）所示，每株结穗较多，但果穗与籽粒都较小，籽粒圆形，顶端突出，胚乳几乎全部是角质，质地坚硬透明，种皮多为白色或红色，遇热时淀粉内的水分形成蒸汽而爆裂，尤其适宜加工爆米花等膨化食品。中国有零星栽培。

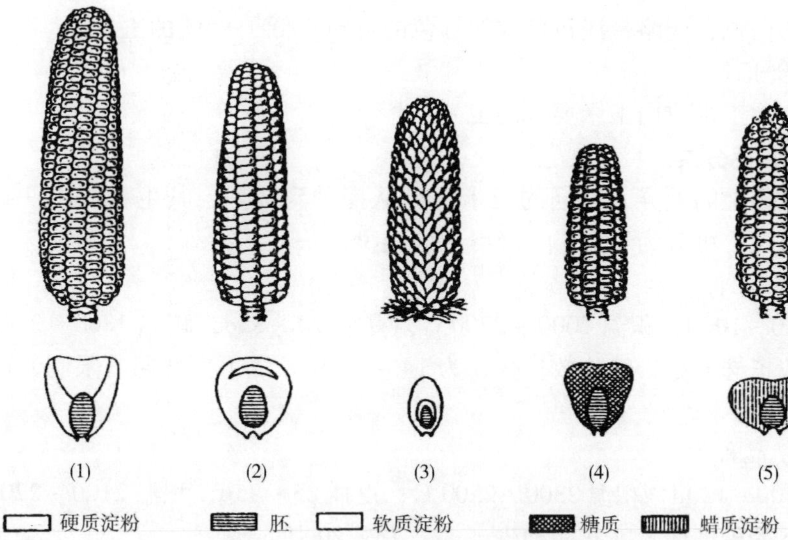

图 4－1　玉米的形态图

1—马齿形　2—硬粒形　3—爆裂型　4—甜质型　5—蜡质型

6. 甜质型

也称甜玉米，如图 4－1（4）所示。植株矮小，果穗小。胚乳多为角质，含糖分多，含淀粉较低，因成熟时水分蒸发使籽粒表面皱缩，呈半透明状。多做蔬菜或制罐头，随着人民生活水平的提高，中国各地已广泛种植。

7. 甜粉型

籽粒上半部为甜质型角质胚乳，下半部为粉质胚乳。中国很少栽培。

8. 蜡质型

又名糯质型，如图 4－1（5）所示。原产我国，果穗较小。籽粒胚乳全部为角质但不透明，无光泽如蜡状，胚乳几乎全部由支链淀粉所组成。食性似糯米，黏柔适口。中国只有零星栽培。

9. 有稃型

籽粒被较长的稃壳包裹，故名有稃型。稃壳顶端有时有芒，籽粒坚硬，难脱粒，是一种原始类型，无栽培价值。

（二）根据颜色分类

根据我国玉米质量的国家标准 GB 1353—2009《玉米》，按玉米的粒色和粒质分为三类：

1. 黄玉米

种皮为黄色，或略带红色的籽粒不低于 95% 的玉米。

2. 白玉米

种皮为白色，或略带淡黄色或粉红色的籽粒不低于95%的玉米。

3. 混合玉米

不符合黄玉米或白玉米要求的玉米。

（三）按生育期分类

由于遗传上的差异，不同的玉米类型从播种到成熟，其生育期不一致。根据生育期的长短，可分为早、中、晚熟三大类型。一般认为：

1. 早熟品种

春播80～100d，积温2000～2200℃；夏播70～85d，积温1800～2100℃。早熟品种一般植株矮小，叶片数量少，为14～17片。由于生育期的限制，产量潜力较小。

2. 中熟品种

春播100～120d，积温2300～2500℃；夏播85～95d，积温2100～2200℃。叶片数较早熟品种多而较晚熟品种少，多为18～20片。

3. 晚熟品种

春播120～150d，积温2500～2800℃；夏播96d以上，积温2300℃以上，一般植株高大，叶片数量多，多为21～25片。由于生育期的长，产量潜力较大。

（四）按株型分类

作物株型是指植株在空间的存在类型。根据植株抽雄后，穗位上和穗位下茎叶夹角及叶向值的大小，可将玉米划分为三类。

1. 紧凑型

品种穗位以上叶片茎叶夹角小于20°，直立上举，穗位以下叶片茎叶夹角小于35°。

2. 半紧凑型（中间型）

品种穗位以上叶片茎叶夹角为20～35°，较起立上举，穗位以下叶片夹角为35～50°，较平展。

3. 平展型

品种穗位以上叶片茎叶夹角大于35°，穗位以下叶片夹角大于50°，平展下披。

（五）按用途分类

按照玉米用途与籽粒组成部分，可分为特种玉米和普通玉米，特种玉米是指具有较高的经济价值、营养价值或加工利用价值的玉米，特种玉米以外类型的玉米即为普通玉米。

1. 甜玉米

又称蔬菜玉米，既可以煮熟后直接食用，又可以制成各种风味的罐头，加工食品和冷冻食品。甜玉米又可分为普甜玉米、加强甜玉米和超甜玉米三类，这类玉米在我国呈发展趋势。

2. 糯玉米

又称黏玉米，可以鲜食或制作罐头，由于糯玉米食用消化率高，故用于饲料可以提高饲养效率。在工业方面，糯玉米淀粉是食品工业的基础原料，可作为增稠剂使用，广泛地用于胶带、黏合剂和造纸等工业。扩大糯玉米生产面积，将会带动食品行业、淀粉加工业及相关产业的发展。

3. 油玉米

是指籽粒含油量超8%的玉米类型，由于玉米油主要储存在于胚内，直观上看高油玉米都具有较大的胚。玉米的主要成分之一是脂肪酸，尤其是油酸、亚油酸的含量较高，是人体维持健康所必需的。玉米油富含维生素 E、维生素 A 及卵磷脂，经常食用可降低人体胆固醇含量，增强肌肉和心血管机能，加快人体新陈代谢，提高对传染病的抵抗能力，被称为健康营养油。

二、 玉米的籽粒形态与结构

（一）形态

玉米果穗一般呈圆锥形或圆柱形，果穗上纵向排列着玉米籽粒。玉米的形态随玉米品种类型的不同而有差异，常呈扁平形，靠基部的一端较窄而薄，顶部则较宽厚。玉米籽粒的形状因品种不同而异，就是同一品种也因在果穗中着生的部位不同而不同，最常见的有马齿形、半马齿形、三角形、近圆形、扁圆形和扁长圆形等。籽粒大小也因品种和栽培水平不同而有很大的差异。玉米籽粒有一个很大的特点，即胚部所占的比例很大，其体积可达整个籽粒的1/3，是谷类粮食中最大的。

玉米籽粒颜色有黄色、白色、红色、紫色、蓝色等，因品种而异，最常见的为黄色和白色。黄色品种的色素多含于果皮和角质胚乳中，红色品种的色素仅含在果皮中，蓝色品种的色素则仅在糊粉层中。玉米籽粒大多有光泽。

（二）结构

玉米籽粒也是由皮层、胚乳和胚三部分组成（图 4－2）。皮层占籽粒重的6%～8%，包括果皮和种皮，果皮上有孔纹，无茸毛，外有角质层覆盖。种皮为栓化薄膜，没有明显的细胞结构，胚乳占籽粒重的78%～85%。胚乳的外层是糊粉层，占籽粒重的8%～10%。胚乳部分与稻谷、小麦一样也有角质和粉质之分。胚占籽粒质量的8%～15%，位于籽粒一侧的基部，胚中除含丰富的脂肪外，还含有淀粉，而其他谷类粮食籽粒的胚中一般都不含淀粉。

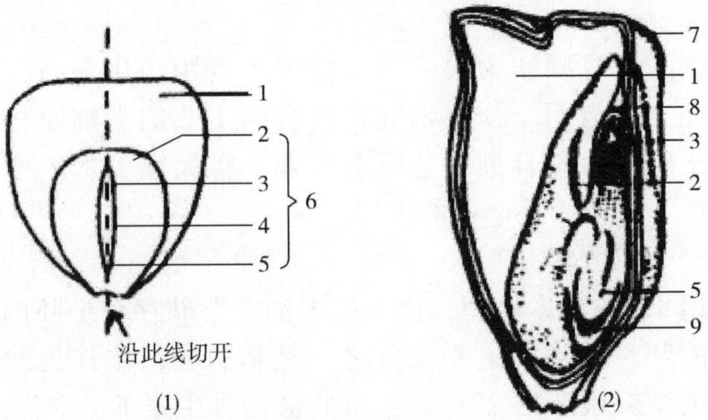

图 4－2　玉米籽粒结构图

1—胚乳　2—子叶　3—胚芽　4—胚轴　5—胚根
6—胚　7—果皮与种皮　8—胚芽鞘　9—胚根鞘

三、 玉米的质量标准与质量指标

（一）质量标准

1. 根据 GB 1353—2009《玉米》，各类玉米以容重为定等指标，3 等为中等。

表 4－1　　玉米质量指标

等级	容重/（g/L）	不完善粒含量/%		杂质含量/%	水分含量/%	色泽、气味
		总量	其中：生霉粒			
1	≥720	≤4.0				
2	≥685	≤6.0				
3	≥650	≤8.0	≤2.0	≤1.0	≤14.0	正常
4	≥620	≤10.0				
5	≥590	≤15.0				
等外	＜590	—				

注："—"为不要求

2. 饲用玉米

按容重、不完善粒参照 GB/T 17890—2008《饲料用玉米》划分等级，如表 4－2 所示。

表 4-2　饲料用玉米的质量标准

等级	容重/（g/L）	不完善粒/%
1	≥710	≤5.0
2	≥685	≤6.5
3	≥660	≤8.0

3. 淀粉、发酵工业用玉米

以淀粉含量定等，淀粉、发酵工业用玉米以马齿形等淀粉含量高的玉米为宜，其等级指标及其他指标见表 4-3。

表 4-3　淀粉、发酵工业用玉米质量指标

等级	淀粉（干基）/%	杂质/%	水分/%	不完善粒含量/%		色泽、气味
				总量	其中：生霉粒	
1	≥75					
2	≥72	≤1.0	≤14.0	≤5.0	≤1.0	正常
3	≥69					

（二）质量指标及检验意义

1. 容重

玉米籽粒在单位容积内的质量，以克/升（g/L）表示。水分不高于 18.0% 的玉米直接测定容重，高于 18.0% 的玉米应采用红外加热或热风干燥，辅以机械通风在短时间内将高水分玉米的水分干燥到 18.0% 以下后再测定容重（图 4-3）。

图 4-3　谷物容重器

2. 不完善粒

受到损伤但尚有使用价值的玉米颗粒。包括虫蚀粒、病斑粒、破碎粒、生芽粒、生霉粒和热损粒。

（1）虫蚀粒　被虫蛀蚀、并形成孔或隧道的颗粒（图 4-4）。

（2）病斑粒　粒面带有病斑，伤及胚或胚乳的颗粒（图 4-5）。

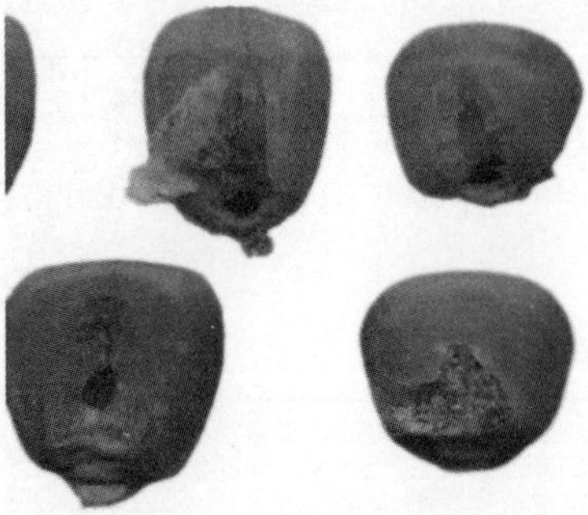

图 4-4　玉米虫蚀粒

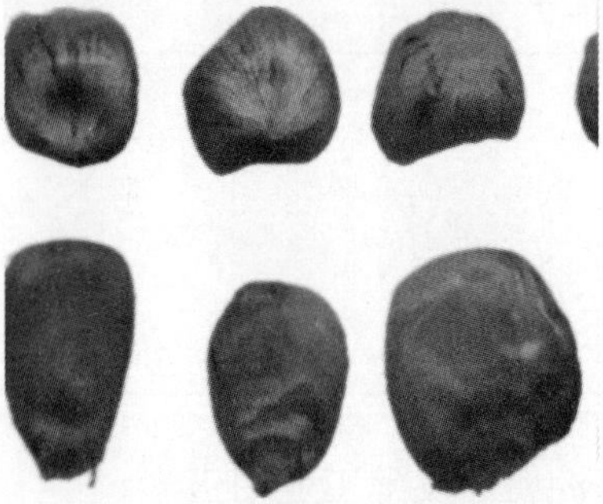

图 4-5　玉米病斑粒

（3）破碎粒　籽粒破碎达本颗粒体积 1/5（含）以上的颗粒（图 4-6）。

（4）生霉粒　粒面生霉的颗粒（图 4-7）。

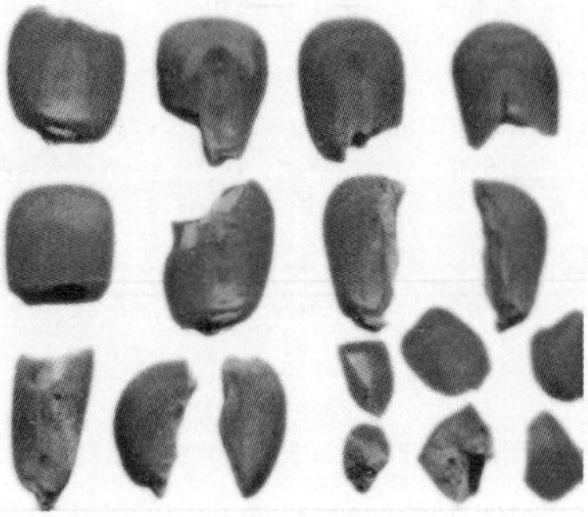

图 4-6　玉米破碎粒

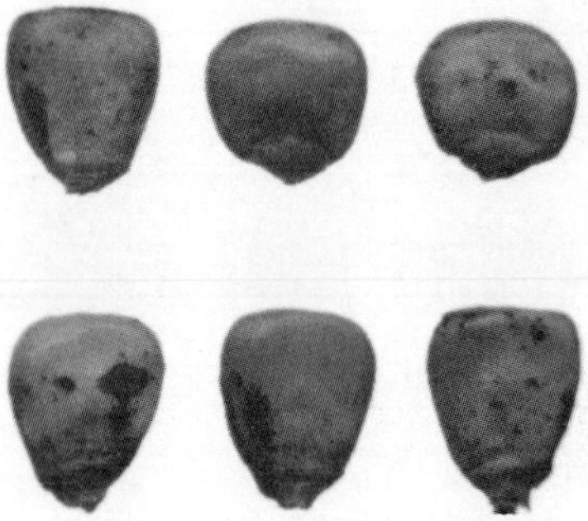

图 4-7　玉米生霉粒

（5）生芽粒　芽或幼根突破表皮，或芽或幼根虽未突破表皮但胚部表皮已破裂明显隆起，有生芽痕迹的颗粒（图 4-8）。

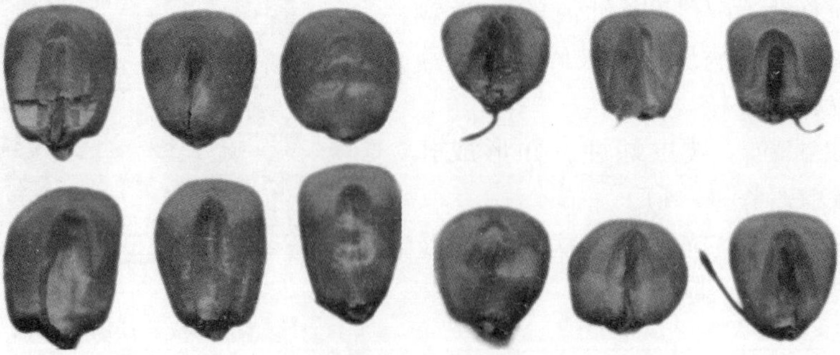

图 4-8　玉米生芽粒

（6）热损伤粒　受热后籽粒显著变色或受到损伤的颗粒，包括自然损伤粒和烘干热伤粒。

①自然损伤粒：储存期间因过度呼吸，胚部或胚乳显著变色的颗粒。

②加热烘干时引起表皮、胚或胚乳显著变色，籽粒变形或膨胀隆起的颗粒。

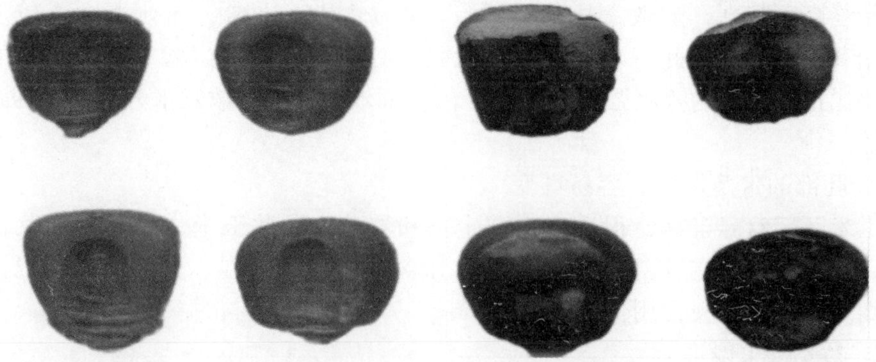

图4－9　玉米热损伤粒

3. 杂质

除玉米粒以外的其他物质，包括筛下物、无机杂质和有机杂质。杂质对玉米安全储存影响较大，由于杂质呼吸能力和吸湿性强，能增大粮食水分，使玉米在保管过程中容易发生虫霉，玉米的杂质含量还会影响容重值的大小。

（1）筛下物　通过直径3.0mm圆孔筛的物质。

（2）无机杂质　泥土、砂石、砖瓦块及其他无机物质。

（3）有机杂质　无使用价值的玉米粒、异种类粮粒及其他有机物质。

4. 色泽、气味、口味

一批玉米固有的综合颜色、光泽和气味。根据GB/T 29405—2012《粮油检验　谷物及制品脂肪酸值测定　仪器法》，玉米应有在标准规定条件下的综合颜色和光泽，并具有规定条件下的综合气味，可将玉米制成玉米粉，在规定条件下制成窝头后，对其色泽、气味、外观结构、内部性状、滋味等进行品评试验，结果用品尝评分值表示。

四、玉米的储存特点

我国产量较大、储藏数量较多的主要是硬粒型、马齿型和半马齿型玉米。硬粒型玉米，由于角质胚乳较多，组织结构紧密，外部坚硬，故而吸湿性相对较差，抗霉菌侵害能力强，储藏性能好。马齿型玉米胚部大，脂肪含量高，粉质胚乳也较多，粒质结构较疏松，因而吸湿性较强，抗霉菌侵害能力差，储藏性能不如硬粒型好，但产量高。半马齿型玉米，角质胚乳和粉质胚乳的含量及组成等均介于硬粒型和马齿型之间，其储藏性能也介于二者之间。

1. 玉米的胚大，呼吸旺盛

玉米的胚是禾科谷类粮食中最大的，几乎占全粒体积的1/3，占全粒质量的10%～15%。玉米胚部组织疏松，玉米胚部含整粒中77%～89%的脂肪，胚部的酸度始终高于胚乳，酸败常从胚部开始，容易酸败。此外，玉米胚含有较多的可溶性糖和蛋白质，因此玉米胚部吸湿性强，呼吸旺盛。据试验，正常玉米的呼吸强度要比正常小麦的呼吸强度大8～11倍。玉米的吸收和散发水分主要是通过胚部进行的。

2. 胚部的带菌量多，容易霉变

玉米胚部营养丰富，很适合霉菌生长和繁殖，因此玉米带菌量要比其他粮种都多，且主要集中在胚部。如果玉米水分含量过高或吸湿、受潮后，会很快霉变甚至结块，导致失去食用价值。

3. 易受害虫侵害

玉米胚部富含营养物质，可溶性糖含量高，在脱粒时易受损伤产生破碎粒，还有未成熟的粒，因此大部分害虫都喜欢侵害玉米，且大多危害胚部和靠近胚部的粉质部位。

4. 种皮和外胚乳很薄，吸湿性强

不同玉米之间存在差异，硬质玉米的吸湿性比粉质玉米小，目前杂交玉米粉质较多，储藏的稳定性自然就会降低。

5. 新玉米水分大，成熟度不均匀

玉米果穗外有包叶，在植株上得不到充分的日晒干燥，并且玉米的主要产区在北方，在收获时天气已冷，使新玉米的水分较高（一般在20%～30%）。玉米的成熟度往往不均匀，这主要是由于同一果穗的顶部与基部授粉时间不同，致使顶部籽粒往往不够成熟。成熟度的不同，导致玉米不易储藏。

任务实施

玉米的识别与认知

（一）玉米籽粒识别

取一定量混合的谷物籽粒样本，正确挑选出马齿形、半马齿形、三角形、近圆形、扁圆形和扁长形的玉米籽粒。

（二）玉米品质的感官鉴别

1. 色泽识别

分取20～50g玉米试样放在手掌中，均匀摊平，在散射光线下仔细观察其色泽，并与参照样品进行对照。玉米应有在标准规定条件下的综合颜色和光泽。

2. 气味识别

分取20~50g玉米试样放在手掌中，用哈气或摩擦的方法提高试样温度后，立即嗅其气味。玉米应有在标准规定条件下的综合气味。

3. 口味识别

将玉米制成玉米粉，在规定条件下制成窝头后，对其色泽、气味、外观结构、内部性状、滋味等进行品评的试验，结果用品尝评分值表示。

（三）玉米结构特点的认知

放大镜下观察玉米的结构特点，绘出其形态结构图，注明其主要部分，并简要说出每部分的营养特点及其主要加工利用形式。

任务评价

学生评价表

序号	项目		学习任务的完成情况评价		
1	职业素养	遵守实验室管理规定，严格执行操作程序（10分）			
2		安全操作，按时完成任务（10分）			
3		学习积极主动、勤学好问（10分）			
4		与人协作，相互配合好（5分）			
5		清洁、整理（5分）			
6	专业能力	能正确认知并辨识玉米及其质量指标（20分）			
7		操作规范、熟练（15分）			
8		认真填写实验报告，且填写正确（10分）			
9	拓展能力	能发现问题、思考问题并主动解决（15分）			
10	分数合计（100分）				
11	存在问题及建议				
12	综合评价				

知识与技能检测

一、理论知识检测

（一）填空题

1. 按照GB 1353—2009《玉米》，按玉米的粒色和粒质分为三类：______、______和______。

2. 测定玉米容重的容重器其漏斗筒的下口直径为______。

3. 根据GB 1353—2009《玉米》，各类玉米以______为定等指标，______等为中等。

4. 按照国家标准规定，玉米的不完善粒包括______、______、______、______、______和______。

（二）简答题

1. 玉米的质量指标有哪些？为什么要检测这些指标？

2. 玉米的质量指标对其储藏、加工有何影响？

二、技能检测

某粮库接收了一批玉米样品，请按 GB 1350—2009《玉米》对该批玉米进行抽样检测。

任务二

玉米粉和玉米糁的认知

任务目标

1. 掌握玉米粉与玉米糁的主要区别。
2. 掌握玉米粉与玉米糁的质量标准及质量指标。
3. 了解玉米粉与玉米糁的储存特点。

任务分析

玉米粉和玉米糁是玉米的加工制品，了解和掌握玉米粉、玉米糁的加工工艺、质量要求及储存性能更有利于玉米制品的品质管理和市场流通。

任务相关知识

玉米粉和玉米糁，是玉米的加工成品。玉米粉可用于制作窝窝头、玉米烤饼、玉米煎饼、发糕、花卷，也可以用来加工玉米面条，玉米糁则可以用来熬粥。玉米粉和玉米糁是我国北方部分地区人们的主要粮食之一。

一、 玉米粉和玉米糁的主要区别

玉米粉和玉米糁的主要区别有两方面：一是加工工艺不同，二是粗细度不同。

1. 加工工艺不同

原粮→清理→粉碎→筛理→玉米粉

原粮→清理→浸泡→去皮→脱胚→破碎→筛选→玉米糁

根据加工工艺的不同，可将玉米粉分为脱胚玉米粉和全玉米粉。脱胚玉米粉可由玉米糁研磨加工而成。

2. 粗细度不同

玉米粉加工通过粉碎机粉碎，得到的是较细的粉末，但还有粗玉米粉和细玉米粉之分，而玉米糁相当于玉米胚乳的小碎粒，因而是比较粗的。玉米糁按其颗粒细度分为大玉米糁、中玉米糁、粗玉米糁和细玉米糁。大玉米糁通过8W筛网不大于5%；中玉米糁留存6W筛网不大于5%，通过14W筛网不大于10%；粗玉米糁留存12W筛网不大于5%，通过26W筛网不大于10%；细玉米糁留存18W筛网不大于5%，通过40W筛网不大于10%。

二、 玉米粉和玉米糁的质量标准与质量要求

（一）质量标准

1. 玉米粉

根据GB/T 10463—2008《玉米粉》的质量要求见表4－4。

表4－4　玉米粉的质量要求

项目	类别	
	脱胚玉米粉	全玉米粉
粗脂肪含量（干基）/%	≤2.0	≤5.0
粗细度	全部通过CQ10号筛	
脂肪酸值（干基）（以KOH计）/（mg/100g）	≤60	≤80
灰分含量（干基）/%	≤1.0	≤3.0
含砂量/%	≤0.02	
磁性金属物含量/（g/kg）	≤0.003	
水分含量/%	≤14.5	
色泽、气味、口味	玉米粉固有的色泽、气味、口味	

习惯上以玉米粉食用品质的优劣作为标准，即以玉米粉的颜色、香甜程度及胀性等指标来确定玉米粉的等级，各类玉米粉通常分为三等。

一等：黄玉米粉颜色深黄，白玉米粉色泽洁白，口味香甜，含水量多，胀性大，松软可口。

二等：达不到一等品质要求，但三项指标中具备两项的属于二等。

三等：食用品质差，口感发黏、发硬，三项指标中只具备一项的为三等。

玉米粉的质量要求除了以上三项外，还有一些限制指标，如含皮率、含砂量、磁性金属物、水分等。

2. 玉米糁

玉米糁的质量要求与玉米粉有所不同，GB/T 22496—2008《玉米糁》的质量指标见表4－5。

表 4-5 玉米糁的质量指标

项目	质量指标
水分含量/%	≤14.5
灰分含量（干基）/%	≤1.0
粗脂肪含量（干基）/%	≤2.0
含砂量/%	≤0.02
磁性金属物含量/（g/kg）	≤0.003
脂肪酸值（干基）（以 KOH 计）/（mg/100g）	≤70
色泽、气味	正常

（二）质量指标

1. 灰分含量

试样经高温灼烧后残留的物质占试样的质量分数。

2. 粗脂肪含量

试样所含粗脂肪占试样的质量分数，结果以干基表示。

3. 粗细度

玉米粉颗粒的大小程度；在玉米糁中指的是玉米糁颗粒的大小程度，以留存及通过规定筛号筛网的玉米糁质量分数表示。

4. 含砂量

试样中细砂占试样的质量分数。

5. 磁性金属物

试样中磁性金属占试样的质量分数，以 g/kg 表示。

6. 脂肪酸值

中和 100g 试样中游离脂肪酸所需 KOH 的毫克数。

三、玉米粉和玉米糁的储藏特点

（一）玉米粉

玉米粉和其他粉状粮食一样，孔隙小，活性表面大，透气性与导热性不良，吸湿能力强，氧化作用旺盛，湿热易于积累。

玉米在制粉时，往往经过水洗，增加了玉米的含水量，新出机的玉米粉温度较高（30～35℃），这些都给微生物繁殖创造了有利条件，导致玉米粉比小麦粉更易发热霉变，酸败变苦。

玉米粉发热酸败速度较快，一般经吸湿返潮 1～2d 即开始发热，初期有轻微霉味，发热部位水分、酸度显著增加。发热玉米粉经 3～5d 粮温继续升高，霉味加重，结块成团，严重的粉色灰暗，粉内呈微红色，吸水性和黏性明显降低，有哈喇味、苦味，不能食用。

玉米粉较难保管，最好以销定产，不要做长期储藏。根据经验：1~2 月，粮温 15℃以内，玉米粉水分 20%~20.5%，可以保管一个月；3~5 月，粮温 20℃以内，玉米粉水分 15%~16.5%，可以保管半个月；6~8 月，粮温 25℃以内，玉米粉水分 13.5%~14.5%，可以保管 10d。

玉米粉储藏一般采用仓内包装码垛的形式。常采用的码垛方法有通风垛和实垛。对水分大、温度高的玉米粉，应采用通风垛，以便散发水分，降低温度。加工玉米粉散热后，水分小、温度低，可以码实垛。

玉米粉码垛高度因水分、季节不同而异，一般是冬季高，夏季低；水分低的码垛高，反之低。

玉米粉在储藏期间，不论采取哪种方法储存，都应一周左右倒垛一次，倒垛时应上层袋和下层袋进行颠倒轮换，并逐袋加以揉松，防止结块。

玉米粉应尽量保管在干燥低温的库内，并注意掌握通风，以调节库内温度、湿度。

要加强管理和检查。除检查测定温度和水分外，还要检查测定粉质，注意其色泽、气味和酸度的变化，发现问题，应及时进行处理。

（二）玉米糁

玉米糁和玉米粉一样很难储藏，因此，一般都是以销定产。短期储藏应控制水分在 13%以内，袋装码成通风垛，储存在低温、干燥的库房里，加强管理检查。

任务实施

玉米粉与玉米糁的识别与认知

（一）玉米粉与玉米糁识别

取一定量玉米粉或玉米糁，识别玉米粉与玉米糁的粗细度。

（二）玉米粉和玉米糁质量指标的识别

1. 玉米粉和玉米糁中磁性金属物的识别（参考 GB/T 5509—2008《粮油检验 粉类磁性金属物测定》）

从分取的平均样品中称取试样（m）1kg，开启磁性金属物测定仪，将试样倒入盛粉斗，按下通磁开关。调节流量控制板旋钮，控制试样流量在 250g/min 左右，使试样匀速通过淌样样板进入储粉箱内。待试样流完后，用洗耳球将残留在淌样板上的试样吹入储粉箱，然后用干净的白纸接在测定仪淌样板下面，关闭通磁开关，立即用毛刷刷净吸附在淌样板上的磁性金属物（含少量试样），并收集到放置的白纸上。将收集有磁性金属物和残留试样混合物的纸放在事先准备好的分离板上，用手拉住纸的两端，沿分离板前后左右移动，使磁性金属物与分离板充分接触并集中在一处，然后用洗耳球轻轻吹弃纸上的残留试样，最后将留在纸上的磁性金属物收集到称量纸上。将第一次分离后的试样，按重复分离，直到分离后在纸上观察不到磁性金属物，将每次分离的磁性金属物合并到称量纸上。将收集有磁性金属物的称量纸放在分离板上，仔细观察是否还有试样粉粒，如果有则用洗耳球轻轻吹弃。将磁性金属物和称量纸一并称量（m_1），然后弃去磁性金属物再称量（m_0），计算公式如下所示。

$$X = \frac{m_1 - m_0}{m} \times 1000 \quad \text{（式 4－1）}$$

式中 X——磁性金属物含量，g/kg；

m_1——磁性金属物和称量纸质量，g；

m_0——称量纸质量，g；

m——试样质量，g。

2. 脂肪酸值的测定（参考 GB/T 15684—2015《谷物碾磨制品　脂肪酸值的测定》）

称取制备好的样品 5g 作为试样，置于离心管内。用移液管移取 30mL 乙醇于离心管中，加塞密封离心管，采用旋转式搅拌器在 20℃ ±5℃温度下搅拌 1h。取出密封塞，在离心机上以 2000g 离心加速离心 5min。用移液管将 20mL 上清液转移至锥形瓶中，加入 5 滴酚酞，采用微量滴定管，用 0.05mol/L 的 NaOH 乙醇溶液滴定至淡粉红色，持续 3s，同时做空白试验。如下式所示计算脂肪酸值。

$$A_k = \frac{8415 \times (V_1 - V_0) \times c}{m} \times \frac{100}{100 - w} \quad \text{（式 4－2）}$$

式中 A_k——脂肪酸值，mg/100g（以 KOH 计）；

c——NaOH 乙醇标准溶液浓度，mol/L；

V_1——测定试样所用的 NaOH 乙醇标准溶液的体积，mL；

V_0——空白试验所用的 NaOH 乙醇标准溶液的体积，mL；

w——试样的水分含量，%；

8415——用 KOH 表示的常数，即 56.1 ×1.5 ×100。

任务评价

学生评价表

序号	项目		学习任务的完成情况评价		
1	职业素养	遵守实验室管理规定，严格执行操作程序（10 分）			
2		安全操作，按时完成任务（10 分）			
3		学习积极主动、勤学好问（10 分）			
4		与人协作，相互配合好（5 分）			
5		清洁、整理（5 分）			

续表

序号	项目		学习任务的完成情况评价		
6	专业能力	能正确认知并辨识玉米粉或玉米糁及其质量指标（20 分）			
7		操作规范、熟练（15 分）			
8		认真填写实验报告，且填写正确（10 分）			
9	拓展能力	能发现问题、思考问题并主动解决（15 分）			
10	分数合计（100 分）				
11	存在问题及建议				
12	综合评价				

知识与技能检测

一、理论知识检测

（一）填空题

1. 按 GB/T 10463—2008《玉米粉》，玉米粉的质量要求可分为______、______、______、______、______、______、______和______。

2. 在我国粮油质量国家标准中，玉米糁按其颗粒细度分为四类：______、______、______和______。

3. 玉米粉与玉米糁的区别主要有______和______。

（二）简答题

1. 玉米粉的储存特点有哪些？

2. 玉米糁的储存特点有哪些？

二、技能检测

某粮油质监站接收了一批玉米粉与一批玉米糁，请判断玉米粉与玉米糁的粗细度。

项目五

薯类

薯类作物又称根茎类作物，主要指具有可供食用块根或地下茎的一类的陆生作物。主要包括马铃薯、甘薯、木薯、山药、芋类等。这类作物的产品器官是块根和块茎，生长在土壤中。一般耐寒力较弱，多在无霜季节栽培，需要疏松、肥沃、深厚的土壤和多量钾肥。多行无性繁殖，只留薯块作种，并可以用藤本进行繁殖，如番薯、木薯等。食用部分多含大量淀粉和糖分，可作蔬菜、杂粮、饲料和制作淀粉、酒精等原料。

任务一 马铃薯的认知

任务目标

1. 理解马铃薯的经济特征及主粮化战略。
2. 了解马铃薯块茎的形态与结构。
3. 掌握马铃薯的质量标准。
4. 明确马铃薯的储藏方法。

任务分析

2015 年，中国启动马铃薯主粮化战略，马铃薯将成为稻米、小麦、玉米外的又一主粮。因此，通过了解马铃薯商品薯的分级及其质量指标，了解其生物学特性及营养特点，掌握马铃薯商品薯的质量感官判别方法为马铃薯的加工利用奠定基础。

任务相关知识

马铃薯又称土豆、地蛋、洋山芋等，属茄科多年生草本植物，块茎可供食用，是重要的粮食、蔬菜兼用作物。仅次于小麦、稻谷和玉米，是全球第四大重要的粮食作物。

马铃薯产量高，营养丰富，对环境的适应性较强，现已遍布世界各地。马铃薯原产于南美洲安第斯山区，人工栽培历史最早可追溯到大约公元前 8000 年到 5000 年的秘鲁南部地区。马铃薯主要生产国有中国、俄罗斯、印度、乌克兰、美国等。中国马铃薯的主产区包括甘肃定西市、宁夏固原市、西南、内蒙古和东北地区。得天独厚的地理环境和自然条件使甘肃省定西市成为中国乃至世界马铃薯最佳适种区之一。甘肃省定西市已成为全国马铃薯三大主产区之一和全国最大的脱毒种薯繁育基地、全国重要的商品薯生产基地和薯制品加工基地，被誉为“中国马铃薯之乡”。

2015 年中国启动马铃薯主粮化战略，推进把马铃薯加工成馒头、面条、米粉等主食，马铃薯将成稻米、小麦、玉米外的又一大主粮。到 2020 年中国粮食需求增量将达到 500 亿 kg 以上，但受耕地资源的约束和种植效益的影响，小麦、水稻等主粮品种继续增产的空间变小、难度加大。而马铃薯耐寒、耐旱、耐瘠薄，适应性广，种植起来更为容易，属于“省水、省肥、省药、省劲儿”的“四省”作物。

一、 马铃薯的经济特征及主粮化战略

（一）马铃薯的营养特点

一般新鲜马铃薯中所含成分：淀粉 9% ~20%，蛋白质 1.5% ~2.3%，脂肪 0.1% ~1.1%，粗纤维 0.6% ~0.8%。100g 马铃薯中所含的营养成分：能量 318kJ，Ca 5 ~ 8mg，P 15 ~ 40mg，Fe 0.4mg ~ 0.8mg，K 200 ~ 340mg，I 0.8 ~ 1.2mg，胡萝卜素 12 ~ 30mg，硫胺素 0.03 ~ 0.08mg，核黄素 0.01 ~ 0.04mg，烟酸 0.4 ~ 1.1mg。马铃薯块茎含有大量的淀粉，淀粉是食用马铃薯的主要能量来源。一般早熟种马铃薯含有 11% ~14% 的淀粉，中晚熟种马铃薯含有 14% ~20% 的淀粉，高淀粉品种的块茎可达 25% 以上。块茎还含有葡萄糖、果糖和蔗糖等。

（二）马铃薯的经济特征

马铃薯鲜薯（块茎）可供烧煮，用作粮食或蔬菜。但鲜薯块茎体积大，含水量高，运输和长期储藏有困难。为此，世界各国十分注重生产马铃薯的加工食品，如法式冻炸薯条、炸薯片、马铃薯速溶全粉、马铃薯淀粉以及花样繁多的糕点、蛋卷等，数量达 100 多种。马铃薯的鲜茎叶通过青贮，可作饲料，但其中含龙葵

碱，须防止引起牲畜中毒。国内一些地区利用马铃薯茎叶做绿肥，其肥效与紫云英相似。

马铃薯淀粉及其衍生物具有十分广泛的工业用途。在食品工业中，马铃薯变性淀粉主要用作增稠剂、黏结剂、乳化剂、充填剂、赋型剂等。在美国，马铃薯淀粉约30%应用在食品上，特别是在汤料中大量使用，它具有较高的初始黏度，能有效地分散各种成分，在随后的高压消毒处理时，使最终产品的黏度可以达到所要求的程度。同时，可用于焙烤特殊食品；制成颗粒作为“布丁”；香肠的扎线和填充料；适于口味极温和的清水罐头水果等；添加在糕点面包中，可增加营养成分，还可防止面包变硬，从而延长保质期；添加在方便面中，增强柔软度、改善口感。在糖果工业中，马铃薯作为制作造型糖果的成形剂；作为稠化剂增加焦糖和果汁软糖的光滑性和稳定性；作为馅饼、人造果冻的增稠剂，浇模糖果如雪花软糖的凝胶料，乳脂糖或果汁软糖的黏合剂，胶姆糖、口香糖等糖果的撒粉剂。在胶黏剂生产中，胶黏剂主要是糊精化马铃薯淀粉。在美国约有19%的马铃薯淀粉用于制备胶黏剂。糊精化马铃薯淀粉具有高的糊黏性和柔韧的最终膜，还具有极容易再显胶的特性，使它可用于生产涂胶商标、贴标签、包装胶纸和胶带纸等。

（三）马铃薯的主粮化战略

推进马铃薯主粮化，利于改善膳食结构，满足人民增强体质健康的愿望；利于挖掘生产潜力，开辟保障国家粮食安全的新途径；利于缓解资源环境压力，实现农业可持续发展。马铃薯主粮化的内涵，就是用马铃薯加工成适合中国人消费习惯的馒头、面条、米粉等主食产品，实现马铃薯由副食消费向主食消费转变、由原料产品向产业化系列制成品转变、由温饱消费向营养健康消费转变，作为我国三大主粮的补充，逐渐成为第四大主粮作物。

马铃薯经过加工可以得到马铃薯全粉，与其他三大主粮相比，马铃薯全粉储藏时间更长，在常温下可以储存15年以上。马铃薯主粮化战略主要基于以下方面考虑：第一，可以顺应老百姓吃饱、吃好、吃得健康的需求。马铃薯营养丰富，同时脂肪含量低、蛋白质品质高，利于抑制体重，有助于清理肠道、预防消化系统病变。第二，可以顺应结构优化和资源开发的需要。我国水土资源严重短缺、生态环境压力越来越大。马铃薯生产节水、节地、节肥、省药效果好，可作为农业结构调整的主要替代作物。第三，马铃薯相比三大主粮的优势在于种植周期短、产量高，且终年可以生产，这样一来便保证了我国粮食供应，保障了粮食安全。第四，顺应城乡居民生活快节奏的新变化。马铃薯易加工、口味好、营养全，无论在快餐店还是在寻常百姓家都备受欢迎。推进马铃薯主粮化，把马铃薯加工成方便食品、半成品，能适应生活快节奏的需要，省时、好吃、营养。

二、 马铃薯块茎的形态与结构

（一）形态

马铃薯的形态特征与它的经济性状是密不可分的。马铃薯的食用部分是块茎（图5－1），就是通常所说的薯块。它是马铃薯的营养器官，种植马铃薯的最终目标就是要收获高产量的块茎。同时块茎又能以无性繁殖的方式繁衍后代，用作播种的块茎称作种薯。这是马铃薯与禾谷类作物用种子播种大不相同的地方。块茎没有叶绿体，它的皮色有白色、黄色、粉红色、红色、青紫色和紫色等多种颜色，但以黄色为常见。皮里边是薯肉，营养物质就储存在这里，薯肉因品种不同而有白色、黄色、浅红色、紫色等。彩色马铃薯（图5－2）还可作为特色食品开发。由于本身含有抗氧化成分，因此经高温油炸后薯片仍保持着天然颜色。紫色马铃薯对光不敏感，油炸薯片可长时间保持原色。块茎上有芽眼，相当于地上茎节上的腋芽，在满足其生长条件时就会萌发，长成新的植株。不同品种的芽眼，有深浅并凸凹的区别。块茎形状不一，有圆形、扁圆形、卵形、椭圆形和长形等。

马铃薯是喜光植物，但露出土面的薯块，如长期受到日光照射，会使薯皮颜色变绿，龙葵素含量增多。龙葵素具涩味，多吃会引起人畜中毒，甚至死亡。因此食用时应削去青皮、充分煮熟，使龙葵素在高温条件下分解。

图5－1　马铃薯块茎

图5－2　彩色马铃薯

（二）结构

马铃薯块茎是地下变态茎的一种。地下茎末端形成膨大而不规则的块状，是适于储存养料和越冬的变态茎。块茎由四个具有不同性质与功能的部分组成，如图5－3所示。沿着块茎横切面从外向内看，最外层是周皮层，此层由木栓形成层细胞，其分裂能力很强，当块茎受伤时，即可产生新的木栓保护伤面。第二层是皮层，由多层薄壁细胞组成，含有较多的淀粉等糖类物质。第三层是维管柱环，这是块茎中含淀粉最多的部分。最里边的是髓部，分为内髓与外髓，是块茎的主要组成部分，其中含有丰富的蛋白质和较多的水分。

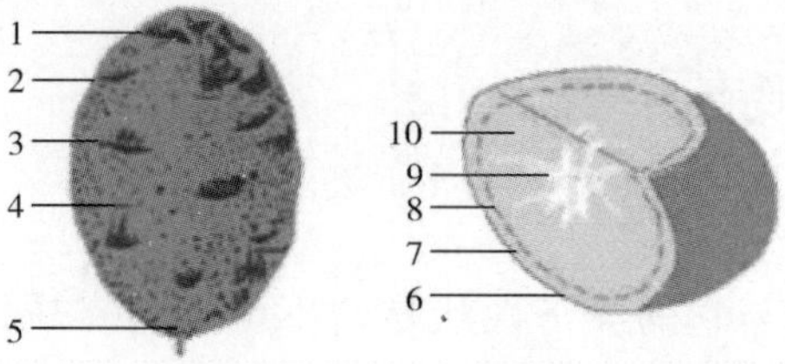

图5－3　马铃薯块茎的结构

1—顶部　2—芽眉　3—芽眼　4—皮孔　5—脐部　6—周皮

7—皮层　8—维管束环　9—内髓　10—外髓

三、马铃薯商品薯的质量标准

马铃薯商品薯按照用途分为鲜食型、薯片加工型、薯条加工型、全粉加工型、淀粉加工型。等级分为3个级别：一级、二级、三级。

鲜食型商品薯分级指标（参照GB/T 31784—2015《马铃薯商品薯分级与检验规程》）见表5－1。

表5－1　鲜食型商品薯分级指标

检测项目		一级	二级	三级
质量		150g以上≥95%	100g以上≥93%	75g以上≥90%
腐烂/%		≤0.5	≤3	≤5
杂质/%		≤2	≤3	≤5
缺陷	机械损伤/%	≤5	≤10	≤15
	青皮/%	≤1	≤3	≤5
	发芽/%	0	≤1	≤3
	畸形/%	≤10	≤15	≤20
	疮痂病/%	≤2	≤5	≤10
	黑痣病/%	≤3	≤5	≤10
	虫伤/%	≤1	≤3	≤5
	总缺陷/%	≤12	≤18	25

注1：发芽指标不适用于休眠期短的品种。

2：本表中质量指标不适用于品种特性结薯小的马铃薯品种。

缺陷薯主要有以下几种：

1. 腐烂薯

由于软腐病、湿腐病、晚疫病、青枯病、干腐病、冻伤等造成的腐烂薯，如图5－4所示。

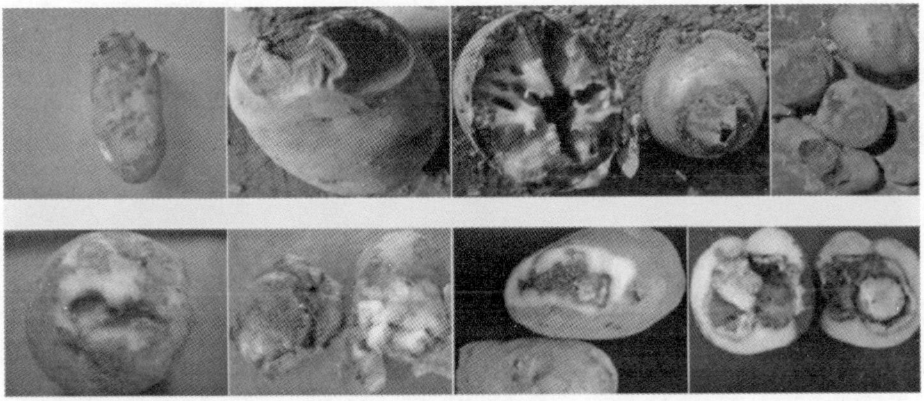

图 5－4　由于病害及冻伤造成的各种腐烂薯

2. 机械损伤薯

机械损伤薯是指块根收获时或采摘前后受外力碰撞或受压迫、摩擦等造成的损伤。可导致局部组织细胞内的酪氨酸等酚类物质，在酶促氧化作用下变为暗褐色或黑色，如图 5－5 所示。

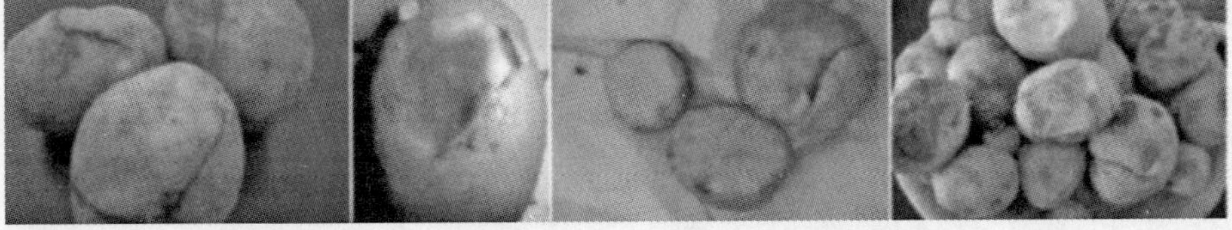

图 5－5　机械损伤薯

3. 青皮薯

在生长后期或储藏期的块茎上发生。在田间，某些薯块拱出土面后，暴露在阳光下，表面组织由黄变绿。变绿面积视暴露面积大小而不同。绿色组织可以向块茎内部扩展，并常伴有紫色色素沉积。储藏期间，薯块暴露在自然光下，表面也会变绿，有时甚至殃及深层组织。通常这种变绿不会通过块茎回到暗中储藏而恢复，如图 5－6 所示。

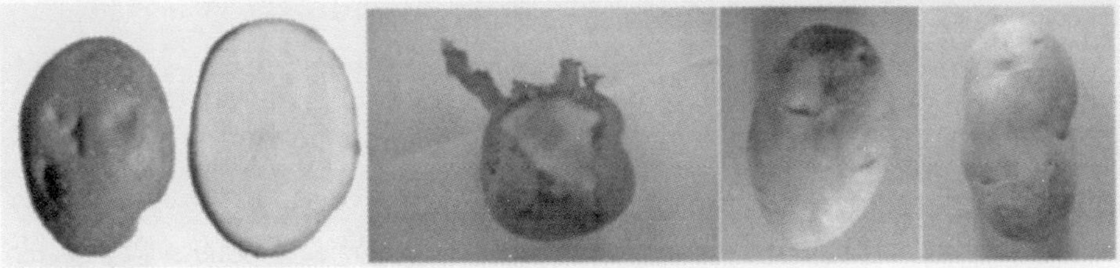

图 5－6　青皮薯

4. 发芽薯

块茎凹陷处长出芽的马铃薯，如图 5 – 7 所示。

图 5 – 7　发芽薯

5. 畸形薯

在块茎增长期由于高温、干旱等不良条件，使正在膨大的块茎生长受到抑制，暂时停止生长。后由于降雨或灌水，生长条件得到恢复，块茎随之也恢复生长，这时进入块茎的有机营养，在生理活动强的芽眼处发生二次生长，形成各种奇形怪状薯。块茎不规则伸长；薯块顶端或侧面长出一个小土豆，呈哑铃状或长出一串土豆成串薯；多处芽眼突出，形成肿瘤状块茎；块茎上裂出了一条或多条沟，如图 5 – 8 所示。

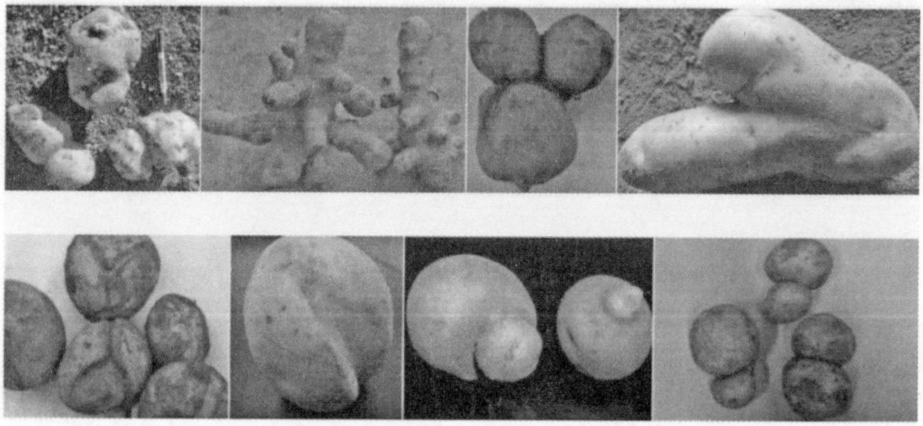

图 5 – 8　畸形薯

6. 疮痂病薯

块茎表面出现近圆形至不定形木栓化疮痂状淡褐色病斑或斑块，病斑占块茎表面积的 20% 以上或病斑深度达 2mm 时为病薯，如图 5 – 9 所示。

7. 黑痣病薯

在块茎表皮上形成大小不一、数量不等、形状各异、坚硬的、颗粒状的黑褐色或暗褐色的斑块，病斑占块茎表面积的 20% 以上时为病薯，如图 5 – 10 所示。

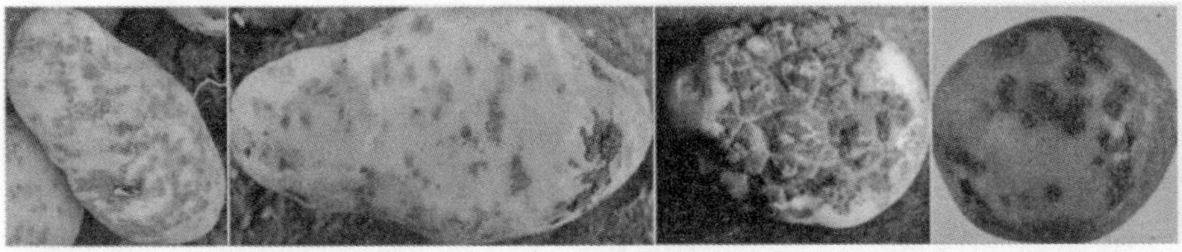

图 5－9　疮痂病薯

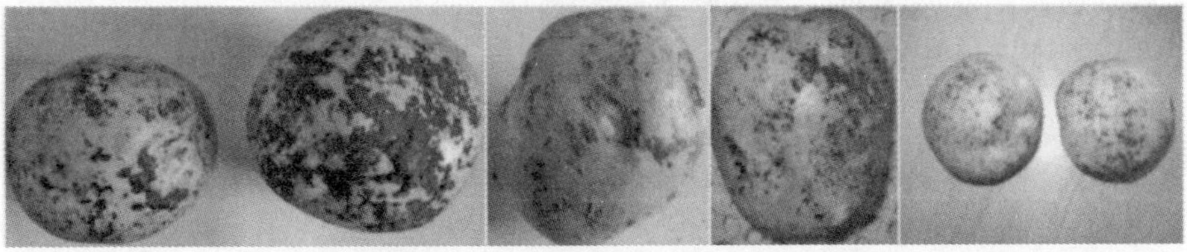

图 5－10　黑痣病薯

8. 虫伤薯

块根外皮或薯肉遭受病虫危害，以致形成肉眼可见的伤口的薯块，如图 5－11 所示。

图 5－11　虫伤薯

四、马铃薯的储存特点

随着我国马铃薯储藏能力的增强，在储藏期间，确保最小的储藏损失是马铃薯储运人员关注的一个重要问题。储藏往往出现意想不到的损失，在品质上也会出现很多不尽人意的结果。一般来说，对于未发芽的健康薯块，如果储藏措施得当，损失情况如下：①种薯：在第一个月损失 2%～4%，接下来每个月损失 0.5%～0.6%。②商品薯：在第一个月损失 1%～3%，接下来每个月损失 0.5%～0.6%。如果储藏措施不当，往往会造成重大损失，有的损失在 20% 以上。

1. 伤口愈合

伤口愈合可以防止薯块病害感染和薯块失水造成质量损失。在一批薯块干燥后，伤口愈合就必须开始。在伤口愈合期，块茎的真皮部分和伤口处会形成木栓层，这可以防止病原体进入块茎并抑制水分的流失。在温度约20℃、相对湿度85%～95%时，伤口愈合速度最快。为了达到较高的相对湿度，在伤口愈合期必须将通风限制为最小值。可以一天几次鼓入充足的新鲜空气。每1m^3薯块每1h有100m^3的通风能够大大减少储藏损失。对于在温度超过25℃收获的未成熟块茎，每4h应短暂通风，以提供O_2，并清除CO_2。

2. 冷却和通风

薯块伤口愈合后，降低温度，进入储藏期。薯块冷却的快慢取决于其最终用途。

对于薯片及薯条加工原料薯，为保证其油炸品质，需要缓慢冷却，并且在出库前要进行缓慢升温回暖。具体冷却时间取决于控温系统及储藏地气候，但是逐步冷却是非常重要的。温度波动过大会缩短薯块的储藏期。

对于种薯和鲜食薯块储藏，可以冷却得迅速些，这样可以抑制银屑病和黑斑病的传播。冷却时确保薯块温度不低于室外平均最低温度即可。在降温阶段，制造薯块与空气间较大的温差（如4～5℃）可以减少通风时间，使用比薯块温度低得多的空气进行降温之后，内部通风还是必不可少的，这有助于在薯堆中形成稳定的温度环境。如果薯堆内不同地方温差超过1.5～2℃，建议要进行内部通风。

3. 储藏温度

储藏温度越低，薯块储藏期越长，但不能降至极限值以下。储藏温度过高则会导致薯块发芽、生理老化，并诱导糖化作用。

储藏目的和储藏时间决定了薯块的最佳储藏温度。①油炸加工原料薯储藏温度：对于易生理老化诱导糖化作用的薯条加工品种，最佳储藏温度为6℃，而薯片加工品种最佳储藏温度为7℃。此外，易低温糖化的品种储藏温度要相对较高，其最佳储藏温度为8℃。而用作薯片加工原料薯块时最佳储藏温度为9℃。薯条加工原料薯最佳储藏温度6～8℃，薯片加工原料薯最佳储藏温度7～9℃。当储藏温度较高时，要特别注意抑芽剂的使用。通常，储藏温度较高时，出库时间也更早。②种薯储藏温度：对大多数马铃薯品种来说，所需储藏温度在3～4℃，而5～6℃是休眠期长并生长缓慢的品种的理想储藏温度。在种植时，马铃薯要有足够的发芽活力。种薯长期储藏在1～2℃时，可能导致某些品种的低温损伤，最终导致薯块发芽弱或无法发芽。③鲜食薯块储藏温度：对于大多数品种，鲜食薯块最佳储藏温度为4～5℃。如今，经常用抑芽剂处理，这就可以使用更高的储藏温度而无需用机械冷却。机械冷却薯块并保持恒温相当容易，特别是对于长期储藏的种薯和商品薯，机械冷却通常可以确保更好的产品质量，不过，储藏成本要高出很多。

4. 恒温储藏

一旦薯堆温度达到储藏要求，要保持薯堆恒温储藏。由于薯块呼吸作用会产生热量，薯堆温度每天会升高。此外，一些其他的外部热量也会使得薯堆温度上升，特别是在秋季收获后和春季出库前。因此，要定期通风降温。通风时外部进入空气温度和储藏室内温度之温差不要超过2℃，避免产生冷凝作用，造成薯块银屑病和黑斑病的滋生。对于薯条和薯皮加工原料薯，通风降温时温度过低，会造成薯块内还原糖（果糖和葡萄糖）的累积，影响油炸品质。在冰天雪地的季节，室外空气直接进入储藏室降温的话，温度可能太低。此时，有必要安装一个空气混合系统，在冷空气进入储藏室前将储藏室空气和室外空气进行预混。使用足够多的温度探测器，如平均100t的薯堆放1个探测器，并将它们放在不同高度。

5. 加工原料薯储藏管理

对于油炸加工原料薯储藏，储藏期要定期采样监控油炸色泽变化。如果油炸色泽变得太黑，要迅速出库销售，除非可以进行控制。在18～20℃条件下回暖2周再进行测试，如果油炸色泽变淡，则可以推迟出货。薯条加工原料薯储藏温度低于6～8℃，薯片加工原料薯储藏温度低于7～9℃时，薯块会低温糖化导致还原糖的累积，最终导致油炸加工时油炸色泽变差。薯块在18～20℃下回暖14d可以使糖分分解。但是在储藏后期发生的薯块衰老诱导糖化反应，通过回暖也是无法逆转的。除了缓慢冷却和回温以及保持相对较高的储藏温度外，储藏室的CO_2含量对最终的油炸色泽也非常重要。每天10min（可分2次，5min 1次）通入外界空气可避免储藏室内的CO_2含量过高。

任务实施

马铃薯品质的感官鉴别

（一）马铃薯的取样

抽检货物要从批量货物的不同位置和不同层次进行随机取样。

（二）马铃薯品质的感官鉴别

优质马铃薯薯块肥大而匀称，皮脆薄而干净，不带毛根和泥土；无干疤和糙皮，无病斑，无虫咬和机械外伤，不萎蔫，不变软，无发酵酒精气味，薯块不发芽，不变绿。

次质马铃薯与良质者相比较，薯块大小不均匀，带有毛根或泥土，并且混杂有少量带疤痕、虫蛀或机械伤的薯块。

劣质马铃薯薯块小而不均匀，有损伤或虫蛀孔洞，薯块萎蔫变软，薯块发芽或变绿，并有较多的虫害、伤残，有腐烂气味。

任务评价

学生评价表

序号	项目		学习任务的完成情况评价		
1	职业素养	遵守实验室管理规定，严格执行操作程序（10分）			
2		安全操作，按时完成任务（10分）			
3		学习积极主动、勤学好问（10分）			
4		与人协作，相互配合好（5分）			
5		清洁、整理（5分）			
6	专业能力	能正确认知并辨识马铃薯感官质量（20分）			
7		操作规范、熟练（15分）			
8		认真填写实验报告，且填写正确（10分）			
9	拓展能力	能发现问题、思考问题并主动解决（15分）			
10	分数合计（100分）				
11	存在问题及建议				
12	综合评价				

知识与技能检测

一、理论知识检测

（一）填空题

1. 马铃薯商品薯按照用途分为______、______、______、______和______。

2. 根据《马铃薯商品薯分级与检验规程》，缺陷薯主要有______、______、______、______、______、______、______和______八种。其中，腐烂薯主要是由于______、______、______、______、______以及______等原因造成。

3. 对于油炸加工原料薯的储藏，储藏期要定期采样监控______变化，如果______变得太黑，要迅速出库销售，除非可以进行控制。

（二）简答题

1. 谈谈你对以科技创新引领马铃薯主粮化发展的认识。

2. 通过哪些措施可以提高马铃薯的储存时间？

二、技能检测

某粮油储运公司接收了一批马铃薯鲜食型商品薯样品，质检员正在分级，请协助其将马铃薯按标准要求进行分级。

任务二 甘薯的认知

任务目标

1. 了解甘薯的营养特点及经济特征。
2. 了解甘薯块根的形态与结构。
3. 掌握甘薯的质量标准及质量指标。
4. 理解甘薯的储存特点。

任务分析

掌握甘薯的分级及其质量指标，了解其形态、结构及营养特点，是检测甘薯的质量及安全储存的基础。

任务相关知识

甘薯又称番薯、山芋、红薯、地瓜等，起源于墨西哥以及从哥伦比亚、厄瓜多尔到秘鲁一带的热带美洲。甘薯属喜光的短日照作物，性喜温、不耐寒、根系发达、较耐旱。主要分布在北纬40°以南，生于海拔600m以下的山坡稀疏灌丛或路边岩石缝中。栽培面积以亚洲最多，非洲次之，美洲居第3位。16世纪末，甘薯从南洋引入中国，中国的甘薯种植面积和总产量均占世界首位，中国甘薯种植面积占世界的60%左右，产量占世界总产量的80%左右。甘薯在世界主要粮食作物产量中排名第7位，在我国仅次于水稻、小麦和玉米的产量，居第4位。

一、甘薯的经济特征

（一）甘薯的营养特点

甘薯营养丰富，富含淀粉、糖类、蛋白质、维生素、纤维素以及各种氨基酸。甘薯淀粉含量高，一般块根中淀粉含量占鲜重的15%～26%，高的可达30%；可溶性糖类占3%左右。每100g鲜薯中含糖29g、蛋白质2.3g、脂肪0.2g、粗纤维0.5g、无机盐0.9g（其中钙18mg、磷20mg、铁0.4mg）。此外，甘薯的维生素含量丰富，每1kg鲜薯含维生素C 300mg、B族维生素10.4mg、烟酸5mg。维生素B_1和维生素B_2含量为面粉的2倍，维生素E为小麦的9.5倍，纤维素为面粉的10倍，维生素A和维生素C的含量较高。

甘薯中各种维生素含量之高是其他粮食作物所不及的，同时甘薯略呈碱性，而米、面、肉类则为酸性食物，适当食用甘薯可以保持血液中酸碱度平衡。此外，甘薯所含的维生素可刺激肠壁，加快消化道蠕动并吸收水分，有助于排便，可防治便秘、糖尿病，预防痔疮和大肠癌等疾病。因此，常吃细粮的人配以甘薯，则可以弥补维生素之不足。据有关资料显示，成年人每天食用100～150g甘薯，即可满足人体对各种维生素的需求。

甘薯茎叶中含有较丰富的营养成分，是牲畜的上好饲料。甘薯茎蔓的嫩尖也含丰富的蛋白质、胡萝卜素、维生素 B_1、维生素 C 和铁、铝等，可作蔬菜用，比其他叶菜类营养成分都高。食用甘薯茎蔓的嫩尖，对改善食物中维生素的来源更有特殊意义。

（二）甘薯的经济特征

甘薯在中国分布很广，以淮海平原、长江流域和东南沿海各省最多，种植面积较大的有四川、河南、山东、重庆、广东、安徽等省（直辖市）。根据气候条件和耕作制度的差异，整个中国生产分为五个生态区：北方春薯区，包括辽宁、吉林、河北、陕西北部等地，该区无霜期短，低温来临早，多栽种春薯。黄淮流域春夏薯区，属季风暖温带气候，栽种春夏薯均较适宜，种植面积约占全国总面积的40%。长江流域夏薯区，除青海和川西北高原以外的整个长江流域。南方夏秋薯区，北回归线以北，长江流域以南，除种植夏薯外，部分地区还种植秋薯。南方秋冬薯区，北回归线以南的沿海陆地和台湾等岛屿属热带湿润气候，夏季高温，日夜温差小，主要种植秋、冬薯。

甘薯是我国重要的低投入、高产出、耐干旱、耐瘠薄、多用途的粮食、饲料、工业原料作物和新型的生物能源作物。甘薯一直作为抗饥荒的杂粮作物，在我国国民经济中占有重要的位置，其产量随着粮食生产的丰歉而起伏不定。随着经济快速的发展以及人们食品消费观念的转变，甘薯以其突出的保健和药用功能备受现代人青睐。可以预见，在未来粮食构成中，甘薯将是最具竞争力的作物之一。因此，充分利用我国的甘薯资源，发展甘薯产业具有重要的战略意义。

甘薯还可制作粉丝、糕点、果酱等食品。在工业上，甘薯可用来提取淀粉，广泛用于纺织、造纸、医药等方面。

甘薯按照用途主要分为以下几类。

（1）淀粉加工型　主要是高淀粉含量的品种，如徐薯18、徐22、梅营一号等。

（2）食用型　主要有苏薯8号、北京553、广薯紫1号等。

（3）兼用型　既可加工又可食用的，如豫薯12号、广薯87。

（4）菜用型　主要是食用红薯的茎叶，如福薯7－6、广菜2号、台农71等。

（5）色素加工　主要是紫薯，如济薯18。

（6）饮料型　这些甘薯含糖高，主要用于饮料加工用。

（7）饲料加工型　这类甘薯茎蔓生长旺。

二、 甘薯块根的形态与结构

（一）块根

甘薯是薯蓣科薯蓣属缠绕草质藤本，地下块茎顶分枝末端膨大呈卵球形的块茎。甘薯的食用部分是块根，也是储藏养分的器官，因此也称为储藏根。

甘薯块根的颜色包括皮色和肉色两个方面。皮色有红色和白色两大类型，如图 5－12 所示，因品种、土壤和栽培条件不同通常也会见到白色、黄色、红色、橘红色、杏黄色、紫色等多种颜色。肉色可分为白色、黄色、橘黄色和紫色等，如图 5－13 所示。皮色和肉色是鉴别甘薯品种的重要依据。

块根分布在 5～25cm 深的土层中，先伸长后长粗，块根的形状分为纺锤形、圆筒形、球形、梨形和不规则形等。表面光滑或粗糙，上有须根，须根的四周有“芽眼”或称为“根眼”，有的薯块表面还有肋状突出（薯沟）。薯块的形状、大小及薯沟等都是鉴别甘薯品种的重要特征。

图 5－12　甘薯的皮色

图 5－13　甘薯的肉色

（二）结构

甘薯块根的最外层称为周皮层，是含有花青素的表皮，通称为薯皮，由于不同品种的甘薯周皮层所含的花青素的种类、含量不同，因而不同品种的甘薯又有不同的颜色。周皮层向内的第二层为皮层。第三层为次生韧皮部，次生韧皮部中分布有乳管，具有含“乳汁”的管细胞，切开块根时流出的白浆，即乳汁管分泌的“乳汁”。第四层为初生形成层，这层细胞会不断分裂，这是薯块不断膨大成长的原因所在。第五层为次生木质部，这是甘薯的主要部分，即为食用的薯肉。

三、甘薯和甘薯片的质量标准

（一）甘薯的质量标准

参照粮食行业专业标准 LS/T 3104—1985《甘薯（地瓜、红薯、白薯、红苕、番薯）》，甘薯按完整块根分等。等级指标及其质量指标见表 5－2。

甘薯以二等为中等标准，低于三等的为等外甘薯。

表 5－2　甘薯的等级指标　单位：%

等级	完整块根含量（每块 100g 以上）	不完整块根含量			杂质含量
		总量	病害	其他	
1	90.0	10.0	3.0	7.0	2.0
2	80.0	20.0	8.0	12.0	2.0
3	70.0	30.0	12.0	18.0	2.0

完整块根：完整、健全、轻微擦伤或伤后愈合的块根。

不完整块根：包括下列尚有食用价值的块根。

病害块根：包括感染黑斑病、软腐病以及其他病害的块根。

其他块根：包括虫害、机械伤（镐伤、挖伤）、干疤（伤后结成的）、绿皮、萎缩、热伤、冻伤、雨淋、水浸等块根。

杂质：一批块根中含有浮土、块根上所沾的泥土无食用价值的块根，以及其他有机、无机物质。

（二）甘薯片的质量标准

参照粮食行业专业标准 LS/T 3105—1985（原标准号 ZBX 11007—85）《甘薯片》，甘薯片按纯质率分等，等级指标及其质量指标见表 5－3。

甘薯片以二等为中等标准，低于三等的为等外甘薯片。

在直径 3.0mm 筛上的好碎片，按完整薯片计算。

表 5－3　甘薯片的等级指标　单位：%

纯质率		杂质含量	水分含量	色泽、气味
等级	最低指标			
1	95.0			
2	92.0	1.5	13.0	正常
3	89.0			

纯质率：除去杂质的甘薯片质量（其中不完整薯片折半计算）占试样质量的百分率。

不完善薯片：包括虫蚀、病害、变色、变质但尚有食用价值的甘薯片。

杂质：包括通过直径3.0mm圆孔筛的物质，无食用价值的甘薯片，以及其他有机、无机物质。

色泽、气味：指一批甘薯片的综合色泽和气味。

四、 甘薯的储存特点

甘薯的储藏方法大致有两种，即高温储藏法和低温储藏法。

高温储藏法为在甘薯入窖后，烧火升温到35～38℃，并保持2～3d，将甘薯的黑斑病、软腐病等病菌杀灭。然后再将温度降至10～14℃低温进行储藏。该法效果很好，但成本较高，操作起来较为麻烦，因此对分户储藏的农户来说，药剂处理的低温储藏法较为合适。采用低温储藏法为首先在甘薯入窖前一周对薯窖进行消毒。可用70%的托布津1000倍液，或50%的多菌灵800倍液，对窖内进行喷雾消毒。然后，在甘薯收获后，要及时处理，及时入窖。可用70%的托布津1000倍液，或用50%的多菌灵800倍液，按1∶1比例将甘薯浸湿，再捞出滴干入窖。最后，在甘薯入窖后，采用各种方法，始窖内温度保持在15℃以下，10℃以上。窖内温度低于15℃，可以抑制病菌的活动，高于10℃，可以避免冻害，达到安全储藏的目的。

要加强储藏期的薯窖管理。甘薯在立冬前入窖到第二年开春后出窖，可划分为冬前期、越冬期和立春后三个管理时期。冬前期（在大雪之前）窖内温度较高且湿度大，因此重点是降温排湿。方法一是在甘薯入窖后及时安放竹筒，以利于通气降温排湿；二是当窖温高于15℃时要及时敞开薯窖降温排湿。当温度降到10℃或10℃以下的时候，要及时盖上窖口，使窖内温度保持在10～14℃。越冬期（大雪到第二年的立春）主要工作是保温防寒，千方百计使窖内温度保持在10℃以上。每隔几天就要检查一次薯窖温度。如果发现温度低于10℃，要及时加盖稻草。立春后气温经常突冷突热，薯窖的管理主要是加强检查，调节好薯窖内温度，使之继续保持在10～15℃，并酌情补充水分，防止甘薯糠心。

任务实施

甘薯质量的感官鉴别

（一）甘薯的取样

抽检货物要从批量货物的不同位置和不同层次进行随机取样。

（二）甘薯质量的感官鉴别方法

良质甘薯薯块肥大而匀称，皮脆薄而干净，不带毛根和泥土；无干疤和糙皮，无病斑，无虫咬和机械外伤，不萎蔫、不变软、无发酵酒精气味。

次质甘薯与良质者相比较，薯块大小不均匀，带有毛根或泥土，并且混杂有少量带疤痕、虫蛀或机械伤的薯块。

任务评价

学生评价表

序号	项目		学习任务的完成情况评价		
1	职业素养	遵守实验室管理规定，严格执行操作程序（10 分）			
2		安全操作，按时完成任务（10 分）			
3		学习积极主动、勤学好问（10 分）			
4		与人协作，相互配合好（5 分）			
5		清洁、整理（5 分）			
6	专业能力	能正确检验甘薯感官质量（20 分）			
7		操作规范、熟练（15 分）			
8		认真填写实验报告，且填写正确（10 分）			
9	拓展能力	能发现问题、思考问题并主动解决（15 分）			
10	分数合计（100 分）				
11	存在问题及建议				
12	综合评价				

知识与技能检测

一、理论知识检测

（一）填空题

1. 根据粮食行业专业标准 LS/T 3104—1985 甘薯（地瓜、红薯、白薯、红苕、番薯），甘薯按______划分等级。

2. 甘薯的不完整块根包括______和______尚有食用价值的块根。

3. 甘薯片按______分等，以______为中等指标，低于______的为等外甘薯片。

4. 不完善薯片包括______、______、______及______尚有食用价值的甘薯片。

（二）简答题

1. 甘薯的主要营养特点有哪些？主要有哪些加工利用形式？

2. 简述甘薯的储藏特点及储存方法。

二、技能检测

某粮油质监站接收了一批甘薯片样品，质检员正在进行纯质率的检验，请协助其将甘薯片按标准要求进行分级。

任务三
木薯的认知

任务目标

1. 了解木薯的营养特点及经济特征。
2. 了解木薯的形态与结构。
3. 掌握木薯的质量标准。
4. 理解木薯的储存特点。

任务分析

掌握木薯的分级方法及其质量指标，了解其形态、结构及营养特点，是检测木薯的质量及安全储存的基础。

任务相关知识

木薯，原名木番薯，是世界三大薯类之一。原产于巴西，广泛栽培于热带和部分亚热带地区。在我国亚热带地区，木薯是仅次于水稻、玉米、甘蔗和甘薯的第五大作物之一。我国福建、台湾、广东、海南、广西、贵州及云南等省区有栽培，偶有野生。木薯的块根富含淀粉，可磨木薯粉、做面包、提供木薯淀粉和浆洗用淀粉乃至酒精饮料。因块根含氢氰酸毒素，需经漂浸处理后方可食用。木薯在中国栽培已有百余年，通常以枝、叶淡绿色或紫红色两大品系为主，前者毒性较低。

一、 木薯的经济特征

（一）木薯的营养特点

鲜木薯中含有28%的淀粉、69%水分、1%蛋白质、0.2%脂肪，另外还含有丰富的维生素。木薯块根并非是营养平衡的食物，因为木薯干物质中绝大部分是淀粉，在鲜薯中淀粉约含25%～30%，在薯干中约含80%。木薯块根含氮量少，在1.5%～4%，其中50%左右为非蛋白氮，以亚硝酸和硝酸态氮居多，在氨基酸组成上，赖氨酸及色氨酸相对较多，而缺乏甲硫氨酸和胱氨酸。木薯块根粗纤维含量少（1%～2%），脂肪含量低，钙、钾含量高而磷低，含有植酸和少量的维生素C、维生素A、维生素B_1、维生素B_2。

木薯为中国植物图谱数据库收录的有毒植物，其毒性为全株有毒，以新鲜块根毒性较大。中毒症状轻者恶心、呕吐、腹泻、头晕，严重者呼吸困难、心跳加快、瞳孔散大，以至昏迷，最后抽搐、休克，因呼吸衰竭而死亡。还可引起甲状腺肿、脂肪肝，对视神经和运动神经造成慢性的损害。致命毒素为亚麻仁苦苷，它的致命原因为木薯全株各部位，包括根、茎、叶都含有毒物质，而且新鲜块根毒性更大。亚麻仁苦苷或亚麻仁苦苷酶经胃酸水解后产生游离的氢氰酸，从而使人体中毒。因此，在食用木薯块根时一定要注意。如果摄入生的或未煮熟的木薯或喝其汤，都有可能引起中毒。

（二）木薯的经济特征

木薯耐旱高产，其种植条件要求不高，可在旱地缓坡连片栽培，也可在山地低谷种植或结合造林种果，种植于幼林果园行间，也可与豆类、花生、瓜类和玉米等作物套种。19 世纪初木薯引入我国，现已广泛分布于华南地区，其中以广西、广东和海南三省区栽培面积最为广泛。三省中广西种植面积最大，占全国种植面积的 2/3，主要分布在广西的桂中、桂西和桂东南地区。

木薯的主要用途是食用、饲用和工业上开发利用。

木薯最主要的用途是作粮食，在热带地区的发展中国家，木薯是最大的粮食作物。据不完全统计，世界上总产量 65% 的木薯用于人类食物，在非洲几乎所有的木薯产品都作为粮食消耗，在亚洲除印度和印尼将木薯作为粮食补充外，还用作饲料和工业原料出口。此外，木薯还可以制作为各种糕点、粉丝、虾片和酱油等食物。

近年来，国内外已普遍利用木薯作为畜禽饲料。作为生产饲料的原料，木薯粗粉、叶片是一种高能量的饲料成分。其产生的热能在单位面积里较一般谷物高几倍，单位成本比谷类饲料低，价格比玉米低 1/3 ~ 1/2。肉料比为 1∶3.7 ~ 1∶4.0，与采用玉米饲料相同，有良好的经济效益。

木薯淀粉是木薯经过淀粉提取后脱水干燥而成的粉末。木薯淀粉分为原淀粉和各种变性淀粉两大类，广泛用于造纸、纺织、医药、食品和精细化工。块根淀粉是工业上主要的制淀粉原料之一。在发酵工业上，木薯淀粉或干片可制成酒精、柠檬酸、谷氨酸、赖氨酸、木薯蛋白质、葡萄糖、果糖等，这些产品在食品、饮料、医药、纺织（染布）、造纸等方面均有重要用途。变性淀粉可根据用户提出的具体要求定制，以适用于特殊用途。

二、木薯的形态与结构

（一）形态

木薯，直立灌木，高 1.5 ~ 3m。食用部分是块根，一般呈圆筒形，前端较尖，个体大，大的长可达 1m 以上，质量可达几十千克，个体体积和质量都是粮食中最大的。表皮多为紫红色、白色、灰白色和淡黄色，表面没有芽眼。

（二）结构

木薯块根由表皮层、皮层、肉质层和薯心四部分构成。

三、食用木薯的质量标准

（一）食用木薯的基本要求

食用木薯应符合的基本要求（参照农业行业标准 NY 1520—2007《木薯》）：具有本品种的特征，块根表面光滑，清洁不带杂物，不干皱，无明显缺陷（病虫斑、腐烂、霉斑、裂薯、空腔、畸形、机械损伤），薯形较好，肉质不应有变黑的纹丝。其中病虫斑、腐烂、机械损伤为主要缺陷；尾部切割处的直径不应超过2cm，与根相连的茎长应为1～2.5cm。

食用木薯是指作为食物热能来源的鲜木薯，主要品种有华南6068、GR891、面包木薯、蛋黄木薯等。

品种特征：该品种应有的典型性状，如块根形状、色泽等。

病虫斑：块根外皮或薯肉遭受病虫危害，以致形成肉眼可见的伤口、病虫斑、水渍斑等。

机械损伤：块根收获时或采摘前后受外力碰撞、受压迫、摩擦等造成的损伤。

裂薯：表皮破裂，露出薯肉的块根。

空腔：植株营养不良，引起块根发育不充分，心室空隙大，块根表面出现棱角现象。

（二）食用木薯的等级

在符合基本要求的前提下，食用木薯分成一等品、二等品、三等品。等级指标要求见表5－4。

表5－4　食用木薯的等级要求

等级划分	要求
一等品	具有明显的品种特征； 无缺陷，在不影响产品的正常外观的情况下允许有非常微小的损伤
二等品	具有明显的品种特征； 在不影响产品的正常外观的情况下，允许有下述缺陷：①外形轻微损伤；②疤痕面积不超过表面积的5%；③坏死部分不超过表面积的10%。产品的损伤部分不影响到果肉部分
三等品	保留基本的品种特征； 允许存在下述缺陷：①外形损伤；②疤痕面积不超过表面积的10%；③坏死部分不超过表面积的20%。产品的损伤部分不影响到果肉部分

食用木薯的等级允许误差：不符合一级要求的木薯数量或质量不应超过5%，但这些木薯应符合二级的要求；不符合二级要求的木薯数量或质量不应超过10%，但这些木薯应符合三级的要求；不符合三级要求的木薯数量或质量不应超过10%，但这些木薯应符合基本要求。

（三）食用木薯的规格

所有等级的食用木薯质量不小于300g，长度不小于20cm。

以食用木薯最大直径为划分规格的指标，分为大（L）、中（M）、小（S）三个规格，具体要求是大（L）：直径 > 7.0cm；中（M）：直径 5.1 ~ 7.0cm；小（S）：直径 3.0 ~ 5.0cm。

按数量或质量计，各规格食用木薯允许有 10% 的产品不符合该规格的要求。

四、木薯的储存特点

保存鲜木薯方法有三种：露天堆放法、沟藏法、窖藏法。

1. 露天堆放法

露天堆放法就是选择背风潮湿处，将木薯种茎一捆一捆地扎好，有规律地竖起（或横向）堆放，在顶部盖上稻草或杂草，最后加盖薄膜的一种储藏方式。露天堆放木薯种茎时堆量不宜过大，应注意适当通风透气，以免高温时闷坏。

2. 沟藏法

沟藏法即浅沟储藏法，就是选择背风朝阳、排水良好的地方，挖成沟（宽 1.5 ~ 2.5m、深 0.5 ~ 1m 的地方）将砍好的木薯种茎整齐纵向放入沟内。中间堆放稍高，两边呈凸形，留 3 ~ 5 个通气孔，盖上稻草，最后盖上 4 ~ 5 寸泥土。

3. 窖藏法

窖藏法即在冬天气温较低的地区利用岩洞或挖窖的形式收藏木薯种茎的一种方法。

木薯块根收获后，一般不作鲜薯长期储藏，应马上加工制取淀粉，以保证出粉率。若淀粉加工能力有限，可将木薯进行干燥处理，使薯块储存较长的时间不致腐烂。干燥的方法可以用太阳暴晒，若收获前遇阴雨天气，可在室内烘烤干燥。鲜薯在干燥前，如经切片或剥皮处理，干燥效果更好。木薯制干片的含水率以保持在 13% 以内为宜，若含水率超过 17%，易腐烂或发酵。储藏期间为预防仓库害虫与腐烂，仓库须保持低温并能防热及防湿，其内的通风设备良好。

任务实施

食用木薯质量的感官鉴别

（一）木薯的取样

抽检货物要从批量货物的不同位置和不同层次进行随机取样。

（二）木薯质量的感官鉴别方法

抽样后，用目测法进行品种特征、薯形、清洁、干皱、病虫斑、腐烂、机械损伤等项目的检测；肉质色泽、空腔情况应剖开检测。

良质木薯块根表面光滑，清洁不带杂物，不干皱，无明显缺陷（病虫斑、腐烂、霉斑、裂薯、空腔、畸形、机械损伤），薯形较好，肉质不应有变黑的纹丝。

次质木薯与良质者相比较，块根大小不均匀，带有毛根或泥土，并且有少量带疤痕、虫蛀或机械伤的木薯混杂，肉质有变黑的纹丝。

任务评价

学生评价表

序号	项目		学习任务的完成情况评价		
1	职业素养	遵守实验室管理规定，严格执行操作程序（10 分）			
2		安全操作，按时完成任务（10 分）			
3		学习积极主动、勤学好问（10 分）			
4		与人协作，相互配合好（5 分）			
5		清洁、整理（5 分）			
6	专业能力	能正确判定木薯的感官质量（20 分）			
7		操作规范、熟练（15 分）			
8		认真填写实验报告，且填写正确（10 分）			
9	拓展能力	能发现问题、思考问题并主动解决（15 分）			
10	分数合计（100 分）				
11	存在问题及建议				
12	综合评价				

知识与技能检测

一、理论知识检测

（一）填空题

1. 根据农业行业标准 NY 1520—2007《木薯》，食用木薯的规格要求所有等级的食用木薯质量不小于______ g，长度不小于______ cm。

2. 保存鲜木薯方法有三种：______、______和______。

3. 木薯块根由______、______、______和______四部分构成。

（二）简答题

1. 不能生食木薯的原因是什么？如何解毒？

2. 木薯主要的加工利用途径有哪些？

二、技能检测

某淀粉加工厂欲采购一批木薯原料，委托你方代为检测样本，请根据情况制定检测方案并实施检测。

项目六 大豆及豆类杂粮

豆类泛指所有能产生豆荚的豆科植物，同时，也常用来称呼豆科中蝶形花亚科中作为食用和饲料用的豆类作物。在成百上千种有用的豆科植物中，至今广为栽培的豆类作物不逾20种。豆类的营养价值非常高，我国传统饮食讲究“五谷宜为养，失豆则不良”。豆类食品是一种高蛋白、低脂肪食品，它含有丰富的植物蛋白，其蛋白质含量高达30%～50%，其生理价值几乎与肉相当。

任务一 大豆的认知

任务目标

1. 了解大豆的营养特点及经济特征。
2. 掌握大豆的籽粒形态与结构。
3. 明确大豆的质量标准及要求。
4. 了解大豆的储藏特点。

任务分析

大豆营养丰富，加工利用形式多样。了解大豆籽粒的形态与结构，掌握其分级及质量指标，为大豆合理加工、安全储存、有效流通提供基本保障。

任务相关知识

大豆属蝶形花科大豆属，是重要的粮油兼用作物。我国是大豆的故乡，素有

"大豆王国"之称，因为大豆在我国不仅栽培历史悠久，产区分布极广，并且产量也居世界前列。大豆已有5000年栽培历史，古书记载的五谷，其中"菽"即为大豆。《诗经》记载了中国古代周朝的农业情况，有"七月烹葵及菽""采菽采菽；筐之筥之"，说明大豆在当时农业生产上占有重要地位。大豆是从它的近缘种野生大豆衍化而来，是一种其种子含有丰富植物蛋白质的作物。大豆最常用来制作各种豆制品、榨取豆油、酿造酱油和提取蛋白质。由于大豆的经济价值高，全中国普遍种植，在东北、华北、陕、川及长江下游地区均有出产，以长江流域及西南栽培较多，以东北大豆质量最优。

一、 大豆的经济特征

（一）大豆的营养特点

大豆含有40%左右的蛋白质，20%左右的脂肪和25%左右的糖类（纤维素除外），营养全面，具有很高的经济价值。

作为粮食，大豆蛋白质的营养价值比其他粮食都高，与某些动物蛋白质不相上下，如蛋白质的含量比猪肉高2倍，是鸡蛋含量的2.5倍。蛋白质的含量不仅高，而且质量好。大豆蛋白质的氨基酸组成和动物蛋白质近似，富含人体需要的8种必需氨基酸，氨基酸比较接近人体需要的比值，所以容易被消化吸收。大豆食品几乎不含胆固醇，却含有丰富的软磷脂和豆固醇，有助于降低血清胆固醇。大豆软磷脂有促进肝中脂肪代谢，防止脂肪肝形成的作用。大豆中含有丰富的矿物质和B族维生素，大豆异黄酮具有一定的抗氧化作用。豆渣中的膳食纤维对促进良好的消化和排泄固体废物有着举足轻重的作用。

（二）大豆的经济特征

我国自古以来就以大豆制品为主要副食品，大豆可以加工豆腐、豆浆、腐竹等豆制品，还可以提炼大豆异黄酮。其中，发酵豆制品包括腐乳、臭豆腐、豆瓣酱、酱油、豆豉、纳豆等。而非发酵豆制品包括水豆腐、干豆腐（百叶）、豆芽、卤制豆制品、油炸豆制品、熏制豆制品、炸卤豆制品、冷冻豆制品、干燥豆制品等。另外，豆粉则是代替肉类的高蛋白食物，可制成多种食品，包括婴儿食品。也可将大豆粉掺入小麦粉等谷类粮食中制作面包、馒头、面条等，以提高营养价值。

作为油料，大豆可以制取优质的大豆油。由大豆加工生产的豆油是重要的食用油之一，属半干性油，是一种良好的植物油。它是人体不饱和脂肪酸的重要来源，能起到降低胆固醇的作用，对高血压、心血管疾病也有辅助治疗功效。大豆油经过精炼形成的精炼大豆油主要供食用。豆油经过深加工，可生产以下产品或为其提供重要原料：大豆卵磷脂有利于人体神经系统的发育；在糖果食品工业、医药、造纸和制革等方面广为应用。大豆是高纯度硬脂酸的主要来源，主要用来制造食品乳化剂、矿石浮选剂，还可制造肥皂和蜡烛。豆油与桐油或亚麻油混合制成的油漆，有韧性，适用于室外刷涂。以大豆油为原料制成的汽车喷漆，质地优良，色彩天然，不受日光氧化。氧化豆油是由大豆加工制成，经提高相对密度和黏滞性，可替代润滑油，供汽车、轮船、机械等使用，适当配合鱼油制造的高级润滑油，可供飞机用。大豆油与酒精混合可以制造人造橡胶，还可以制成液体燃料、瓷釉、印刷油墨、聚氯乙烯、树脂等。大豆榨油后的下脚料可提出许多重要产品，如用于食品工业的磷脂以及利用豆固醇、谷固醇为医药工业取得廉价的固醇激素原料。

从大豆中提取人类食用油之后，所剩副产品就是大豆饼粕，是优质的蛋白饲料。对于鸡、猪、以及奶牛、肉牛等反刍家畜来说，它是优质的蛋白质饲料。其中，大豆饼是指大豆经压榨脱油后的残饼，液压后形状为圆饼，螺旋榨油后形状为薄片状。用作饲料时，需先打碎后再粉碎方能使用。因粉碎后具有香味，因此家畜非常喜食。大豆饼粕是使用最广、用量最多的植物性蛋白质原料。

二、 大豆的籽粒形态与结构

脱去果荚以后的大豆籽粒是种子，其形态结构如图 6－1 所示。

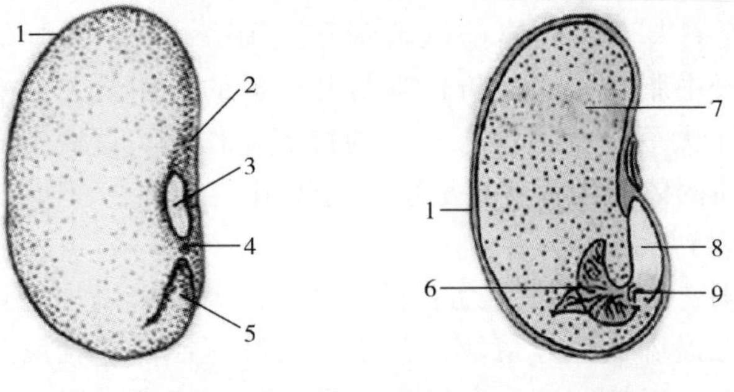

1—种皮　2—合点　3—种脐　4—种孔　5—胚根透视处
6—胚芽　7—子叶　8—胚根　9 胚茎（轴）

图 6－1　大豆的形态

（一）形态

大豆种子的种皮表面光滑，有的则有蜡粉或泥膜，因此对种子具有一定的保护作用。大豆种子着生在果荚的内缝线上，其着生点称种脐。种脐的上端有凹陷的小点，称合点。种脐下端有种孔，也称为发芽孔，是水分进入种子的主要途径，发芽孔的一端有一透明部分，称胚根透视处。种脐区域为胚与外界之间空气交换的主要通道。

大豆种子的形状因品种不同有球形、椭圆形、长椭圆形和扁圆形。一般以种子的长、宽、厚的相差数为标准来衡量。种子宽、厚相当，长、宽相差在1mm以下者为球形；长、宽相差在1.1~1.9mm者为椭圆形；长、宽相差在2.0~2.5mm者为长椭圆球形；宽、厚相差在2.5mm以上者为扁圆形。

大豆种子根据粒度大小有大粒、中粒和小粒之分。粒度一般以籽粒长度、宽度与厚度（以mm为单位）三度的乘积（即种粒大小指数）来表示。凡三度积在300以上的为大粒，300~150的为中粒，150以下的为小粒。粒度也可以用百粒质量来表示，百粒质量30g以上的为特大粒，20~30g的为大粒，14~20g的为中粒，14g以下的为小粒。一般说来，大粒种的形状多为球形，中粒种的多为椭圆形，小粒种的多为长椭圆形。

大豆种子的颜色有皮色与脐色之分。大豆种皮的颜色有黄色、青色、褐色、黑色及双色等。其中以黄色大豆最多，一般颜色均匀、籽粒圆形光泽好，含油量高，品质较好。双色大豆又可分为鞍状双色和斑状双色两种。鞍状双色的特征是脐内的褐色或黑色向两侧扩大呈马鞍状；斑状双色的特征是褐色种皮上有黑色虎皮斑纹。大豆种脐颜色有黄色、淡褐色、褐色、深褐色、黑色及与种皮相同的颜色等。一般认为，品质好的大豆脐色较浅。

（二）结构

大豆种子的结构与谷类粮食不同，大豆是双子叶无胚乳种子，子叶很发达。豆粒由种皮和胚两部分组成。

1. 种皮

种皮约占籽粒质量的8%，表面平滑有光泽，由角质化的多层细胞组成，较坚韧。种皮包括栅状表皮、下皮层及海绵组织。栅状表皮细胞，壁较厚，排列紧密，外壁附角质层，故水分不易透过，细胞内含有各种不同的色素，使大豆呈现不同的颜色。下皮层仅为一列细胞，纵向排列。海绵组织由大小不同的几层扁形薄壁细胞组成，横向排列，种子未成熟以前，该层组织含有许多养分，种子成熟时，这些营养物质向胚或周围组织转移，细胞衰退或被挤扁。有少数品种的种皮局部破裂，也可以因为暴晒等引起种皮龟裂。有裂纹的大豆不耐储藏。也有的品种的种皮特别坚硬（硬皮种），因不易吸水而使发芽率有所降低。

2. 胚

胚由子叶、胚芽、胚根和胚茎组成。其中子叶占整个大豆籽粒质量的90%，是大豆营养物质的主要储存处，胚芽、胚根和胚茎只占整个大豆籽粒质量的2%。大豆子叶充满了糊粉粒和脂肪滴，糊粉粒中含有甚多的蛋白质，一般不含淀粉，但也有某些品种含有少量淀粉或含有比较多的淀粉。

三、 大豆的分类及各类大豆的特点

（一）按栽培制度和播种季节分

可分为春大豆、夏大豆、秋大豆和冬大豆四类。春大豆是春季播种，多在一年一熟制的地区种植；夏大豆在小麦等各种作物收获后播种，多分布在一年两熟或两年三熟制地区；秋大豆在早稻收获后播种；冬大豆在冬季播种，主要分布在全年基本无霜的地区。

（二）按用途分

可分为食用大豆和饲料豆（秣食豆）两类。食用大豆包括油用大豆、副食用大豆、粮食用大豆、蔬菜用大豆、罐头用大豆。饲料豆一般籽粒较小，呈扁长椭圆形（肾形），两片子叶上有凹陷圆点，种皮略有光泽或无光泽，籽粒中含粗蛋白质约36%，粗脂肪约15%，适于作种畜、育肥家畜和役畜的精饲料。

（三）按生长期长短分

可分为早熟、中熟、晚熟三类。生长期在90d以下的为早熟种，90~120d的为中熟种，120~170d的为晚熟种。

（四）按种皮颜色和粒形分

根据GB 1352—2009《大豆》规定，大豆按皮色分为五类：黄大豆、青大豆、黑大豆、其他大豆、混合大豆。

1. 黄大豆

种皮为黄色、淡黄色，脐为黄褐、淡褐或深褐色的籽粒不低于95%的大豆。黄大豆是大豆中种植最广泛品种。按粒形分为东北黄大豆和一般黄大豆两类，东北黄大豆的粒色为黄色，粒形多为圆形、椭圆形，有光泽或微有光泽，脐色多为黄褐或深褐色。一般黄大豆的粒色为黄色、淡黄色，粒形较小，多为扁平圆形和长椭圆形，脐色多为黄褐、淡褐色或深褐色。黄大豆最常用来制作各种豆制品、酿造酱油和提取蛋白质。豆渣或磨成粗粉也常用于禽畜饲料。

2. 青大豆

种皮为绿色的籽粒不低于95%的大豆。按其子叶的颜色，又可分为青皮青仁大豆和青皮黄仁大豆两种。

3. 黑大豆

种皮为黑色的籽粒不低于95%的大豆。按其子叶的颜色，又可分为黑皮青仁大豆和黑皮黄仁大豆两种。

4. 其他大豆

种皮为褐色、棕色、赤色等单一颜色的大豆及双色大豆（种皮为两种颜色，其中一种为棕色或黑色，并且其覆盖粒面1/2以上）等。

5. 混合大豆

不符合以上规定的大豆。

四、 大豆的质量标准

大豆按完整粒率定等（参照GB 1352—2009《大豆》），三等为中等，完整粒率低于最低等级规定的，应作为等外级，大豆质量指标见表 6－1。

表 6－1　　大豆的质量指标　　单位:%

等级	完整粒率	损伤粒率		杂质含量	水分含量	气味、色泽
		合计	其中：热损伤粒			
1	≥95.0	≤1.0	≤0.2			
2	≥90.0	≤2.0	≤0.2			
3	≥85.0	≤3.0	≤0.5	≤1.0	≤13.0	正常
4	≥80.0	≤5.0	≤1.0			
5	≥75.0	≤8.0	≤3.0			

大豆的不同粒型见图 6－2。

完整粒：籽粒完好正常的颗粒。

未熟粒：籽粒不饱满，瘪缩位置达整个粒面 1/2 及以上或子叶青色部分在 1/2 及以上（青仁大豆除外）的，与正常粒显著不同的颗粒。

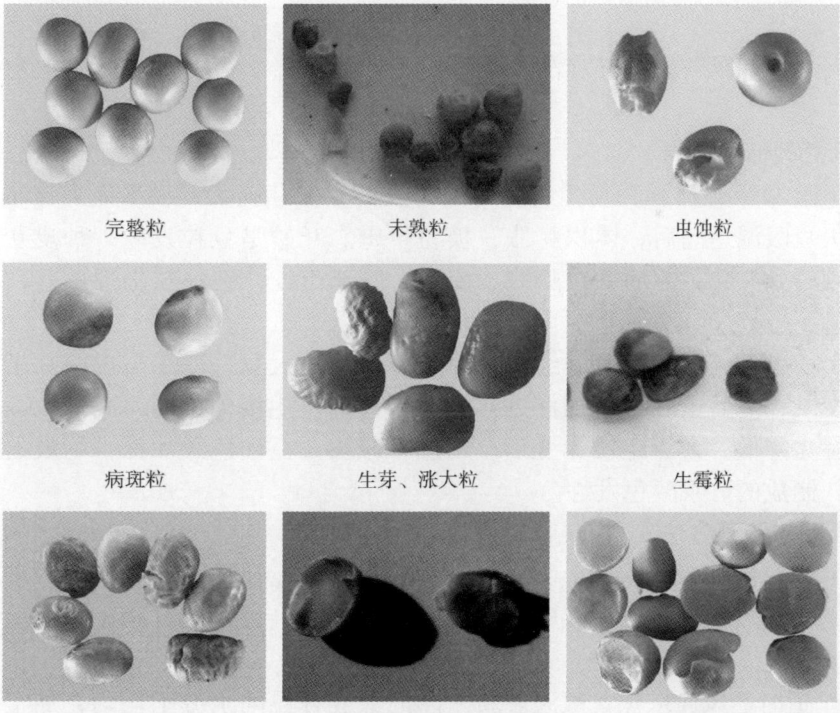

图 6－2　大豆的不同粒型图

损伤粒：受到严重摩擦损伤、冻伤、细菌损伤、霉菌损伤、生芽、热损伤或其他原因损伤的大豆颗粒。

虫蚀粒：被虫蛀蚀，伤及子叶的颗粒。

病斑粒：粒面带有病斑，伤及子叶的颗粒。

生芽、涨大粒：芽或幼根突破种皮或吸湿涨大未复原的颗粒。

生霉粒：粒面生霉的颗粒。

冻伤粒：因受冰冻伤害籽粒透明或子叶僵硬呈暗绿色的颗粒。

热损伤粒：因受热而引起子叶变色和损伤的颗粒。

破碎粒：子叶破碎达本颗粒体积1/4及以上的颗粒。

杂质：通过规定筛层和经筛理后仍留在样品中的非大豆类物质，包括：筛下物：通过直径3.0mm圆孔筛的物质。无机杂质：泥土、砂石、砖瓦块及其他无机物质。有机杂质：无使用价值的大豆粒、异种粮粒及其他有机物质。

色泽、气味：一批大豆固有的综合色泽和气味。

完整粒率：完整粒占试样的质量分数。

损伤粒率：损伤粒占试样的质量分数。

热伤粒率：热损伤粒占试样的质量分数。

五、 大豆的储藏特点与方法

（一）大豆的储藏特点

（1）大豆吸湿性强，易生霉，籽粒种皮薄，发芽孔大，吸湿能力比小麦、玉米强。大豆吸湿返潮后，体积膨胀，极易生霉。开始是豆粒发软，种皮灰暗、泛白，出现轻微异味，继而豆粒膨胀、变形，脐部泛红，破碎粒出现菌落，品质急剧恶化。

（2）大豆易走油、赤变，经过高温季节储藏的大豆，往往出现两片子叶靠脐部色泽变红，之后子叶红色加深并扩大，严重的发生浸油，同时高温、高湿还使大豆发芽力降低。大豆走油赤变后，出油率减少，豆油色泽加深，制成的豆腐有酸败味，制成的豆浆颜色发红。

（二）大豆的储藏方法

（1）严格控制入库水分，大豆长期储藏水分不能超过12%。大豆收获后，要在豆荚上充分晒干再脱粒。入库后水分偏高的大豆，可采取日晒处理，但要摊晾后才可入仓。

（2）适时通风，散热、散湿。新入库的大豆籽粒间水分不均匀，加上大豆的后熟作用，堆内湿热容易积聚，引起发热霉烂，因此要适时通风，散热、散湿。

（3）低温密闭储藏。进入冬季后应加强通风降温，趁春暖前采用压盖或塑料薄膜密闭储藏，一般可以安全度夏。

任务实施

大豆的感官鉴别

一、大豆的取样

抽检大豆要从不同位置和不同层次进行随机取样。

二、大豆质量的感官鉴别

品质较好的大豆：籽粒大小整齐，色泽明亮，形态饱满，虫蛀粒少。

次等大豆：籽粒大小不齐整，色泽不亮，种皮发暗，虫蛀粒多，籽粒皱缩。

任务评价

学生评价表

序号	项目		学习任务的完成情况评价		
1	职业素养	遵守实验室管理规定，严格执行操作程序（10 分）			
2		安全操作，按时完成任务（10 分）			
3		学习积极主动、勤学好问（10 分）			
4		与人协作，相互配合好（5 分）			
5		清洁、整理（5 分）			
6	专业能力	能正确认知并辨识大豆及其质量感官检验（20 分）			
7		操作规范、熟练（15 分）			
8		认真填写实验报告，且填写正确（10 分）			
9	拓展能力	能发现问题、思考问题并主动解决（15 分）			
10	分数合计（100 分）				
11	存在问题及建议				
12	综合评价				

知识与技能检测

一、理论知识检测

（一）填空题

1. 根据国家标准 GB 1352—2009《大豆》规定，大豆按皮色分为五类：______、______、______、______和______。

2. 根据 GB 1352—2009《大豆》国家标准，大豆以______为定等指标，______等为中等。

3. 大豆的杂质指通过规定筛层和经筛理后仍留在样品中的非大豆类物质，包括以下几种：筛下物______和______。其中，筛下物是指通过直径______圆孔筛的物质。

（二）简答题

1. 大豆的质量指标有哪些？

2. 大豆的不完善粒有哪些？如何正确挑选出大豆籽粒中的不完善粒？

二、技能检测

某粮油质监站接收了一批大豆样品，质检员正在进行完整粒率的检验，请协助其将各大豆样本中的损伤粒正确地挑拣出来。

任务二

豆类杂粮的认知

任务目标

1. 了解豆类杂粮的常见品种及形态特征。
2. 掌握主要豆类杂粮的营养特点及用途。
3. 明确豆类杂粮主要品种的质量标准及质量指标。
4. 了解豆类杂粮的储藏方法。

任务分析

豆类杂粮种类较多，本部分内容主要介绍常见的豆类杂粮的类别、形态结构特点、质量标准及储存方法，为杂粮的安全储存、合理加工利用打下基础。

任务相关知识

豆类泛指所有能产生豆荚的豆科植物，同时，也常用来称呼豆科中蝶形花亚科的作为食用和饲料用的豆类作物。其中绿豆、小豆、蚕豆、豌豆等豆类均属蝶形花科，绿豆和小豆属于菜豆属，蚕豆和豌豆分别属于蚕豆属和豌豆属。它们都是主要的豆类杂粮。

豆类杂粮不仅给人类提供了较多的淀粉，而且还给人类提供了比禾谷类粮食更为丰富更为优良的蛋白质。

一、绿豆、小豆、蚕豆、豌豆的形态性状

绿豆、小豆、蚕豆、豌豆的形态性状见表6－2。

表 6－2　　绿豆、小豆、蚕豆、豌豆的形态性状

名称	绿豆	小豆	蚕豆	豌豆
别名		红小豆，赤豆，红豆	胡豆、佛豆、罗汉豆	元豆、麦豆、淮豆
种子形态	短矩形微圆，千粒质量 30～50g，表面有蜡层有光泽，种皮有翠绿色、黄绿色、蓝绿色甚至黄棕色、紫棕色，种脐为白色，长度为粒长的 1/3 微凸	短矩形微圆，千粒质量大粒为 150g 以上，中粒为 90～150g，小粒为 90g 以下。种皮多为赤色，也有黑、灰褐、白、绿、茶、淡黄色以及斑纹状双色等，种脐白色，长度为粒长的 2/3，不凸出种皮	扁平椭圆形，微有凹凸，基部较厚，顶部较薄。千粒质量大粒为 800g 以上，中粒为 650～800g，小粒为 650g 以下。种皮有青绿、灰白、绿色、褐、黄等色，种脐黑色，位于基部	近球形，表面光滑或皱缩，千粒质量大粒为 300g 以上，中粒为 200～300g，小粒为 200g 以下。种皮多为黄绿色、白色、绿色、褐色、灰色
类别	明绿豆：种皮绿色、深绿色，有光泽； 黄绿豆：种皮黄色、黄绿色，有光泽； 灰绿豆：种皮灰绿色，无光泽； 杂绿豆：以上两类互混	红小豆：种皮浅红、鲜红、深红、紫红色； 其他小豆：种皮颜色相同（如单纯的黄、绿、白、黑色或花斑色）； 杂小豆：不同颜色的小豆混杂及混入其他淀粉质豆类	青蚕豆、白蚕豆、红蚕豆、大粒蚕豆、中粒蚕豆、小粒蚕豆	白色豌豆、其他纯色豌豆、杂色豌豆
用途	食用、制粉丝、绿豆芽、糕点	食用、制豆沙、糕点	加工副食品或作蔬菜、饲料	作蔬菜、饲料、酿酒、制酱、作罐头

二、绿豆、小豆、蚕豆、豌豆的质量标准

参照 GB/T 10462—2008《绿豆》、GB/T 10461—2008《小豆》、GB/T 10459—2008《蚕豆》、GB/T 10460—2008《豌豆》，绿豆、小豆、蚕豆、豌豆按纯粮率作为定等指标，纯粮率低于 3 等，其他指标符合标准规定的，判定为等外级。绿豆、小豆、蚕豆、豌豆质量要求见表 6－3。

绿豆、小豆、蚕豆、豌豆的不完善粒包括以下几种：未熟粒、虫蚀粒、病斑粒、破损粒、生霉粒和生芽粒，绿豆的不完善粒还包括硬实粒。

硬实粒：不能正常吸水膨胀，不易煮烂的颗粒。

杂质：除绿豆（小豆、豌豆、蚕豆）以外的其他物质，包括筛下物、无机杂质和有机杂质。

筛下物：通过一定直径圆孔筛（绿豆、小豆：直径 2.0mm；豌豆：直径 3.0mm；蚕豆：直径 4.5mm）的物质。

表 6－3　绿豆、小豆、蚕豆和豌豆的质量要求　单位:%

等级	纯粮率		杂质含量		水分含量			色泽、气味	
	绿豆	小豆 蚕豆 豌豆	总量	矿物质含量	绿豆含量	小豆 蚕豆	豌豆	绿豆 小豆	蚕豆 豌豆
1	≥97.0	≥98.0	≤1.0	≤0.5	≤13.5	≤14.0	≤12.0	正常	色泽新鲜、无异味
2	≥94.0	≥95.0							色泽较暗、无异味
3	≥91.0	≥92.0							色泽陈旧、无异味
等外	<91.0	<92.0							—

三、绿豆、小豆、蚕豆、豌豆的储藏方法

(一) 储藏特点

1. 易遭虫害

绿豆、小豆、蚕豆、豌豆等豆类杂粮在储藏期间很容易受绿豆蟓、蚕豆蟓和豌豆蟓等害虫危害，被害率有时高达50%～70%，豆类杂粮生虫后，其食用、种用和工艺品质均大大下降，这是豆类杂粮储藏中最为突出的问题。

2. 容易变色

蚕豆等豆类杂粮皮层内含有多酚氧化物及酪氨酸等。在空气、水分、温度的综合作用下，使氧化酶活力增强，加速了氧化反应，使皮色由原来的绿色或乳白色逐渐变为褐色、深褐色或黑色，严重影响豆类的外观品质和食用品质。这是豆类杂粮储藏中的又一突出问题。

(二) 储藏措施

1. 熏蒸

危害豆类杂粮的害虫，从其生活史来看，多数成虫是在田间产卵和孵化幼虫，而化蛹和羽化则是在储藏期间完成。多数豆类杂粮在收获、入库期，正是害虫幼虫期和蛹期，应幼虫很小时抓紧杀治，可用 AlP 或 HCl 熏蒸。熏蒸结束及时通风散气。

2. 沸水烫种

对于少量的豆类杂粮或种子，应在收获后立即进行沸水烫种。烫种的时间：绿豆、小豆、蚕豆 5～10s，豌豆 20～30s。烫种后立即滤水、干燥后储藏，可以获得满意的杀虫率和发芽率。

3. 囤套囤储藏

囤套囤法是储存大量豌豆的好方法。要求水分在安全标准以内，二层囤之间填充稻壳或麦秤，厚度应达到30cm以上。通过日光暴晒，入囤后囤内粮温应达到50℃左右，密闭25～30d。密闭期间要经常检查囤内温度及害虫死亡情况，发现温、湿度过高，应及时揭去囤面覆盖物以散湿防霉。

4. “双低”储藏

有条件的可以采用双低储藏，这种方法防虫保质效果较好。

（三）绿豆、小豆、蚕豆、豌豆的储藏方法

1. 绿豆的储藏方法

收获的脱粒晒干后（含水量在11%～12%）应马上用AlP密闭熏蒸，防治绿豆蟓，AlP用量为每$1m^3$ 7～9g，室温20℃以上时熏蒸2～3d，20℃以下时3～5d，熏后启封，通风2d，1～2周后才能食用。少量的绿豆种子可用绿豆质量的0.1%的花生油拌绿豆，使其表面有花生油覆盖，后用塑料袋等容器密闭保存，也可用开水浸泡1min左右，立即取出摊开晒干，效果也好。

2. 小豆的储藏方法

小豆散装堆放时表层受外界影响首先变色，离地面60cm以下能减轻上述现象。如散装堆放，可将其放在离地面60cm以下，中间隔开，把别的粮食放在上面。最好采取密闭的办法，把小豆放在容器内，上面覆盖一层干沙土或干净的麦糠，再盖严，减少与空气、阳光、温热等不良因素的接触，以防止变色。

将拣除杂物的小豆摊开晒，以1.5～2.5kg为单位装入塑料袋中，再放入一些剪碎的干辣椒，密封起来。将密封好的塑料袋放置在干燥、通风处。此方法可以起到防潮、防霉、防虫的作用，能使小豆保持1年不坏。还可将小豆放在开水中浸泡十几分钟，然后捞出晒干，放入缸里收藏起来，可保存很长时间，也不会生虫。将两三瓣大蒜放入装赤豆的容器或口袋中，可使其2～3年不被虫蛀。

绿豆、小豆在生长期中易受绿豆蟓、豌豆蟓等害虫危害，种脐上易沾染虫卵，入仓后条件适宜开始成虫。入仓前，可将豆子放在沸水里浸泡5min，捞出晒干入仓，这样可杀死虫卵，防止虫害的发生，又不影响发芽。入仓前，还可将少量AlP药片用纸包好放入容器底部，上面装入绿豆、小豆，密闭盖好，这样PH_3气体慢慢释出，可有效地抑制害虫发生。绿豆、小豆收获后应及时脱粒，高温暴晒后（含水量低于13%）冷晾入仓，保持低温（低于20℃）环境，密闭缺氧保管，以防止变色。

3. 蚕豆的储藏方法

蚕豆脱粒后水分含量比较高，不宜立即入库储藏。蚕豆收获后要立即晾晒。秋播蚕豆区在豆粒含水量11%～12%时储藏，春播区可在水分13%以下储藏。通常在没有水分测量工具的条件下，将晒3～4d后的蚕豆用牙咬，如一咬即断并有脆断声，或用克丝钳，将豆粒用力一夹，豆粒立刻脆断并有脆断声，表明已晒干，可以储藏。

储藏方法：收获量大的在药剂熏蒸后入仓库储藏。要用干燥、阴凉、通风透气的房子作仓库，并将各处缝隙封好。在此前用20%石灰水粉刷，消灭虫卵和成虫。入库的豆粒不能接触地面，要用油毡，塑料膜铺地防潮。收获量少的，可用瓦坛或瓦缸等容器储藏，坛或缸内底部放一些生石灰以吸收水分。容器不要装得太满，要留一定空间，保证种子微弱呼吸。装好豆粒后要用塑料薄膜将口封好，再盖上草纸和木板。留种用的蚕豆在播种前打开，晒1～2d后播种。

4. 豌豆的储藏方法

通常采用比较现代化的库房储藏豌豆，但要注意防潮、防虫、防鼠。北方多用袋子、囤子储藏，防止鼠害尤其重要；南方储藏多用盆、罐、缸等瓷器将充分干燥（含水量10%～12%）的豌豆装入瓷器内盖好，并用塑料薄膜密封，以防受潮，这样即使在高温多雨季节，仍能保持种子发芽力，减少霉变。

任务实施

豆类杂粮的感官鉴别

（一）豆类杂粮的取样

抽检样品要从不同位置和不同层次进行随机取样。

（二）豆类杂粮质量的感官鉴别

品质较好的豆类杂粮，粒型均匀，色泽一致，形态饱满，虫蛀粒少，杂质和异色粒低；次等豆类杂粮，粒型不均匀，籽粒大小不齐整，色泽有差异，虫蛀粒多，杂质和异色粒较高。

任务评价

学生评价表

序号	项目		学习任务的完成情况评价		
1	职业素养	遵守实验室管理规定，严格执行操作程序（10分）			
2		安全操作，按时完成任务（10分）			
3		学习积极主动、勤学好问（10分）			
4		与人协作，相互配合好（5分）			
5		清洁、整理（5分）			
6	专业能力	能正确认知并辨识豆类杂粮及其质量指标（20分）			
7		操作规范、熟练（15分）			
8		认真填写实验报告，且填写正确（10分）			

续表

序号	项目		学习任务的完成情况评价		
9	拓展能力	能发现问题、思考问题并主动解决（15 分）			
10	分数合计（100 分）				
11	存在问题及建议				
12	综合评价				

知识与技能检测

一、理论知识检测

（一）填空题

1. 参照 GB/T 10462—2008《绿豆》国家标准，绿豆按______作为定等指标，低于______等，其他指标符合标准规定的，判定为等外级。

2. 绿豆、小豆、蚕豆、豌豆的不完善粒包括______、______、______、______、______和______，绿豆的不完善粒还包括______。

3. 绿豆、小豆、豌豆、蚕豆的筛下物分别指的是通过直径为______、______、______、______圆孔筛的物质。

（二）简答题

1. 绿豆、小豆、豌豆、蚕豆的质量指标有哪些不同之处？

2. 简述绿豆、小豆、豌豆、蚕豆的储存特点及储藏方法。

二、技能检测

某粮油质监站接收了一批绿豆样品，质检员正在进行纯粮率的检验，请协助其将各绿豆样本中的不完善粒正确地挑拣出来。

项目七

谷类杂粮

杂粮一般是指除小麦、稻谷、玉米和大豆（含青豆、黑豆）四大粮食品种以外的其他谷类和豆类，也称“小杂粮”、“小杂豆”。我国杂粮种类繁多，资料表明，杂粮、杂豆种包括高粱、粟、黍、荞麦、大麦、莜麦、绿豆、红豆、豌豆、芸豆等200多个品种，谷类杂粮包括大麦、燕麦、谷子（小米）、荞麦、高粱、藜麦米、黍米和薏仁米等。

我国目前是世界上最大的杂粮生产国和出口国。其中谷子的种植面积和总产量居世界第一位；荞麦和黍子的种植面积和总产量均居世界第二位；高粱种植面积和总产量居世界第八位和第六位；燕麦、青稞等面积约为3.508万平方公里，处于世界前列。杂粮生产总量约在2000万吨以上。其中荞麦、燕麦、青稞等产量约为766万吨；谷子、高粱总产量约为720万吨；此外，藜麦米、黍子和薏仁米产量也较高。而其他种类的杂粮种植面积较少，产量较低，消费群体相对也较小。

任务一

高粱的认知

任务目标

1. 掌握高粱的分类及各类高粱的特点。
2. 认识并掌握高粱的籽粒形态与结构特点。
3. 了解优质高粱的质量标准及质量指标。
4. 了解高粱的储存特点。

任务分析

本任务参考 LS/T 3112—2017《中国好粮油　杂粮》，通过对高粱的介绍，旨在普及杂粮的相关知识及指标体系。

任务相关知识

高粱属禾本科高粱属，又名蜀黍、芦、红粮、乌禾、乌茇子等，是人类最早栽培的粮食作物之一。我国栽培高粱已有4000年的历史，遍及全国各地，以东北为最多。高粱产量在我国的谷类粮食中次于水稻、小麦、玉米、大麦而居第五位。2016年国内种植面积为0.49万平方公里，产量为201.28万吨。

高粱籽粒是以淀粉为主的粮食品种。近年来，高粱的主要产地集中于东三省一区。国内高粱下游主要分为种用、食用、酿造工业和饲料工业。我国许多名酒（如贵州的茅台，山西杏花村的汾酒、竹叶青等）都是以高粱为主要原料酿造而成的。加工后的副产品（如糠麸、酒糟、粉渣等）又是家畜的饲料，因此高粱有很高的经济价值。

一、高粱的籽粒结构

高粱籽粒是带壳颖果，壳包括两片护颖和内外颖。内颖是很小的薄膜，有时完全消失。颖果的大部分裸露在护颖的外面，粒形一般为椭圆形，卵圆形、梨形和长圆形等。护颖的颜色因品种不同而呈红、黄、褐、黑、白等，颖果也有粉红、淡黄、暗褐、白等颜色，有时在黄、白色籽粒上带有红、紫色斑点。这些颜色主要是因为种皮中含有花青素的缘故。

高粱颖果经碾制除去护颖和内外颖后的成品即为高粱米。

高粱籽粒由皮层（果皮和种皮）、胚乳及胚等部分组成。皮层占粒重12%，胚乳占粒重80%，胚占粒重的8%。

二、高粱的分类及各类高粱的特点

高粱的种类很多，通常根据用途、粒色和粒质等进行分类。

（一）按用途分类

可以分为食用高粱、糖用高粱和帚用高粱三类。

（1）食用高粱　粒大饱满稍扁平，常裸露，营养丰富，品质好，主要供食用、饲料用和工业用。

（2）糖用高粱　即甜高粱。籽粒较小，通常用护颖全包或略裸露，品质较差。这类高粱茎秆内含有较多的糖分（含糖量8%~19%），可用来制糖。

（3）帚用高粱　穗大分散，枝多而长且韧，脱粒后的穗可做笤帚和其他工艺品。其籽粒小，且结实不多，由护颖包住不易脱落，品质最差。

（二）按高粱的外种皮分类（GB/T 8231—2007《高粱》）

可以分成红高粱、白高粱、其他高粱三种。

（1）红高粱　种皮颜色为红色，品质较黄壳高粱差，可作酿酒原料和饲料。

（2）白高粱　种皮颜色为白色，含丹宁极少，最适合制高粱粉和淀粉。

（3）其他高粱　上述两类以外的高粱。

（三）按高粱的米粒的质地分类

可以分为梗性高粱与糯性高粱。

（1）梗性高粱　粒大色浅，有光泽，含直链淀粉多，黏性较小。

（2）糯性高粱　粒小色深，微有光泽，含支链淀粉达 90% 以上，黏性较强，适宜酿酒。

三、“中国好粮油”高粱的质量要求

标准 LS/T 3112—2017《中国好粮油　杂粮》在分类杂粮现有标准的基础上，突出了杂粮的营养和功能特性，体现了对优质杂粮的规范要求。

其中高粱的质量要求如表 7－1 所示。

表 7－1　“中国好粮油”高粱质量指标要求

项目/类别	质量基本指标				定等指标	食品安全指标	质量追溯信息		
	不完善粒/%	水分含量/%	杂质总量（其中无机杂质）/%	色泽、气味	单宁含量/%		生产信息	收储信息	其他信息
高粱	≤3.0	≤14.5	≤1.0（0.5）	正常	≤0.5	感官要求、有毒有害菌类、植物种子等按 GB 2715—2016《食品安全国家标准　粮食》规定执行；农药残留、重金属、真菌毒素等在符合 GB 2761—2017《食品安全国家标准　食品中真菌毒素限量》、GB 2762—2017《食品安全国家标准　食品中污染物限量》和 GB 2763—2016《食品安全国家标准　食品中农药最大残留限量》及国家有关规定的基础上，安全指数应≤0.7			可选填
高粱米			≤0.3（0.02）		≤0.3				

1. 不完善粒

GB/T 8231—2007《高粱》中规定的高粱的不完善粒是受到损伤但尚有使用价值的颗粒，包括下列几种：

（1）病斑粒　指粒面有病斑，伤及胚或胚乳的颗粒。

（2）虫蚀粒　指被虫蛀蚀，伤及胚或胚乳的颗粒。

（3）破损粒　籽粒损伤，伤及胚或胚乳的颗粒。

（4）生芽粒　芽或幼根突破种皮的颗粒。

（5）生霉粒　粒面生霉的颗粒。

（6）热损伤粒　受热后胚或胚乳显著变色和损伤的颗粒。

2. 杂质

高粱杂质包括下列几种：

（1）筛下物　通过直径 2.0mm 圆孔筛的物质。

（2）无机杂质　泥土、砂石、砖瓦等杂质。

（3）有机杂质　无使用价值的高粱粒、高粱壳（含未脱的高粱壳）、异种粱粒等杂质。

3. 单宁

单宁属水溶性多酚化合物，也称鞣酸或单宁酸。进入消化道后，会使胃肠黏膜的毛细管收缩，使肠液分泌物减少并能和蛋白质结合成一种鞣酸蛋白质，覆盖于肠、胃黏膜表面，从而降低食欲。长时间食用，造成人们营养不良、生长缓慢。无论食用、饲用还是工业用高粱，其较高的单宁含量都是影响高粱品质的关键因素，低单宁含量是优质高粱的基本要求。

高粱按单宁含量高低可分为：高单宁含量高粱（含量≥1.57%）；中单宁含量高粱（含量≥0.66%）；低单宁含量高粱（含量≤0.33）。优质高粱的单宁含量限定为：高粱≤0.5%，高粱米≤0.3%。

四、高粱的储藏方法

高粱储藏主要是防止发热霉变，应控制入库，如水分高于安全水分，应抓紧时间秋晒，并筛除杂质。高粱适宜低温储藏，应充分利用冬季低温进行通风降温，翌年春暖前压盖密闭。

任务实施

高粱（米）的鉴别与认知

一、高粱籽粒的识别

取一定量混合的谷物杂粮样本，从中正确挑选出高粱籽粒。

二、高粱品质的感官鉴别

1. 色泽鉴别

进行高粱色泽的感官鉴别时，可取样品在黑纸上撒一薄层，并在散射光下进行观察。

（1）良质高粱　具有该品种应有的色泽。

（2）次质高粱　色泽暗淡。

（3）劣质高粱　色泽灰暗或呈棕褐色、黑色，胚部呈灰色、绿色或黑色。

2. 外观鉴别

进行高粱外观的感官鉴别时，可取样品在白纸上撒一薄层，借散射光进行观察，并注意有无杂质，最后用牙咬籽粒，观察质地。

（1）良质高粱　颗粒饱满、完整，均匀一致，质地紧密，无杂质、虫害和霉变。

（2）次质高粱　颗粒皱缩不饱满，质地疏松，有虫蚀粒、生芽粒、破损粒，有杂质。

（3）劣质高粱　有大量的虫蚀粒、生芽粒、发霉变质粒。

3. 气味鉴别

进行高粱气味的感官鉴别时，可取高粱样品于手掌中，用嘴哈热气，然后立即嗅其气味。

（1）良质高粱　具有高粱固有的气味，无任何其他的不良气味。

（2）次质高粱　微有异味。

（3）劣质高粱　有霉味、酒味、腐败变质味及其他异味。

4. 滋味鉴别

进行高粱滋味的感官鉴别时，可取少许样品，用嘴咀嚼，品尝其滋味。

（1）良质高粱　具有高粱特有的滋味，味微甜。

（2）次质高粱　乏而无味或微有异味。

（3）劣质高粱　有苦味、涩味、辛辣味、酸味及其他不良滋味。

三、高粱结构特点的认知

放大镜下观察高粱的结构特点，绘出其形态结构图，注明其主要部分，并简要描述每部分的营养特点及其主要加工利用形式。

任务评价

学生评价表

序号	项目		学习任务的完成情况评价		
1	职业素养	遵守实验室管理规定，严格执行操作程序（10分）			
2		安全操作，按时完成任务（10分）			

续表

序号	项目		学习任务的完成情况评价		
3	职业素养	学习积极主动、勤学好问（10 分）			
4		与人协作，相互配合好（5 分）			
5		清洁、整理（5 分）			
6	专业能力	能正确认知并辨识高粱及其质量指标（20 分）			
7		操作规范、熟练（15 分）			
8		认真填写实验报告，且填写正确（10 分）			
9	拓展能力	能发现问题、思考问题并主动解决（15 分）			
10	分数合计（100 分）				
11	存在问题及建议				
12	综合评价				

知识与技能检测

一、理论知识检测

（一）填空题

1. 在我国粮油质量国家标准中，高粱按其粒型和粒质可分为五类：______、______、______、______和______。

2. 高粱籽粒是带壳的颖果，由______和______两部分构成。

3. 根据 GB 1350—2009《高粱》国家标准，各类高粱以______为定等指标，______等为中等。

4. 按照国家标准规定，高粱的不完善粒包括______、______、______、______和______。

（二）简答题

1. 高粱的质量指标有哪些？为什么要检测这些指标？

2. 高粱的质量指标对其储藏、加工有何影响？

二、技能检测

某食品加工企业欲采购一批国产商品食用优质高粱米，现委托某监测机构对该批高粱米样本进行检测，请制定相应的检测方案并对其品质进行评价。

任务二

大麦的认知

任务目标

1. 掌握大麦的分类及大麦的特点。
2. 认识并掌握大麦的籽粒形态与结构特点。
3. 了解大麦的质量标准及质量指标。
4. 了解大麦的储存特点。

任务分析

本任务参考 LS/T 3112—2017《中国好粮油　杂粮》，通过对大麦的介绍，旨在普及杂粮的相关知识及指标体系。

任务相关知识

大麦是带壳的皮大麦和裸大麦的统称，属禾本科、大麦属。它是世界上最古老的粮食作物之一。大麦在我国的分布很广，栽培面积仅次于水稻、小麦和玉米，居谷物类作物的第四位。通常所说的大麦是指带壳的皮大麦；裸大麦，长江流域称裸麦为元麦，青藏高原称为青稞，华北称为米麦。

一、 大麦的分类及各类大麦的特点

大麦根据内外颖附着与否，可分为有颖大麦和裸粒大麦两类。有颖大麦，即人们通常所指的大麦，又称皮大麦，这种大麦在成熟时果皮分泌出一种黏性物质，将内外颖紧密地粘在颖果上，脱粒时不能分离。裸粒大麦因地区不同又称裸麦、元麦、米大麦、青稞等，这类大麦成熟时颖果与内外颖分离，在收获粒时可将颖壳除去。裸大麦是禾本科草本植物栽培大麦一种变种果实，成熟后果实与颖壳易于脱落分离。

根据大麦穗形不同，可以分为三个类型，即六棱大麦、四棱大麦和二棱大麦。六棱大麦，麦穗的横面呈正六角形，穗形紧密，麦粒小而整齐，含蛋白质较多。六棱皮大麦因发芽整齐，淀粉酶活力大，特别适宜制作麦芽，六棱裸大麦多作食粮用。四棱大麦，麦穗横断面呈四角方形，穗形较疏，麦粒稍大但不均匀，蛋白质含量较高。四棱皮大麦因发芽不整齐只宜作饲料，四棱裸大麦多为有颖大麦，籽粒大而整齐，壳薄淀粉含量高，蛋白质含量低，发芽整齐，是酿造啤酒的最好原料。

大麦还可以按播种期分类，即可以分为冬大麦和春大麦两类。冬大麦主要集中于长江流域，春大麦分布于北部寒冷地区农牧区。

二、大麦的籽粒形态与结构

有颖大麦内外颖比内外颖宽大；表面共有七条纵脉；顶端有宽而长的芒，也有无芒的；内颖位籽腹面，基部有刺，上有茸毛；内外颖的基部，有两片护颖，形细窄，色较内外颖浅，脱粒时容易随穗轴脱去。颖壳的质量占整粒质量的10% ~20% 。

裸粒大麦籽形态与小麦相似，但较小麦扁平，两端稍尖而中较宽，呈明显的纺锤形。腹沟比小麦宽且浅，顶端有茸毛。大麦粒籽结构由颖壳、果皮、种皮、外胚乳和胚等几大部分组成。

三、大麦的经济特征

大麦的用途很广。在我国的青海、西藏地区将青稞磨制成粉制作糍粑，用牛羊肉和奶茶等伴食，作为当地居民的主食，也可以制成麦片、糕饼等食用。大麦也是生产麦芽、麦芽糖、啤酒、味精、酱油等的主要工业原料。此外，大麦还是良好的精饲料。

四、“中国好粮油”大麦的质量标准

“中国好粮油”大麦的质量标准要求如表 7 – 2 所示。主要从基本指标、定等指标、食品安全指标、质量追溯信息等方面做了规范要求。

表 7 – 2　　“中国好粮油”大麦质量指标要求

<table>
<tr><th rowspan="2">项目/类别</th><th colspan="4">质量基本指标</th><th colspan="2">定等指标</th><th>食品安全指标</th><th colspan="3">质量追溯信息</th></tr>
<tr><th>不完善粒含量/%</th><th>水分含量/%</th><th>杂质含量（其中无机杂质）/%</th><th>色泽、气味</th><th>直链淀粉含量/%</th><th>β – 葡聚糖含量/%</th><td rowspan="3">感官要求、有毒有害菌类、植物种子等按 GB 2715—2016《食品安全国家标准 粮食》规定执行；
农药残留、重金属、真菌毒素等在符合 GB 2761—2017《食品安全国家标准　食品中真菌毒素限量》、GB 2762—2017《食品安全国家标准　食品中污染物限量》和 GB 2763—2016《食品安全国家标准　食品中农药最大残留限量》及国家有关规定的基础上，安全指数应≤0.7。</td><th>生产信息</th><th>收储信息</th><th>其他信息</th></tr>
<tr><td>皮大麦</td><td>—</td><td>≤12.0</td><td>≤1.0
(0.50)</td><td>正常</td><td>—</td><td>—</td><td rowspan="2"></td><td rowspan="2"></td><td rowspan="2">可选填</td></tr>
<tr><td>裸大麦</td><td>≤6.0</td><td>≤13.0</td><td>≤1.0
(0.50)</td><td>正常</td><td>≤15.0</td><td>≥5.0</td></tr>
</table>

1. 裸大麦的不完善粒

裸大麦的不完善粒受到损伤但尚有使用价值的裸大麦颗粒，包括虫蚀粒、病斑粒、生芽粒、生霉粒几种，其中病斑粒又包括黑胚粒、赤霉病粒。

2. 杂质

裸大麦的杂质是指除裸大麦粒之外的其他物质，包括筛下物、无机物和有机杂质。

3. β – 葡聚糖

大麦无论是啤用、饲用还是食用，β – 葡聚糖都是一个重要的品质性状。在制麦芽和酿造啤酒时，β – 葡聚糖是一种不良性状，它使麦芽汁黏度增加，导致过滤困难，并易使啤酒发生浑浊或沉淀。大麦作为饲料原料，葡聚糖会增加非反当畜禽动物肠液的黏度，影响食料的消化和吸收，故被认为是畜禽的一种抗营养因子。相反，大麦作为人类食粮，β – 葡聚糖是一种有益于健康的成分，已知它具有降低胆固醇和低密度血脂含量的功能。本标准适用于食用或食品工业用大麦，因此，建议将大麦独特的高 β – 葡聚糖含量作为大麦的定等指标之一。

4. 直链淀粉

大麦直链淀粉含量是影响大麦适口性的重要因素，直链淀粉含量越高，或直链淀粉含量越低，大麦适口性越好。但大麦 β – 葡聚糖含量与直链淀粉含量成负相关，因此，为了保证高含量直链淀粉的大麦不排除在优质大麦的行列，因此规定了优质大麦的另一个定等指标，即直链淀粉含量限定值。

五、 大麦的储藏特点

大麦的后熟期长，供酿啤酒、制麦芽等用途的大麦必须先经储藏一段时间，以保证其有较高的发芽率。但储藏时间不能太长，储藏一年以上的大麦酿啤酒，其产生的泡沫稳定性较差，影响啤酒品质。

大麦种皮薄、组织松散、吸湿性强，所以容易遭虫蚀霉变。大麦入库初期，应注意防止霉烂变质。

任务实施

大麦的鉴别与认知

（一）大麦籽粒的识别

取一定量混合的谷物杂粮样本，从中正确挑选出大麦籽粒。

（二）大麦品质的感官鉴别

（1）色泽　优质大麦有光泽，淡黄色；受潮大麦发暗，胚部呈深褐色；受霉菌侵蚀的大麦则呈灰色或微蓝色。

（2）气味　良好大麦具有新鲜稻草香味。

（3）谷皮　优质大麦皮薄，有细密纹道。

（4）麦粒形态　以短胖者为佳。

（5）夹杂物　杂谷粒和沙土等应在2%以下。

（三）大麦结构特点的认知

放大镜下观察大麦的结构特点，绘出其形态结构图，注明其主要部分，并简要描述每部分的营养特点及其主要加工利用形式。

任务评价

学生评价表

序号	项目		学习任务的完成情况评价		
1	职业素养	遵守实验室管理规定，严格执行操作程序（10分）			
2		安全操作，按时完成任务（10分）			
3		学习积极主动、勤学好问（10分）			
4		与人协作，相互配合好（5分）			
5		清洁、整理（5分）			
6	专业能力	能正确认知并辨识大麦及其质量指标（20分）			
7		操作规范、熟练（15分）			
8		认真填写实验报告，且填写正确（10分）			
9	拓展能力	能发现问题、思考问题并主动解决（15分）			
10	分数合计（100分）				
11	存在问题及建议				
12	综合评价				

知识与技能检测

一、理论知识检测

（一）填空题

1. 在我国粮油质量国家标准中，根据大麦穗形不同，可以分为三个类型，即______、______和______。

2. 大麦根据内外颖附着与否，可分为______和______两种。

3. 根据 GB/T 11760—2008《裸大麦》，裸大麦以______为定等指标，______等为中等。

4. 按照国家标准规定，大麦的不完善粒包括______、______、______、______和______。

（二）简答题

1. 大麦的质量指标有哪些？为什么要检测这些指标？

2. 大麦的质量指标对其储藏、加工有何影响？

二、技能检测

桂林漓泉啤酒有限公司从国内定购了一批优质大麦，作为第三方检测机构，请对该批大麦的感官品质作以评定。

任务三

其他谷类杂粮的认知

任务目标

1. 掌握杂粮的形态性状、营养特点及用途。

2. 了解杂粮的质量指标及其要求。

任务分析

本任务参考 LS/T 3112—2017《中国好粮油　杂粮》杂粮行业标准，通过对多种杂粮的介绍，旨在普及杂粮的相关知识及指标体系。

任务相关知识

我国杂粮种类繁多，形态各异，营养特点、加工利用形式多样。以下内容对燕麦、粟、荞麦、藜麦、黍米等谷类杂粮作以对比介绍。

一、谷粒形态、营养特点及用途

燕麦、粟、荞麦、藜麦、黍米、黑米的形态性状、营养特点及主要用途如表 7 - 3 所示。

二、杂粮的质量指标及要求

《中国好粮油　杂粮》对杂粮的质量要求如表 7 - 4、表 7 - 5 所示。

表 7-3 杂粮的性状、营养特点

名称	别名	谷粒形态	营养特点	用途
粟	谷子	带壳、外稃较大，其边缘包向腹面；内稃较小，壳有光泽，有白、黄、橘红、红、褐、黑等色，圆形或椭圆形，两端略尖，直径 2~3mm，千粒重 1.5~5.0g，为禾谷类中最小者 颖果为黄色、白色、青色等，阔卵形，背面突起，腹面扁平顶端略尖，胚长为米粒的 1/2~2/3 分粳型和糯型，大粒和小粒	小米中含有较高的蛋白质和碳水化合物，以及丰富的 B 族维生素和膳食纤维。每 100g 小米中含蛋白质 9.7g、脂肪 3.5g、碳水化合物 72.8g、含粗纤维 1.6g、钙 29mg、磷 240mg、铁 4.7mg、维生素 B_1 为 0.57mg、维生素 B_2 为 0.12mg、烟酸 1.6mg、胡萝卜素 0.19mg、镁 93.1mg。小米中的氨基酸、脂肪和脂肪酸、维生素及硒含量是小米营养素的主要组成部分，维生素 B_1 的含量更是位居所有粮食之首	制米、粉、糕点、酒、糖及饲料
黍（稷）	糜子	带壳，壳有光泽，有白、黄、褐、紫等色，黍扁圆形，稷圆形，黍略小于稷，直径 2~3mm，千粒重 3~10g 颖果淡黄色或白色，黍卵圆形、稷近于圆形，胚长为米粒的 1/2 黍为糯型，稷为粳型	黍米并无特殊的营养和功能特性，黍米食用以糯性为主，粳性很少见。而糯性黍米的适口性受直链淀粉含量影响较大。黍籽粳性品种淀粉中直链淀粉的比例比糯性品种高，平均为 7.5%；糯性品种中直链淀粉含量很低，仅为淀粉总量的 0.3%，优质糯性品种不含直链淀粉	制米、粉、糕点、酒、糖及饲料
燕麦	莜麦、油麦、玉麦	带颖燕麦（燕麦）为纺锤形，内颖短有基刺，外颖大有芒或无芒，颖壳白色或黄色，也有褐色或黑色 裸粒燕麦（莜麦）纺锤形，细长有绒毛，有腹沟，腹沟浅而宽，粒色有黄、白、褐等色	燕麦中蛋白含量为 15%~20%，燕麦脂肪含量为 2%~12%，淀粉含量约为 60%，β-葡聚糖含量为 2.0%~7.5% 燕麦的降血脂、预防心脑血管疾病功能已得到普遍认可，是第一个被美国食品药品监督管理局（FDA）批准可使用“具有降低心脏病风险”这一称号的健康食品。以 β-葡聚糖为主的可溶性膳食纤维被认为是首要的功能因子	制粉、燕麦米、麦片及饲料
荞麦	三角麦、荞子	籽粒为瘦果，呈三角棱形，基部圆钝，果皮坚韧革质。果皮每面中有条纵沟。甜荞粒大棱角分明品质好，苦荞粒小皮厚棱角不明显，有苦味，品质较差。粒色有黑、褐、绿、淡黑、银灰等。胚位于胚乳中央呈“S”形	荞麦具有较高的营养及药用价值，富含蛋白质（10%~18%）、淀粉（60%~70%）、纤维素（10%~16%）、脂肪（2%）以及黄酮类化合物等营养素，高含量的黄酮含量是苦荞独有的营养特征	制粉、加工日常食品

续表

名称	别名	谷粒形态	营养特点	用途
黑麦	蕾麦、粗麦	裸粒，内外颖在成熟时脱离，籽粒比小麦狭长，胚端较尖，表面皱缩，腹沟深，粒色呈褐色、绿褐色、青灰色等	黑麦蛋白质含量约为17%左右，氨基酸含量普遍高于普通小麦，其中苯丙氨酸约是普通小麦6倍多，色氨酸含量约是普通小麦的15倍。黑麦矿物质含量也很丰富，含钙量是普通小麦的4倍，铁是其12倍，镁是15倍，另外还富含硒元素和碘元素，因此黑麦也被称为补钙麦、补血麦和富硒麦等。黑麦的膳食纤维也是高居所有谷物膳食纤维之首	制粉、黑面包及饲料
藜麦	南美藜、印第安麦、灰米、金谷子、藜谷	种子为圆形药片状，直径1.5~2mm左右，籽粒比小米稍大，容重比小米略轻，一般千粒重3~4g，大籽粒的品种达4.5g	藜麦的蛋白质质量分数很高，在14%~22%，是大米的2倍，同时也高于小麦的蛋白质含量。除了蛋白含量高以外，藜麦作为植物却含有动物界才具有的完全蛋白，是非常少见的。藜麦富含人体必需的8种氨基酸和婴幼儿必需的1种氨基酸，尤其是一般谷物中缺乏的赖氨酸含量很高 藜麦蛋白质的品质和含量可以与脱脂乳粉及肉类媲美，是素食者的最佳选择，同时也是大米等谷物的优质替代品，完全蛋白是藜麦独有的营养特点	直接煮食、制粉加工成各种面食

表7-4　　《中国好粮油　杂粮》的基本质量指标要求

项目	类别	不完善粒含量/%	水分含量/%	杂质（总无机杂质）含量/%	色泽、气味
燕麦	燕麦	≤5.0	≤13.5	≤2.0（0.5）	正常
	燕麦米			≤1.0（0.02）	正常，无哈喇味
谷子	谷子	≤1.5	≤13.5	≤1.5（0.5）	正常
	小米	GB/T 11766—2018《小米》			
荞麦	荞麦	≤3.0	≤14.5	≤1.5（0.2）	正常
	荞麦米			≤0.7（0.02）	
藜麦米	—	≤3.0	≤13.0	≤1.0（0.02）	正常
黍米	—	GB/T 13356—2008《黍米》			

注：“—”表示对分类不作要求。

表 7－5　　《中国好粮油　杂粮》的定等指标和声称指标要求

项目	定等指标		声称指标	
	项目	限量	项目	限量
燕麦	蛋白质含量/%	≥15.6	—	—
	β-葡聚糖含量/%	≥4.0		
	脂肪酸值/(mg KOH/100)	≤150		
谷子	直链淀粉含量/%	9~14	维生素 B_1（mg/100g）	≥0.6
			硒（μg/kg）	≥40
甜荞	抗性淀粉含量/%	≥25	—	—
苦荞	抗性淀粉含量/%	≥25		
	黄酮含量/%	≥2.0		
藜麦米	蛋白质含量/%	≥15.0	—	—
黍米	直链淀粉含量/%	≤3.0	—	—

注：“—”的指标不作要求。满足定等指标限量要求的一个项目即可。

任务实施

谷类杂粮的感官鉴别与认知

（一）谷类杂粮籽粒的识别

取一定量混合的谷物杂粮样本，从中正确挑选出各类杂粮籽粒。

（二）谷类杂粮的感官鉴别要点

（1）感官鉴别谷类质量的优劣时，一般依据色泽、外观、气味、滋味等项目进行综合评价。

（2）眼睛观察可感知谷类颗粒的饱满程度，是否完整均匀，质地的紧密与疏松程度，以及其本身固有的正常色泽，并且可以看到有无霉变、虫蛀、杂物、结块等异常现象。外观与色泽在对谷类作感官鉴别时有着尤其重要的意义。

（3）鼻嗅和口尝则能够体会到谷物的气味和滋味是否正常，有无异臭异味。

（三）谷类杂粮结构特点的认知

放大镜下观察谷类杂粮的结构特点，绘出其形态结构图，注明其主要部分，并简要描述每部分的营养特点及其主要加工利用形式。

任务评价

学生评价表

序号	项目		学习任务的完成情况评价		
1	职业素养	遵守实验室管理规定，严格执行操作程序（10 分）			
2		安全操作，按时完成任务（10 分）			
3		学习积极主动、勤学好问（10 分）			
4		与人协作，相互配合好（5 分）			
5		清洁、整理（5 分）			
6	专业能力	能正确认知并辨识各类及其质量指标（20 分）			
7		操作规范、熟练（15 分）			
8		认真填写实验报告，且填写正确（10 分）			
9	拓展能力	能发现问题、思考问题并主动解决（15 分）			
10	分数合计（100 分）				
11	存在问题及建议				
12	综合评价				

知识与技能检测

一、理论知识检测

1. 如何区分藜麦米和黍米？二者的营养价值如何？有哪些用途？
2. 如何评价苦荞和甜荞的营养价值？
3. 优质燕麦和普通燕麦有何区别？

二、技能检测

某食品加工企业数月前采购了一批优质藜麦米，因储存时间较长，藜麦米品质可能发生变化。作为企业质检员，该如何判断该批藜麦米的品质是否发生变化？

项目八 植物油料和油脂

中国是世界油料生产大国，菜籽、花生、棉籽、芝麻的产量居世界第一，大豆、葵花籽的生产也是名列前茅。随着中国经济的飞速发展，人民生活水平的大幅度提高，人们对食用油的质量要求不断提升。2010 年，我国食用油行业实现工业总产值5390. 76 亿元。作为世界第一大食用油消费国，2012 年我国食用油年需求量已经接近3000 万吨，2016 年，我国植物油消费总量将近3500 万吨，目前我国食用油对外依存度过高，食用油的自给率较低。

任务一 植物油料的认知

任务目标

1. 掌握植物油料的分类及各类植物油料的特点。
2. 认识并掌握花生、油菜籽、芝麻、葵花籽和棉籽的籽粒形态与结构特点。
3. 了解花生的质量标准及质量指标。
4. 了解花生的储存特点。

任务分析

正确识别植物油料、掌握不同种类植物油料的特点是保障植物油料安全储存、有效流通、合理加工的基本前提。

任务相关知识

中国是世界油料生产大国，菜籽、花生、棉籽和芝麻的产量排名世界第一，大豆、葵花籽生产也名列前茅。面对巨大的人口压力和不断增加的食用植物油消费需求，国内生产远不能满足，每年需大量进口油籽和食用植物油。

一、植物油料的经济特征

我国食用植物油主要消费种类为菜籽油、大豆油、花生油和棉籽油，季节性比较明显，总体消费趋势向优质、多品种、高档次方向发展。我国进口的油料主要是大豆和油菜籽，进口的植物油主要是大豆油、菜籽油和棕榈油。随着我国人民生活水平的不断提高，食用植物油的消费与日俱增，国内呈现供求缺口越来越大的局面，同时也表明国内植物油消费增长的空间很大。我国植物油市场对国际市场的依赖性越来越大，进口油脂对国内市场的影响也越来越大。油脂供给已成为影响我国食物安全和农村经济发展的重要因素。同时，大豆类产品的大量增长已经改变了国内植物油的消费结构。

二、植物油料的籽粒形态与结构

（一）花生

花生属豆科作物，花生果是荚果。有普通形、葫芦形、斧头形、串珠形和曲棍形等形状，表面有凹凸不平的网格，一般呈淡黄色。果内一般有花生仁 2 ~ 3 粒，少的只有 1 粒，多的可达 7 粒。

其种子通称花生仁。种子表面平滑有脉纹，一端圆钝，一端呈喙状突起，有白色种脐。种子着生在荚果的腹缝线上，成熟的种子大体可分为椭圆形、圆锥形、桃形、三角形四种。含多枚种子的荚果其种子因受挤压而形状改变。花生种子表面有一层光滑的种皮，其上面分布许多维管束，种皮很薄，包在种子的最外边，对种子的保护性能很差，在成熟及收获取后的干燥过程中，不易形成硬实。种皮颜色大体可分为深红、红、褐、淡红四种，以淡红色为最多，褐色次之。

花生种子是由种皮、子叶、胚本部三部分构成（图 8 - 1）。种皮最外边有一层表皮细胞，向内有较厚一层薄壁细胞，维管束就分布在这一层内，靠近薄壁细胞为一层内壁细胞，靠近子叶的一层为珠心层，花生的种皮结构与一般豆科植物不同，没有栅状细胞和柱状细胞，因此很易脆裂。花生种子也属无胚乳的种子，两片子叶包在种皮里面，肥厚而具有光泽，呈淡黄白色或象牙色，子叶主要是由很多薄壁细胞构成，内含脂肪、淀粉粒、其他内含物，外面是一层子叶表皮细胞层。

胚本部着生在两片子叶之间的一端，分为胚根、胚芽、胚轴三部分。胚根突出于两片子叶之外，呈短喙状；胚芽白色，由主芽和两个侧芽组成；胚芽下端为粗壮的胚轴及胚根。胚中主要有2片肥大的子叶，内裹胚芽、胚茎和胚根。正常花生的子叶呈洁净的乳白色，而“走油”变质时，子叶变成半透明的蜡质状态，色泽也较深暗。

图8－1　花生仁形态

（二）油菜籽

油菜为十字花科的作物，主要产地是长江流域，油菜的种子称为油菜籽（又称菜籽），平均含油量为35%～42%。是一种重要的油料。

油菜籽一般呈球形或者近似球形，或者菱形，粒很小，芥菜型品种每千粒质量为1～2g，白菜型品种2～3g，甘蓝型品种3～4g（图8－2）。种皮较为坚硬并具各种颜色，主要有淡黄、深黄、金黄、褐、紫黑、黑等多种颜色。种皮上有网纹，黑色种皮的网纹较明显，种皮上还可见种脐，与种脐相反的一面有一条沟纹。

图8－2　油菜籽

油菜籽属双子叶无胚乳种子，成熟的种子由种皮、胚和胚乳遗迹三部分组成。种皮由珠被发育而成，油菜籽脱去种皮即为胚。胚是种子的主要部分，包括两片肾形的子叶、胚根、胚茎、胚芽，均由薄壁组织细胞组成。种子的大部分为子叶所充满，子叶呈黄色，内部细胞富含颗粒状油滴。胚芽上有两个叶原基（出苗后长出的第一、二两片真叶）和一个茎生长点。胚根在种子萌发后长成主根。胚乳中的养分在发育过程中为胚所吸收利用最后剩下一层遗迹包围于胚的周围。种子充实的状况与出苗好坏、幼苗的壮弱及菜籽的出油率有很大关系。

（三）芝麻

芝麻种子很小，千粒质量2.5～3g。种子呈扁椭圆形，一端略尖，一端圆钝，两面扁平。略尖的一端留有种柄脱落的痕迹，称种脐。表面有光滑和粗糙之分，颜色有白、黄、褐、黑等，且有深浅之别。芝麻的含油量与颜色有关，以白色芝麻的含油量最高（约为55%），黄色芝麻其次（约54%），褐色芝麻再次（51%），黑色芝麻含油量最低（50%）。在芝麻籽粒一面的中央有1条纵向脉纹，称种脊。籽粒边缘有凸出的棱角（图8－3）。

图8－3　芝麻

芝麻种子由种皮、胚乳和胚组成，是双子叶有胚乳种子。

1. 种皮

种皮由外表皮、薄壁细胞和内表皮组成，种皮内含有色物质，表现出芝麻有不同的颜色。

2. 胚乳

胚乳位于种皮内，是一层白色薄膜，在胚乳细胞内充满了小颗粒的糊粉粒和小油滴。

3. 胚

胚为芝麻种子的主要组成部分，两片子叶肥大而对称，呈乳白色，子叶细胞中充满了较大颗粒的糊粉粒，还有许多小油滴。

（四）葵花籽

葵花籽粒呈倒卵形或呈楔形，中间较厚，两侧渐扁平。果皮与种皮不相粘连。果皮木质化而坚硬，有黑、白、紫、灰、褐等色，或白底带黑灰条纹。内含一粒种子，一头圆钝一头尖，稍扁平，由种皮和胚组成。种皮极薄，呈乳白色或灰白色（图8－4）。

图 8－4　葵花籽

（五）棉籽

棉籽一般呈卵形或梨状圆锥形，圆钝的一端称基部；另一端稍尖，称顶部。种皮坚硬，呈棕黑色，表面有脉纹。腹面有一道棱线，称种子脊。种皮外有短绒（称毛子），两端或一端有短绒（称端毛子）或无短绒（称光子）。棉籽由种皮、胚乳遗迹及胚组成。种皮即通常所说的棉籽壳，较厚，含深棕色色素。胚乳已退化，仅留下一层位于种皮内的很薄的细胞层。胚由两片肥大而不规则卷曲的子叶和胚芽、胚茎、胚根所组成，子叶断面有许多深色小点（油腺），内含棉酚，子叶细胞内充满糊粉粒和油滴（图 8－5）。

图 8－5　棉籽

三、植物油料的分类及各类植物油料的特点

油料指的是用来制取油脂的植物原料。它们的共同特点是籽粒内（主要是子叶）含有丰富的脂肪。油料的种类很多，通常有以下分类方式。

1. 按用途

油料可分为食用油料和非食用油料（或称工业用油料）。

（1）食用油料　可用于制取食用油脂的原料。如油菜籽、大豆、芝麻、花生、棉籽、小麦胚、玉米胚、米糠等。

（2）非食用油料　指制取的油脂因有异味或毒素不宜供人食用而只适宜工业

用途的油料，如桐籽、乌桕籽、蓖麻籽等。

2. 按植物学特征

油料可分为草本油料和木本油料。

（1）草本油料　草本植物所生产的油料，如油菜籽、大豆、花生、芝麻、葵花籽、蓖麻籽等，在我国90%以上的油料是草本油料。

（2）木本油料　乔木或灌木所生产的油料，如油茶籽、油橄榄、乌桕籽等。

四、花生的质量标准、质量指标

（一）质量标准

根据GB 1532—2008《花生》，花生果质量指标见表8－1。

表8－1　花生果质量指标　单位:%

等级	纯仁率	杂质含量	水分含量	色泽、气味
1	≥71.0	≤1.5	≤10.0	正常
2	≥69.0			
3	≥67.0			
4	≥65.0			
5	≥63.0			
等外	<63.0			

（二）质量指标

花生仁质量指标见表8－2，其中纯质率为定等指标。

表8－2　花生仁质量指标　单位:%

等级	纯质率	杂质含量	水分含量	整半粒限度	色泽、气味
1	≥96.0	≤1.0	≤9.0	≤10.0	正常
2	≥94.0				
3	≥92.0				
4	≥90.0				
5	≥88.0				
等外	<88.0				

五、花生的储存特点

花生为豆科植物，它带壳的果实称花生果，脱壳的种子称花生仁或花生米。

花生种子含油量高，约为45%，同时还含有丰富的蛋白质。

花生收获期正值晚秋，气温较低，收获水分约为30%～50%，所以容易遭受冻害，受冻的花生粒变软，色泽发暗，含油量降低，酸值增高，食味变哈，易受霉菌侵害。因此，适时收获，及时干燥、清理，对花生的安全储藏十分重要。

花生仁皮薄肉嫩，在干燥过程中容易裂皮变色，甚至产生焦斑，所以花生的干燥应以花生果晾晒和烘干为主。

花生在储藏期间的劣变现象主要为生霉、变色、走油和变哈。花生果的水分超过10%，花生仁水分超过8%，进入高温季节即易生霉。花生霉变要特别注意黄曲霉菌的感染，花生及花生制品是被黄曲霉毒素污染最严重的粮种之一。

花生的种皮（俗称红衣）由于受光、氧气、高温等影响容易变色。如从原来新鲜的浅红色变为深红色，以至暗紫红色，说明品质开始降低，应立即采取措施，改善储藏条件。

六、花生储藏方法

1. 花生果储藏

花生果在钢板仓内散存或露天散存均可，要求水分控制在10%以内，堆高不超过2m。在冬季通风降温以后，趁冷密闭储藏，效果更好。

2. 花生仁储藏

花生仁的储藏要合理掌握干燥、低温、密闭三个环节。对于长期储存的花生仁必须控制水分在8%以内，最高堆温也不宜超过20℃，并适时密闭防止虫害感染和外界温湿度影响，保持堆内低温、低湿，只有这样才能较好地保持花生仁的品质。

任务实施

花生的感官鉴别

（一）花生的感官鉴别要点

1. 色泽鉴别

感官鉴别花生的色泽时，可先对整个样品进行观察，然后剥去果荚再观察果仁。

（1）良质花生　果荚呈土黄色或白色，果仁呈各不同品种所特有的颜色。色泽分布均匀一致。

（2）次质花生　果荚颜色灰暗，果仁颜色变深。

（3）劣质花生　果荚灰暗或暗黑，果仁呈紫红色、棕褐色或黑褐色。

2. 气味鉴别

感官鉴别花生的气味就是将花生剥去果荚后嗅其气味。

（1）良质花生　具有花生特有的气味。

（2）次质花生　花生特有的气味平淡或略有异味。

（3）劣质花生　有霉味、哈喇味等不良气味。

3. 滋味鉴别

感官鉴别花生的滋味时，应取花生剥去果皮后用牙齿咀嚼，细品。

（1）良质花生　具有花生纯正的香味，无任何异味。

（2）次质花生　花生固有的味道淡薄。

（3）劣质花生　有油脂酸败味，辣味、苦涩味及其他令人不愉快的滋味。

4. 组织状态鉴别

感官鉴别花生的组织状态时，先看样品外观，然后剥去果荚观察果仁，最后掰开果仁看子叶形态。

（1）良质花生　带荚花生和去荚果仁均颗粒饱满、形态完整、大小均匀，子叶肥厚而有光泽，无杂质。

（2）次质花生　颗粒不饱满、大小不均匀或有未成熟粒（果仁皱缩，体积小于正常完善粒的1/2或质量小于正常完善粒的1/2的颗粒），破碎粒、虫蚀粒、生芽粒等。子叶瘠瘦，有杂质。

（3）劣质花生　花生发霉，严重虫蚀，有大量的冻伤粒（籽粒变软，色泽变暗，食味变劣的颗粒）、热伤粒（果仁种皮变色，子叶由乳白色变为透明如蜡状，含有哈喇味的颗粒）。

（二）花生籽粒的结构观察

放大镜下观察花生籽粒的结构特点，绘出其形态结构图，注明其主要部分，并简要描述每部分的营养特点及其主要加工利用形式。

任务评价

学生评价表

序号	项目		学习任务的完成情况评价		
1	职业素养	遵守实验室管理规定，严格执行操作程序（10分）			
2		安全操作，按时完成任务（10分）			
3		学习积极主动、勤学好问（10分）			
4		与人协作，相互配合好（5分）			
5		清洁、整理（5分）			
6	专业能力	能正确认知并辨识花生及其质量指标（20分）			
7		操作规范、熟练（15分）			
8		认真填写实验报告，且填写正确（10分）			

续表

序号	项目		学习任务的完成情况评价		
9	拓展能力	能发现问题、思考问题并主动解决（15 分）			
10	分数合计（100 分）				
11	存在问题及建议				
12	综合评价				

知识与技能检测

一、理论知识检测

（一）选择题

1. 油料指的是用来制取油脂的植物原料。油料的种类很多，按用途可分为（　）。

A. 木本油料和非食用油料

B. 食用油料和工业油料

C. 草本油料和非食用油料

D. 食用油料和非食用油料

2. 花生果是荚果，有普通形、（　）、斧头形、串珠形和曲棍形等形状，表面有凹凸不平的网格，一般呈淡黄色。

A. 桃形　　B. 葫芦形

C. 椭圆形　　D. 扁形

3. 正常花生的子叶呈洁净的（　），而“走油”变质时，子叶变成半透明的蜡质状态，色泽也较深暗。

A. 黄色　　B. 米色

C. 粉色　　D. 乳白色

（二）简答题

1. 花生的质量指标有哪些？为什么要检测这些指标？

2. 花生的质量指标对其储藏、加工有何影响？

二、技能检测

某粮库欲接收一批花生样品，需要质检员检验，请协助其对该批花生进行色泽、气味和口味的识别，并测量花生的含水量。

任务二

植物油脂的认知

任务目标

1. 掌握植物油脂的种类。
2. 认识植物油脂的特性。
3. 掌握植物油脂的质量标准及质量指标。
4. 了解植物油脂的储藏特点。

任务分析

正确识别植物油脂的种类、特性，掌握其质量标准和质量指标，了解植物油脂的储藏特点。

任务相关知识

植物油脂是由脂肪酸和甘油化合而成的天然高分子化合物，广泛分布于自然界中。凡是从植物种子、果肉及其他部分提取所得的脂肪统称植物油脂。植物油脂含不饱和脂肪酸，溶点低，常温下呈液态，消化吸收率高。植物油脂是人类必不可少的主要膳食成分之一，具有重要的生理功能，是人体必需脂肪酸的主要来源，同时也是重要的工业原料。

一、 油脂的制取

植物油脂制取通过研究油料的性质，选择合理的加工技术，制造符合人类需求的产品，使油料资源得到充分的利用。目前植物油脂制取方法主要有机械压榨法、溶剂浸出法、超临界流体萃取法及水溶剂法。超临界溶剂萃取及水溶剂法制取的油脂纯度高、品质好，可以直接食用，而且饼粕中蛋白质资源可以得到充分利用。

二、 植物油脂的分类

（一）根据植物油料的植物学属性分类

1. 草本油料

常见的有大豆、油菜籽、棉籽、花生、芝麻、葵花籽等。

2. 木本油料

常见的有棕榈、椰子、油茶籽等。

3. 农产品加工副产品油料

常见的有米糠、玉米胚、小麦胚芽。

4. 野生油料

常见的有野茶籽、松子等。

（二）根据植物油料的含油率高低分类

1. 高含油率油料

菜籽、棉籽、花生、芝麻等含油率大于30%的油料。

2. 低含油率油料

大豆、米糠等含油率在20%左右的油料。

三、我国主要的植物油脂

常见的植物油脂包括豆油、花生油、菜籽油、芝麻油、玉米油等。

1. 豆油

利用大豆经过溶剂浸出而获得，其主要脂肪酸组成是：亚油酸、油酸、棕榈酸、亚麻酸。

2. 菜籽油

取自油菜籽，其脂肪酸的组成受气候、品种等影响较大。传统菜籽油的芥酸含量较高，一般为20%～60%，此外还有芥子苷。有研究发现，用占膳食能量5%的菜籽油（含芥酸45%）的食物喂养幼鼠，发现其心肌出现脂肪沉积和纤维组织形成。因此菜籽油的营养价值曾引起营养学领域的极大争议。在21世纪的今天已经培育出不含芥酸或低芥酸的菜籽品种。

3. 花生油

具有独特的花生气味和风味，一般含有较少的非甘油酯成分，色浅质优，可直接用于制造起酥油，也是良好的煎炸油。

4. 棉籽油

皮棉加工的副产品，其整籽含油17%左右，籽仁含油40%左右。棉籽油的主要脂肪酸组成为：棕榈酸、油酸、亚油酸。

5. 玉米油

又称为玉米胚芽油、粟米油。玉米胚芽占全玉米粒的7%～14%，胚芽含油36%～47%。玉米油的脂肪酸组成中饱和脂肪酸占15%，不饱和脂肪酸占85%，在不饱和脂肪酸中主要是油酸和亚油酸。玉米油富含维生素E，热稳定性好。

四、 其他植物油脂

1. 向日葵油

又称葵花籽油，盛产于俄罗斯、加拿大、美国等，我国东北和华北地区也有较大量生产。向日葵油富含维生素 E，还含有绿原酸，其氧化稳定性很好。

2. 芝麻油

我国最古老的食用油之一，产量位居世界之首。芝麻油一般不作为烹调用，通常作为凉拌菜用油。

3. 植物种子、果肉、胚芽等细胞中所含的油脂

含量随原料而不同，例如米糠的含油率为12% ~20%，干椰子果肉的含油率为63% ~70%。一般用压榨法或溶剂提取法取得。在常温下大多数是液体，如豆油、花生油、菜籽油等；少数是半固体或固体，如柏脂、椰子油等。根据在空气中发生的变化，即能否干燥和干燥快慢的情况，可分为以下几类。

（1）干性油　如桐油、梓油、亚麻油等。

（2）半干性油　如花生油、菜籽油、芝麻油等。

（3）非干性油　如花生油、蓖麻油等。组成三甘油酯的脂肪酸除一般的棕榈酸、硬脂酸、油酸、亚油酸、亚麻酸以外，有时还有特殊的芥酸、花生酸、桐酸、蓖麻酸等。

五、 植物油脂的特性

（一）油料种子的形态结构

油料子实的形态结构是判别油料种类，评价油料工艺性质，确定油脂制取工艺与设备的重要依据之一。油料子粒由壳、种皮、胚、胚乳或子叶等部分组成。

种皮包在油料子粒外层，起保护胚和胚乳的作用。种皮含有大量的纤维物质，其颜色及厚薄随油料的品种而异，据此可鉴别油料的种类及其质量。胚是种子最重要的部分，大部分油料种子的油脂储存在胚中。

胚乳是胚发育时营养的主要来源，内存有脂肪、糖类、蛋白质、维生素及微量元素等。但是有些种子的胚乳在发育过程中已被耗尽，因此可分为有胚乳种子和无胚乳种子两种。无胚乳种子，营养物质储存在胚内。

（二）油脂的主要化学成分

纯净的油脂是由三甘酯组成的，但通常取得的天然油脂并非仅含三甘酯，还含有少量其他有机物，有些有机物称为甘酯类的化合物，如黏蛋白、固醇、色素、蜡、维生素、磷脂、游离酸等。

1. 磷脂

粗制植物油中天然存在的磷脂即卵磷脂。它具有中度的抗氧化性，价格不高，并易与脂肪混合。炼制油脂里如含有 0.075% 的卵磷脂，可取得很好的稳定效果。但由于卵磷脂的存在，在煎熬时油会变黑，产生沉淀物。

2. 固醇

对食用及保管均无影响。

3. 蜡

蜡在油脂中含量很少，对人体无害。

4. 酚类化合物

可以延长油脂保管期限，但某些酚类化合物对人体有害。如棉油中的棉酚。

5. 黏蛋白

会使油脂浑浊，颜色变暗及微生物繁殖，但这种物质对食用没有影响。

6. 维生素

对人体有益，脂肪中含有脂溶性维生素，即维生素 A、维生素 D、维生素 E、维生素 K 等。

7. 色素

色素对食用无影响，但能够降低油脂的等级。

8. 游离酸

纯净的油脂不含游离酸。游离酸会使油脂的酸度增高，降低油脂的品质。

9. 胆固醇

动物油脂中的胆固醇多以游离状态存在，每 100g 油脂中约含 29 ~ 126mg 胆固醇，少部分与脂肪酸形成类脂。

胆固醇的存在是动物油脂区别于植物油脂的主要标志。胆固醇是形成维生素 D 的原料。

六、植物油脂的储藏特点

植物油脂是必需脂肪酸的重要来源，为了满足人体的需要，在膳食中不应低于总脂肪来源的 50%。植物油因含有较多的不饱和脂肪酸，易发生酸败，产生一些对人体有害的物质，因此不宜长时间存储。

植物油脂长期存放时易由于发生一系列的氧化作用和其他化学变化而变质。变质的结果不仅使油脂的酸价增高，而且由于氧化产物的积聚而呈现出色泽、口味、硬度以及其他一些变化，从而导致油脂的营养价值降低。因此，对油脂进行卫生检验以保证食用安全是十分必要的。

任务实施

植物油脂的感官鉴别

（一）植物油脂透明度鉴定

（1）当油脂样品在常温下为液态时，量取试样100mL注入比色管，在20℃下静置24h（蓖麻油静置48h），然后移置到乳白色灯泡前（或在比色管后衬以白纸），观察透明度，记录观察结果。

（2）当油脂样品在常温下为固态或半固态时，根据该油脂熔点熔解样品，但温度不得高于熔点5℃。待样品熔化后，量取试样100mL注入比色管，设定恒温水浴温度为产品标准中“透明度”规定的温度，将盛有样品的比色管放入恒温水浴中，静置24h后，然后移置乳白色灯泡前（或在比色管后衬以白纸）。迅速观察透明程度，记录观察结果。

（3）观察结果用“透明”、“微浊”、“浑浊”字样表示。

（二）植物油脂气味、滋味鉴定

1. 实验样品的制备

按照GB/T 15687—2008《动植物油脂　试样的制备》制备试验样品，且样品不需要过滤。

2. 仪器和用具

（1）烧杯　100mL。

（2）温度计　0～100℃。

（3）可调电炉　电压220V，50Hz，功率小于1000W。

（4）酒精灯。

3. 操作方法

（1）品评人员选择　按标准等级规定制作油脂样品4份，其中有2份油脂是同一试样制成的，同时按标准规定进行品评，要求品评人员鉴别找出相同的两份油脂样品来，记录见表8－3。

表8－3　品评结果登记表

品评人：	日期：
试样号	鉴别结果
1	√
2	
3	√
4	

注：在相同2份油脂样品的编号后打“√”，比如1号和3号是同一试样，记录如上。

鉴别试验应重复两次，结果登记于表8－4。对者打“√”，错者打“×”，如果两次都错的人员，则表明其品评鉴别灵敏度太低，应淘汰。

表8－4　　品评人员成绩登记表

品评人员编号	鉴别实验结果		成绩
	1	2	
P1	×	√	良
P2	√	√	优
P3	√	×	良
P4	×	×	差
P5	√	√	优
P6	√	√	优

（2）品评时对品评人员的要求　品评人员在品评前1h内不吸烟，不吃东西，但可以喝水；品评期间具有正常的生理状态，不能饥饿或过饱；品评人员在品评期间不应使用化妆品或其他有明显气味的用品。

品评前品评人员应用温开水漱口，把口中残留物去净。

（3）品评实验室与品评时间　品评试验室应在专用实验室进行。实验室应由样品制备室和品评室组成，两者应独立。品评室应能够充分换气，避免有异味或残留气味的干扰，室温20～25℃，无强噪音，有足够的光线强度，室内色彩柔和，避免强对比色彩。

品评时应保持室内和环境安静，无干扰。

品评时间应在饭前1h或饭后2h后进行。

（4）操作步骤　取少量油脂样品注入烧杯中，均匀加温至50℃后，离开热源，用玻璃边搅拌边嗅气味，同时品尝样品的滋味。

4. 结果表示

（1）气味表示　当样品具有油脂固有的气味时，结果用“具有某某油脂固有的气味”表示。

当样品无味、无异味时，结果用“无味”“无异味”表述。

当样品有异味时，结果用“有异常气味”表示，再具体说明异味为：哈喇味、酸败味、溶剂味、汽油味、柴油味、热糊味、腐臭味。

（2）滋味表示　当样品具有油脂固有的滋味时，结果用“具有某某油脂固有的滋味”表示。

当样品无味、无异味时，结果用“无味”“无异味”表述。

当样品有异味时，结果用“有异常滋味”表示，再具体说明异味为：哈喇味、酸败味、溶剂味、汽油味、柴油味、热糊味、腐臭味、土味、青草味等。

任务评价

学生评价表

序号	项目		学习任务的完成情况评价		
1	职业素养	遵守实验室管理规定，严格执行操作程序（10 分）			
2		安全操作，按时完成任务（10 分）			
3		学习积极主动、勤学好问（10 分）			
4		与人协作，相互配合好（5 分）			
5		清洁、整理（5 分）			
6	专业能力	能正确认知并辨识花生油及其质量指标（20 分）			
7		操作规范、熟练（15 分）			
8		认真填写实验报告，且填写正确（10 分）			
9	拓展能力	能发现问题、思考问题并主动解决（15 分）			
10	分数合计（100 分）				
11	存在问题及建议				
12	综合评价				

知识与技能检测

一、理论知识检测

（一）填空题

1. 纯净的油脂是由______组成。

2. 食用植物油的感官指标正常是指具有正常植物油的______、______、______和______，无焦臭、酸败及其他异味。

3. 油脂中过氧化物含量的多少与______的程度成正比。

4. 植物油脂是必需脂肪酸的重要来源，为了满足人体的需要，在膳食中不应低于总脂肪来源的______。

（二）简答题

1. 植物油脂的质量指标有哪些？

2. 储藏植物油脂时应注意什么？

二、技能检测

某粮库欲接收一批花生油，需要质检员检验，请协助其对该批花生油进行色泽、气味和滋味的识别，并测量花生油的含水量。

项目九

粮油副产品

粮油加工是指对原粮、油料等基本原料进行处理制成成品粮油及其制品的过程。粮油加工成粮油制品后，相应产生大量的各类副产品，而种类繁多的粮油副产品是粮油产业化经济（或者说粮油产业链）中的重要组成部分，是搞活粮油经营，提升粮油附加值的不可缺少的中间环节，也是食品工业的基础工业。因此，认知并掌握粮油副产品的特点对于其在储藏、加工、质量检测以及流通过程等环节都具有非常重要的意义。

任务一

粮食副产品的认知

任务目标

1. 掌握粮食副产品的来源、分类。
2. 认识并掌握常见粮食副产品的应用。

任务分析

广泛了解粮食副产品的种类，熟悉粮食副产品的特点、利用途径等为粮食副产品的加工、储存、销售奠定基础。

任务相关知识

一、 粮食副产品概述

(一) 粮食副产品的概念

在我国常见的各类粮食原料中均同时含有碳水化合物、蛋白质、脂肪、纤维等多种营养物质。在企业的生产经营过程中，根据产品需要企业以粮食中的某一种营养物质为主要提取和加工对象生产出主产品后，而得到的其他营养物质就成为副产品。因此粮食（油）副产品是相对主产品而言的。

(二) 粮食副产品的分类

根据不同粮食的种类及加工方式，我国主要的粮食（油）副产品包括以下几类。

（1）由谷物加工后形成的副产品，如大麦蛋白粉、米糠等。

（2）由其他豆科作物籽实加工后的副产品，如蚕豆皮、红豆渣等。

（3）由粮食块茎、块根加工后形成的副产品，马铃薯蛋白粉、木薯渣等。

(三) 粮食副产品的加工工艺

根据粮食工业、饲料工业及其他行业的不同需要，粮食副产品的加工工艺不尽相同。常用的粮食（油）副产品加工工艺如表 9－1 所示。

表 9－1　　常用的粮食（油）副产品加工方法定义（节选）

编号	加工工艺	定义	常用名称/修饰语
1	巴氏消毒 Pasteurisation	将物料加热到一定的温度并保持一定的时间、随后急速冷却的操作，以清除物料中的有害微生物	巴氏灭菌
2	爆裂 Popping	在不加水的条件下，通过加热或烘炒，使谷物熟化、体积膨大、表面出现裂缝	爆裂
3	剥皮/去皮/脱皮 Peeling	除去全部或部分谷物、豆类、种子、果实或蔬菜的种皮、果皮或内壳	剥皮/去皮/脱皮
4	超临界萃取 Supercritical extraction	利用液体在超临界区域兼具气液两性的特点及其对溶质溶解能力随压力、温度改变而在相当宽的范围内变化的特性，实现溶质溶解、分离的工艺。一般采用二氧化碳作为萃取剂	超临界萃取
5	超滤 Ultra－filtration	用孔径为 0.002～0.1μm 的滤膜过滤液体	超滤
6	发酵 Fermentation	应用酵母、霉菌或细菌在受控制的有氧或厌氧条件下，增殖菌体、分解底物或形成特定代谢产物的过程	发酵

续表

编号	加工工艺	定义	常用名称/修饰语
7	粉碎 Crushing	通过撞击、剪切、磨削等机械作用，使物料颗粒变小	粉碎
8	分选 Fractionation	通过过筛或气流处理将物料中不同容重、不同粒径的组分分离	分选
9	风选 Aspiration	利用物料之间或物料与杂质之间悬浮速度的差别，用空气（风力）对物料进行分级或去除杂质的过程	风选
10	干燥 Drying	去除物料中的水分或者其他挥发成分	干燥
11	谷物发芽 Malting	使谷物发芽，激活其自身能够使淀粉降解为可发酵碳水化合物、使蛋白质降解为氨基酸和小肽的酶	麦芽
12	过滤 Filtration	通过多孔介质或膜分离固液混合物	过滤
13	烘烤 Roasting/Toasting	物料置于火、热气、电或微波等加热环境中，进行烘焙、干燥，以提高消化率、加深颜色或减少天然抗营养因子	烘烤
14	混合 Mixing	利用机械力、压缩空气或超声波，搅动、拌和物料，使之分布均匀、强化热交换的过程	混合/搅拌
15	挤压膨化 Extrusion/Extruding	物料经螺杆推进、增压、增温处理后挤出模孔，使其骤然降压膨化，制成特定形状的产品	膨化
16	挤压膨胀 Expansion/Expanding	物料经螺杆增压挤出模头，使其适度降压而膨大，制成不规则的形状。通常，挤压膨胀的压力和温度低于挤压膨化	膨胀
17	加热 Heating	通过提高温度，加压或不加压，对物料进行处理的方法	热处理
18	碱化 Basification	向物料中添加碱性物质使物料由酸性变为碱性（提高pH）的过程	碱化
19	胶凝 Gelling	形成不同凝胶强度的固体凝胶物质的过程（使用或不使用胶凝剂）	凝胶
20	结晶 Crystallization	物质从溶液中形成固态晶体并与液体分离的分离纯化过程	结晶

二、 常见粮食副产品的营养特性与应用

粮食副产品含有人体及动物所需要的多种营养物质，这也是粮食副产品在粮食行业、饲料行业及其他相关行业中占有重要地位的原因。下面列举几种常见的粮食副产品的营养特性及其应用情况，以供参考。

（一）小麦麸的营养特性与应用

1. 小麦麸的营养特性

小麦麸小麦加工面粉时的副产物，主要由小麦种皮、糊粉层、胚芽和少量次粉组成。小麦精制过程中可得到23% ~25%的小麦麸和0.5% ~1%的胚芽。小麦麸颜色为淡褐色至红褐色，主要取决于麸皮所占的比例，颜色深者含麸皮较多。小麦麸含粗纤维较高，一般为6.0%左右。无氮浸出物约为58%，代谢能为6.56 ~6.90MJ/kg。粗蛋白含量一般在14% ~16%。赖氨酸含量较高，约为0.58%，蛋氨酸含量低。B族维生素含量丰富。

2. 小麦麸的开发应用

根据不同的营养特性要求，小麦麸的应用不同。

（1）在食品及相关工业中的应用

①提取麦麸膳食纤维。

②提取麦麸低聚糖。

③抗氧化剂的摄取。

④制备β-淀粉酶。

⑤提取多糖。

⑥提取麦麸蛋白质。

⑦生产丙酮、丁醇。

⑧提取植酸。

（2）在饲料工业中的应用　在饲料工业中，小麦麸主要作为饲料原料，在配合饲料、单一饲料等的制作中应用广泛。

（二）米糠的营养特性与开发应用

1. 米糠的营养特性

米糠的营养价值受稻米加工程度的影响，精制程度越高，则米糠中混入的胚乳就越多，其营养价值也就越高。米糠的营养特点如下：

（1）矿物质　矿物质含量丰富，但钙少（0.08%）磷多（1.6%），钙磷比例不平衡，磷主要是植酸磷，利用率不高。此外，米糠中锌、铁、锰、钾、镁、硅含量较高。

（2）蛋白质　蛋白质含量为14%，比大米（粗蛋白为9.2%）高得多。氨基酸平衡情况较好，其中赖氨酸、色氨酸和苏氨酸含量高于玉米，但与动物需要相

比仍然偏低。

（3）脂肪　脂肪含量12%以上，其中主要是不饱和脂肪酸，易氧化酸败。

（4）粗纤维　粗纤维含量不高，故有效能值较高。

（5）维生素　B族维生素及维生素E含量丰富，是核黄素的良好来源，其含量为2.6μg/g，在糠麸饲料中仅次于麦麸，且含有肌醇。但维生素A、维生素D、维生素C含量少。

（6）抗营养因子　米糠中含有胰蛋白酶抑制因子，给单胃动物大量饲喂米糠，可引起蛋白质消化障碍和雏鸡胰腺肥大。加热处理可使米糠中胰蛋白酶抑制因子失活。

2. 米糠的应用领域

米糠营养丰富，在粮食工业、饲料工业、化工医药等行业中都具有广泛应用。根据近年来的研究，米糠的应用主要包括以下几类。

（1）提取米糠油　米糠油是营养丰富的植物油，其中含有亚油酸、豆蔻酸、软脂肪酸、硬脂肪酸、油酸、亚麻酸等多种脂肪酸，亚油酸可降低人体中胆固醇和甘油三酸酯的含量，能预防高血压，对皮肤粗糙、疥癣等病也有较好的助疗作用，长期食用对身体有较好的保健作用。

（2）提取谷维素、糠蜡、植酸、古甾醇、蛋白质、活性肽等物质，广泛应用于医药、食品、农业、工业等行业。

（3）提取米糠营养纤维，用作面粉添加剂。

（4）直接作为饲料原料，广泛应用于畜牧业及养殖业中。

任务实施

小麦麸及米糠的识别与认知

一、小麦麸的识别与认知

在学习小麦麸的识别与认知前，请认真阅读NY/T 119—1989饲料用小麦麸标准，学习了解其理化指标、感官指标等要求。

（一）饲料用小麦麸的识别

选样品袋若干个，分别取一定量的小麦麸、米糠、棉粕、豆粕、花生饼粕等（20 - 50g）样本，能从各种样品中正确挑选出小麦麸。

（二）饲料用小麦麸的质量指标识别

1. 饲料用小麦麸的感官指标识别

屑状、色泽新鲜一致、无霉变、结块、异味。

2. 饲料用小麦麸的理化指标识别

饲料用的小麦麸理化指标主要包括粗蛋白、粗纤维、水分和粗灰分等四项指标，按GB/T14699.1采样制样后，按下列标准要求分别测出饲料用小麦麸的粗蛋白、粗纤维、水分及粗灰分的含量。

（1）饲料中粗蛋白质测定　按GB/T 6432—1986《饲料粗蛋白测定方法》执行。

（2）饲料中粗纤维的测定　按GB/T 6434—2006《饲料中粗纤维的含量测定》执行。

（3）饲料中水分的测定　按GB/T 6435—2014《饲料中水分的测定》执行。

（4）饲料中粗灰分的测定　按GB/T 6438—2007《饲料中粗灰分的测定》执行。

二、米糠的识别与认知

饲料用米糠的检验标准为NY/T 122—1989《饮料用米糠》，标准对采样、制样、检测、包装等方面进行了规范，操作前认真阅读标准要求。

（一）饲料用米糠的识别

选样品袋若干个，分别取一定量（20～50g）的米糠、米糠饼、米糠粕、小麦麸、棉粕、豆粕、花生饼粕等样本，能从各种样品中正确挑选出米糠。

（二）饲料用米糠的质量指标识别

1. 饲料用米糠的感官指标识别。

屑状、色泽新鲜一致、无霉变、结块、异味。

2. 饲料用米糠的理化指标识别。

饲料用米糠的理化指标，参见饲料用米糠理化指标表。饲料用米糠的理化指标主要包括粗蛋白、粗纤维和粗灰分等三项指标，按GB/T 14699.1—2005《饲料》采样制样后，按下列标准要求分别测出饲料用米糠的粗蛋白、粗纤维及粗灰分的含量，比较识别其等级即可。

（1）饲料中粗蛋白质测定　按GB/T 6432—1986《饲料粗蛋白测定方法》执行。

（2）饲料中粗纤维的测定　按GB/T 6434—2006《饲料中粗纤维的含量测定》执行。

（3）饲料中粗灰分的测定　按GB/T 6438—2007《饲料中粗灰分的测定》执行。

任务评价

学生评价表

序号	项目		学习任务的完成情况评价		
1	职业素养	遵守实验室管理规定，严格执行操作程序（10分）			
2		安全操作，按时完成任务（10分）			
3		学习积极主动、勤学好问（10分）			
4		与人协作，相互配合好（5分）			
5		清洁、整理（5分）			

续表

序号	项目		学习任务的完成情况评价		
6	专业能力	能正确认知并辨识粮食副产品及其质量指标（20 分）			
7		操作规范、熟练（15 分）			
8		认真填写实验报告，且填写正确（10 分）			
9	拓展能力	能发现问题、思考问题并主动解决（15 分）			
10	分数合计（100 分）				
11	存在问题及建议				
12	综合评价				

知识与技能检测

1. 粮食副产品的种类有哪些？
2. 以稻谷为例，列举主要的加工副产品，并说明其用途。

任务二

油脂副产品的认知

任务目标

1. 掌握油脂副产品的来源、分类。
2. 认识并掌握常见油脂副产品的应用途径。

任务分析

广泛了解油脂副产品的种类，熟悉主要的油脂副产品的特点、应用等为油脂副产品的合理开发、销售奠定基础。

任务相关知识

一、 油脂副产品概述

（一）油脂副产品的概念

在我国常见的各类油脂原料中均同时含有碳水化合物、蛋白质、脂肪、纤维等多种营养物质。在企业的生产经营过程中，企业根据产品需要，以油脂中的某一种营养物质为主要提取和加工对象，生产出主产品后，得到的其他营养物质就成为副产品，因此油脂副产品是相对主产品而言的。

（二）油脂副产品的分类

我国油料资源丰富，需求量大。从大宗油料（大豆、油菜籽、花生、棉籽等）的加工到特殊油料（沙棘、紫苏籽、葡萄籽、番茄籽等）的开发利用，种类较多，但是油脂副产品综合开发利用程度还比较低，尤其是高附加值产品，无论是在深度还是在广度上都处于初级阶段。

根据油脂加工过程，主要的粮油副产品包括以下几种。

（1）油料提取油脂后形成的饼粕：如大豆饼粕、菜籽饼粕等。

（2）油脂精炼过程形成的油脚。

（3）油脂精深加工形成的含可溶性成分的废液。

二、常见的油脂副产品

（一）大豆饼粕

大豆饼粕是大豆制油后的副产品，营养非常丰富。饼粕中蛋白质含量较高，达40%～47%，必需氨基酸的组成比例较好，尤其赖氨酸含量是饼粕类中最高者，高达2.5%～3.0%，是生产脱脂豆粉、浓缩大豆蛋白及分离大豆蛋白的良好原料来源。其主要生产工艺如图9－1所示。

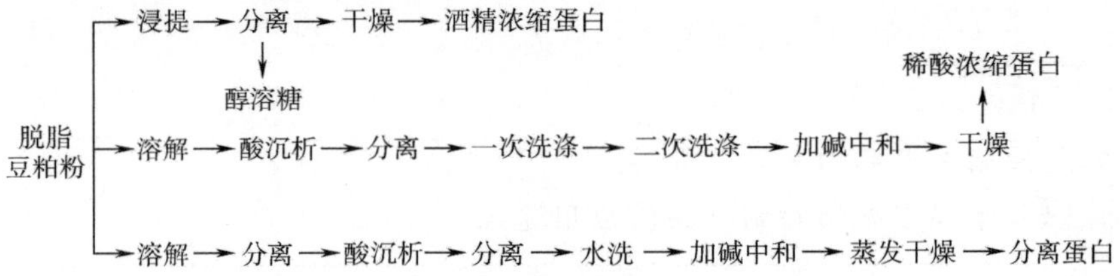

图9－1　大豆饼粕生产工艺流程图

大豆饼粕除主要用来生产大豆蛋白制品外，它还是一种十分优良的畜禽蛋白饲料。对猪、乳牛、肉牛和绵羊等的使用效果较好。在饲料中搭配的量以不超过30%为宜，过多会使家畜食用后产生消化不良等症状，反而影响生长发育。

（二）花生饼粕

花生饼粕是一种重要的食品资源，营养丰富，经济价值高。花生饼粕中蛋白质含量55%左右，脂肪6%，糖类25%，纤维素5%，灰分6.5%，还含有丰富的维生素 B_1、维生素 B_2、烟酸和维生素E等多种维生素。可用来生产脱脂花生粉，作为食品添加剂，或用来生产花生组织蛋白，或直接食用。如在小麦粉中掺入2.5%的脱脂花生粉，用以做馒头和面条等制品，营养价值比单一小麦粉要高。

花生饼粕除生产脱脂花生粉外，还可生产各种花生蛋白制品，如浓缩花生蛋白粉、分离花生蛋白粉、血宁花生蛋白粉等，花生蛋白具有保湿性和吸油性，可直接添加在碎肉制品（如香肠、灌肠）中。

作为畜禽饲料，花生饼粕营养丰富、滋味香甜、适口性好，私用价值高，但因蛋白质含量高，所以在饲料中搭配的量以不超过30%为宜。

（三）菜籽饼粕

油菜籽在我国是仅次于大豆的重要油料，因此菜籽饼粕资源丰富。菜籽籽粕含蛋白质35%～40%，而且蛋白质的生物学价值较高（91～92）、消化率也很高（95～100），因此，菜籽蛋白是人类和动物的理想营养源。菜籽饼粕中还含有多种微量元素，如铁、铜、锰、锡等。维生素 B_1、维生素 B_2、烟酸、泛酸、胆碱等含量丰富。但菜籽中含有硫葡萄糖苷，在加工时被硫葡萄糖苷酶水解生成一些有毒物质（硫氰酸酯、异硫氰酸酯、腈等），加上芥子碱、单宁等抗营养因子，使菜籽饼粕的使用受到很大限制。

菜籽饼粕去毒后可制取浓缩菜籽蛋白，用作食品营养强化剂。在小麦粉中添加5%～15%的浓缩菜籽蛋白，可制成营养强化面包和强化饼干等。菜籽饼粕脱毒后也是一种高蛋白饲料，如不先去毒，必须限量饲喂。

（四）油脚

油脚是油脂制取、精炼过程形成的杂质混合物，成分复杂，受热（20℃以上）易发酵变臭，严重污染环境。但油脚中含有多种有价值的物质，如磷脂、游离脂肪酸、甾醇、脂溶性维生素、脂肪酶醇、脂肪酸、蜡、色素、棉酚等。有效地开发利用油脚，既节省资源，又改善油脂加工厂的生产环境，具有重大的经济效益和社会效益。

1. 提取磷脂

各类油料中都含有磷脂，如菜籽油1.02%～1.2%，大豆1.2%～3.2%，棉籽1.25%～1.75%，葵花籽0.6%～0.8%，花生0.44%～0.62%，亚麻籽0.44%～0.73%，蓖麻籽0.25%～0.30%。油料中的磷脂在制取过程中会有一部分转移到油脂中。尽管磷脂具有健脑强身、提高人的记忆力和治疗植物性神经紊乱、动脉硬化等药用价值，且磷脂具有抗氧化作用，但因磷脂具有较强的吸水性，它存在于油脂中可使油脂的水分增加，容易引起油脂酸败水解，对油脂的储存和品质的稳定性非常不利，所以在油脂精炼时要进行“水化脱磷”，这样磷脂就转移到油脚中。

磷脂应用广泛，在医药上可用来制造药物；食品工业上可用来作乳化剂和抗氧化剂；纺织工业上用来作漂白染色剂；化妆品上用作皮肤的保护剂；制革工业上用作渗透剂。

2. 提取脂肪酸

在油脂碱炼的皂角中，一般含中性脂肪8%～27%，皂盐30%～48%，总脂肪酸占40%～60%，另外还有水分和其他非脂肪物质。其中皂盐经酸化处理能转化为脂肪酸，中性脂肪在一定条件下水解产生脂肪酸。将脂肪酸混合液经水洗、脱水、蒸馏后可得到固体脂肪酸、液体脂肪酸。固体脂肪酸可用来生产肥皂，液体脂肪酸再经蒸馏等处理可将不同的脂肪酸分离。

3. 提取棉酚

棉酚存在于棉籽油的皂角中，从中提取的棉酚可用作抗肿瘤、男性避孕等药物。

4. 生产生物柴油

利用油脚中的混合脂肪酸和脂肪酸酯生产的生物柴油，除了具有普通生物柴油的共同优点外，残炭值为0.05%，远低于同类产品的0.3%；游离甘油和总甘油质量分数为0.01%，降低了积碳问题。且碘值低、低温性能优异、十六烷值高、产品含有抗氧化剂、稳定性。

任务实施

油脂副产品的认知

一、菜籽粕的认知

在学习菜籽粕的识别与认知前，请认真阅读GB/T 23736—2009《饲料用菜籽粕》标准，学习了解其理化指标、感官指标等要求。

（一）饲料用菜籽粕的识别

选样品袋若干个，分别取一定量的菜籽粕、棉粕、豆粕、花生饼粕等（20～50g）样本，能从各种样品中正确挑选出菜籽粕。

（二）饲料用菜籽粕的质量指标识别

1. 饲料用菜籽粕的感官指标识别

褐色、黄褐色或金黄小碎片或粗粉状，有时夹杂小颗粒，色泽均匀一致，无虫蛀、霉变、结块及异味、异臭。

2. 饲料用菜籽粕的理化指标识别

饲料用菜籽粕的理化指标，参见饲料用菜籽粕的理化指标表。饲料用菜籽粕的理化指标主要包括粗蛋白、粗纤维、赖氨酸、粗灰分、粗脂肪、水分等指标，按GB/T 14699.1—2005《饲料》采样制样后，按下列标准要求分别测出饲料表所列各项指标的含量，比较识别其等级即可。

（1）水分及挥发物的测定　按GB/T 10358—2008《油料饼粕　水分及挥发物含量的测定》规定要求执行。

（2）粗蛋白质的测定　按GB/T 6432—1994《饲料中粗蛋白测定方法》规定要求执行。

（3）粗纤维的测定　按GB/T 6434—2006《饲料中粗纤维的含量测定》的规

定要求执行。

（4）粗灰分的测定　按 GB/T 6438—2007《饲料中粗灰分的测定》的规定要求执行。

（5）粗脂肪的测定　按 GB/T 6433—2006《饲料中粗脂肪的测定》的规定要求执行。

（6）异硫氰酸酯的测定　按 GB/T 13087—1991《饲料中异氰酸酯的测定方法》的规定要求执行。

（7）卫生指标的测定　按 GB/T 13078—2001《饲料卫生标准》的规定要求执行。

（8）夹杂物的测定　按 GB/T 14698—2002《饲料显微镜检查方法》的规定要求执行。

（9）氨基酸的测定　按 GB/T 14698—2002《饲料显微镜检查方法》的规定要求执行。

二、发酵豆粕的认知

发酵豆粕的识别与认知前，请认真阅读 NY/T 2218—2012 发酵豆粕标准，学习了解其理化指标、感官指标等要求。

（一）发酵豆粕的识别

选样品袋若干个，分别取一定量的菜籽粕、棉粕、发酵豆粕、花生饼粕等（20 ~ 50g）样本，能从各种样品中正确挑选出发酵豆粕。

（二）发酵豆粕的质量指标识别

1. 发酵豆粕的感官指标识别

外观呈浅黄色到浅棕色，色泽均匀一致，无结块，无异味，无虫蛀；无异臭味且有淡的酵香味；不得参入发酵豆粕产品以外的物质（如皮革粉、羽毛粉、肉骨粉和无机氮源等）。

2. 发酵豆粕的理化指标识别

发酵豆粕的理化指标，参见发酵豆粕的理化指标表。发酵豆粕的理化指标主要包括粗蛋白、粗纤维、赖氨酸、粗灰分、粗脂肪、水分等指标，按 GB/T 14699. 1—2005《饲料》采样制样后，按下列标准要求分别测出所列各项指标的含量，比较识别其等级即可。

（1）感官性状　按 GB/T 14698—2002《饲料显微镜检查方法》的规定执行

（2）水分的测定　按 GB/T 6435—2006《饲料中水分的测定》的规定执行。

（3）粗蛋白质的测定　按 GB/T 6432—1994《饲料中粗蛋白测定的方法》规定要求执行。

（4）粗纤维的测定　按 GB/T 6434—2006《饲料中粗纤维的含量测定》的规定要求执行。

（5）粗灰分的测定　按 GB/T 6438—2007《饲料中粗灰分的测定》的规定要

求执行。

（6）尿素酶活性的测定　按 GB/T 8622—2006《饲料用大豆中尿素酶活性的测定》的规定执行。

（7）酸溶蛋白的测定　按 QB/T 2653—2004《大豆肽粉》规定的要求执行。

（8）赖氨酸的测定　按 GB/T 18246—2000《饲料中氨基酸的测定》的规定要求执行。

（9）水苏糖的测定　采用高效液相色谱法（HPLC 法）的要求执行。

任务评价

学生评价表

序号	项目		学习任务的完成情况评价		
1	职业素养	遵守实验室管理规定，严格执行操作程序（10 分）			
2		安全操作，按时完成任务（10 分）			
3		学习积极主动、勤学好问（10 分）			
4		与人协作，相互配合好（5 分）			
5		清洁、整理（5 分）			
6	专业能力	能正确认知并辨识油脂副产品及其质量（20 分）			
7		操作规范、熟练（15 分）			
8		认真填写实验报告，且填写正确（10 分）			
9	拓展能力	能发现问题、思考问题并主动解决（15 分）			
10	分数合计（100 分）				
11	存在问题及建议				
12	综合评价				

知识与技能检测

1. 油脂副产品的种类有哪些？
2. 以花生油为例，列举其生产中的主要副产品，并说明其主要用途。

项目十

粮食制品

我国具有品种多样的粮食，也演化出名目多样的粮食制品。在目前已有的国家食品标准中，将食品分为10大类分别为豆制品、果类、饮料、乳制品、禽蛋类、肉类、水产品、调味品、粮油及蔬菜类，在标准中将每一类产品又进行了细分，其中粮油类产品分米、面、油及米面制品等51个小类。因此，认知并掌握粮食的分类、特点，对于其在储藏、加工、质量检测以及流通等环节都具有非常重要的意义。

任务一

普通粮食制品的认知

任务目标

1. 了解粮食制品的概念、分类。
2. 广泛了解并熟悉主要粮食制品。
3. 掌握粮油制品鉴别方法。

任务分析

广泛了解粮食制品的种类、熟悉常见的粮食制品的特点、加工、烹调方式，正确鉴别粮食制品，为粮食加工，产品研发做好储备。

任务相关知识

一、粮食制品的概念、分类及特性

粮食制品是以谷类、豆类、薯类等粮食为原料，经加工制成的烹饪原料。

（一）粮食制品的种类

1. 按加工原料分类

（1）谷制品　以面粉、稻米为原料加工而成的粮食制品。主要品种有挂面、面包渣、面筋、澄粉、糯米粉、米凉粉等。

（2）豆制品　以各种豆类为原料加工而成的粮食制品。豆制品的种类很多，一般可以分为以下四类。

①豆浆和豆浆制品：用未凝固的豆浆制成，如豆浆、腐衣、腐竹等。

②豆脑制品：用点卤凝固后的豆脑制成，如豆花、豆腐脑、豆腐、豆干、百叶等。

③豆芽制品：成熟的豆粒在适合的条件下发芽形成的芽菜，如黄豆芽、绿豆芽、花生芽等。

④其他豆制品：其他的豆制品或用提取的大豆蛋白质人工制成的豆制品等，如豆渣、红豆沙、绿豆沙、人造肉等。

（3）淀粉制品　以从粮食中加工提炼出的淀粉为原料，再经加工而成的制品，如粉丝、粉条、粉皮、凉粉、西米等。

2. 按加工方式分类

（1）普通粮食制品　经简单加工，并尽量保持粮食原有的营养特性的粮食制品，如面条、挂面等。

（2）方便化粮食制品　凡是经过加工、包装并通过适当杀菌，便于在常温下，在一定时间内保质、保鲜，保持营养不变，便于储存、运输、携带，不需处理或只需短时间加热处理即可食用的食品，称为方便食品，即方便粮食制品。一般可包括方便主食、方便副食、方便调味品、方便小食品、冷冻方便食品、微波方便食品和保健方便食品等。

（3）膨化粮食制品　又称挤压食品、喷爆食品、轻便食品等，是近些年国际上发展起来的一种新型食品。它以谷物、豆类、薯类、蔬菜等为原料，经膨化设备的加工，制造出品种繁多，外形精巧，营养丰富，酥脆香美的食品。

（4）强化粮食制品　强化粮食制品是指根据特殊需要，按照科学配方，通过一定方法把缺乏的营养素加到食品中去，以提高食品的营养价值，这样加工出来的食品，就称之为强化粮食制品。强化粮食制品就是将人体所缺乏的微量营养素加入一种食物载体，以增加营养素在食物中的含量。

（二）粮食制品的共性

由粮食的多样性，演化出粮食制品的多样性，但各种各样的粮食制品有以下共性。

（1）大多本身没有特别显著的口味，搭配的适应性较强。

（2）适应于多种烹调方法，如煮、蒸、炸、炒、烧、煨、炖等均可。

（3）制作素馔和仿荤菜肴的重要原料，如素鸡、素鸭、素火腿、素香肠、素肉丝等。

（4）制作各种风味小吃的原料，如四川的汤圆、云南的米线等。

二、 常见的粮食制品

随着社会生活的发展，粮食制品在人们的生产生活中占有越来越重要的位置，粮食制品的应用也变得非常广泛。下面列举几种常见的粮食制品以供参考。

1. 面条及挂面

（1）概念　以小麦粉为主要原料，添加食用盐、黄原胶等辅料，经加水和面、熟化、压延、切条、干燥等工序加工而成的干面条制品。

（2）分类　面条及挂面的花色品种很多，目前还没有一个标准的分类方法，行业内及商业上多以原料、尺寸、辅助原料等方面来划分种类。

①按不同配料分类

a. 挂面

b. 花色挂面：鸡蛋挂面、番茄挂面、绿豆挂面、荞麦挂面等

c. 带料包挂面

②按干燥程度分类：挂面、湿切面、半干面等。

2. 面筋

（1）概念　将小麦粉加水和成面团后，在水中揉洗，除去淀粉、麸皮等后得到的浅灰色、柔软而有弹性的胶状物。

（2）种类　刚洗出的面筋称“生面筋”，它容易发酵变质，不耐储存，常进一步加工成不同的制品。常见的面筋制品如下所述。

①水面筋：将生面筋加工成块状或条状，用水煮熟。色泽灰白，有弹性。

②素肠：将生面筋加工成条状，缠绕在筷子上，煮熟后抽掉筷子，成为管状的面筋，其质地和色泽与水面筋相同。

③烤麸：大块生面筋发酵后，蒸成饼状。质地多孔，呈海绵状，松软而有弹性。

④油面筋：又称为面筋泡、生根、生筋，将生面筋加工成小块，油炸而成。色泽金黄，中间多孔。

此外，面筋还可熏制、干制以利久贮；也可经干燥后制成活性面筋粉，使用

方便。

（3）面筋及其各种加工品的烹饪应用　面筋及其各种加工品口感柔韧，富有弹性。在烹调中，既可以单独使用，也可以与其他原料配合，最宜与鲜美的动物性原料合烹。适用于炒、烩、烧、蒸、填馅、做汤等多种烹调方法。

3. 澄粉

（1）概念　又称为小粉、麦粉，即将小麦面粉经洗去面筋质后沉淀下来的无筋质淀粉干制品。

（2）特点与应用　澄粉色白、无筋力、不粘手、杂质少，烫熟后色泽光亮，略透明，韧性强，可用于面点的制馅及工艺面点的造型，如山药饼、莲茸馅、玉兔饺、金鱼饺等。

4. 米线

（1）概念　又称“米粉”、“沙河粉”，是以大米为原料，经过多道加工程序制成的线状原料。

（2）特点　米线的质量以质地洁白、柔韧滑爽、煮后不粘条、不糊汤、断条少、无斑点、无异味者为佳。

（3）烹饪应用　米线的食用方法很多，可以炒、煮、烩等，凉热皆宜。云南的“过桥米线”“小锅米线”，广西的“桂林马肉米粉”，贵州的“遵义牛肉米粉”等，都是我国著名的以米线为原料的食品。

5. 豆腐

（1）概念　以大豆为原料，经过浸泡、磨浆、过滤、煮浆、点卤等程序制作而成的原料。

（2）分类

①嫩豆腐：又称“石膏豆腐”“南豆腐”，多用石膏（$CaSO_4$）点制，含水量多，色泽洁白，质地细嫩，适于拌、烩、烧，制作汤羹等。

②老豆腐：又称“盐卤豆腐”“北豆腐”，多用盐卤（$MgCl_2$）点制，含水量较少，色泽白中略偏黄，质地比较粗老，适合煎、炸、酿以及制馅等。

豆腐还可制成冻豆腐，或称海绵豆腐。由于冻豆腐多孔可以饱吸汤汁，适于烧、烩、制汤以及作为火锅用料等。

（3）烹饪应用　豆腐在烹调中应用十分广泛，适于各种烹调方法，制作的菜肴多达上百种。著名的菜肴有“小葱拌豆腐”“麻婆豆腐”“生煎豆腐”“泥鳅钻豆腐”“锅贴豆腐”“沙锅豆腐”等。

6. 豆芽

（1）概念　也称芽苗菜，又名巧菜、豆芽菜、芽心、银芽等，是各种谷类、豆类、树类的种子培育出来可以食用的“芽菜”，也称“活体蔬菜”。

（2）分类　根据原料的不同，豆芽有黄豆芽、绿豆芽、花生芽等。

（3）烹饪应用　豆芽可以制作冷菜、热菜、面点，作主配料和馅心；也可以用于制素汤或菜肴的垫底。绿豆芽、花生芽还可以用于腌渍。代表菜式如拌银芽、干煸黄豆芽等。

7. 腐衣和腐竹

（1）概念　腐衣和腐竹都是大豆磨浆烧煮后，将蛋白质上浮凝结而成的薄皮挑出后干制而成的豆制品。腐衣是片张平摊晾干制成的，色泽奶黄，薄而透明，也叫豆腐皮、油皮。腐竹则是湿片张卷成杆状烘干而成的制品，又称支柱、甜竹。

（2）烹饪应用　烹调前，要先用温水将其泡软。腐衣和腐竹可单独烹调，也可与其他原料相配，适合多种烹调方法如烧、制汤、煎炒，凉拌等。此外，腐衣和腐竹还是制作仿荤菜肴的重要原料，可以制作素鸡、素鸭、素鹅，以及素火腿、素香肠等，有名的菜肴如“干炸响铃”、“烧素鹅” 等。

8. 粉丝

（1）概念　粉丝是一种用绿豆、红薯淀粉等原料做成的丝状食品，故名粉丝，又叫粉丝条、冬粉（台湾地区）等，是我国常见的食品之一，朝鲜半岛称“唐面”，越南称“面”。

（2）种类　根据原料的不同，粉丝主要有以下几类。

①豆粉丝：以各种豆类为原料制成，其中以绿豆制作的粉丝质量为佳，呈半透明状，弹性和韧性好，为粉丝中的上品，如山东龙口粉丝。

②薯粉丝：一般以红薯、马铃薯等为原料加工而成，不透明，色泽暗。

③混合粉丝：是以一般以豆类原料为主，兼以薯类、玉米、高粱等混合制作而成，品质优于薯粉丝。

（3）烹调应用　粉丝广泛用于烹调中，既可以作为菜肴主料、配料，用于拌、炒、烧、煮汤，也可以制作面点的馅心。“蚂蚁爬树”“五色龙须”等菜肴，都是以粉丝为主料制作出的著名菜肴。

9. 粉皮

（1）概念　一般以绿豆、蚕豆、豌豆及薯类淀粉为原料加工而成。

（2）种类　有干、湿两种。湿品乳白色，呈方形或圆片状，柔软光亮，有一定的弹性。厚3～5mm，直径20～30mm。干品由湿品干燥而成。如干燥前先切成条状再经干制，则为粉条。

（3）烹调应用　烹饪中粉皮和粉条常作为凉拌菜的原料，也可与肉类、鱼头、食用菌类等一同配菜、配汤，或经油炸后制作拔丝粉皮、火腿蛋粉皮等。

10. 面包渣

（1）概念　用面包制成的屑状原料。通常有干、鲜两种。

（2）烹调　主要用于煎、炸、炒等以油为传热介质的烹调方法中。烹调后的面包渣具有酥脆金黄的特点，因此它通常用于黏着在原料的表面，增加菜肴的酥脆感，并可以达到增色、增香的目的。

11. 饵块

（1）概念　以大米为原料，经过多道工艺加工而成的粮食制品。主要产于四川、云南等地，以四川会理、云南官渡所产最为著名。

（2）种类　多呈长方、扁圆、椭圆形枕状，也有制成圆饼状的。选择时以洁白细腻，筋道滑润，清香软糯，经泡耐煮为佳。

（3）烹调应用　常用炒、煮、蒸、炸、烤等方法制作，配荤、素原料均可。炸饵块、红油饵块、肉炒饵块、煮鸡丝饵块、煮海味饵块，都是饵块菜肴的代表品种。

除了饵块外，饵丝也是云南、四川等地的常见原料。饵丝与饵块的原料相同，只是在饵块挤压后，再经过冷却、轧片、切丝制成。饵丝有干饵丝、鲜饵丝两种。其烹饪应用与饵块大致相同。

12. 西谷米

（1）概念　又称“西米”，是以淀粉为原料经机器或手工制成的白色、圆珠形颗粒。

（2）分类　按照粒形的大小分为大西米和小西米两种，均为圆形。大西米直径约8mm，小西米直径2～3mm。

（3）选择　西米的品质以色泽白净，颗粒均匀而坚实，硬而不碎，表面光滑圆润，煮熟后透明度高而不黏糊，口感有韧性为佳。

（4）烹饪应用　甜羹、甜菜、工艺点心的制作，如“白果西米羹”、“银耳西米羹”、“酒酿桂圆西米羹”、“珍珠圆子”等；也可单独煮熟后加糖食用。

任务实施

挂面的感官鉴别

一、鉴别依据

挂面的感官鉴别参照中华人民共和国粮食行业标准 LST 3212—2014《挂面》、GB/T 5492—2008《粮油检验　粮食、油料的色泽、气味、口味鉴定》中挂面的感官质量要求编写。

二、鉴别方法

1. 色泽、杂质鉴别

取适量挂面置于洁净白瓷盘中，观察其色泽，若色泽洁白或稍带黄色，均匀一致，则质量正常。若有斑点状或颜色较深呈暗灰色、褐色等，说明已经变质。并观察挂面有无肉眼可见的异物。

2. 气味鉴别

取适量挂面放于手掌中，哈一口气立即嗅其气味，鉴别是否具有酸味、霉味及其他异味。

3. 口感鉴别

取适量挂面煮熟后品尝，口感不粘牙、不牙碜者为正常。

4. 外观鉴别

取适量挂面观察切口处是都平直整齐，断条是否过多（断条一般不超过2%），断条过多或受冻的面条下锅时易浑汤。

任务评价

学生评价表

序号	项目		学习任务的完成情况评价		
1	职业素养	遵守实验室管理规定，严格执行操作程序（10分）			
2		安全操作，按时完成任务（10分）			
3		学习积极主动、勤学好问（10分）			
4		与人协作，相互配合好（5分）			
5		清洁、整理（5分）			
6	专业能力	能正确认知并鉴别挂面等粮食制品（20分）			
7		操作规范、熟练（15分）			
8		认真填写实验报告，且填写正确（10分）			
9	拓展能力	能发现问题、思考问题并主动解决（15分）			
10	分数合计（100分）				
11	存在问题及建议				
12	综合评价				

知识与技能检测

一、理论知识检测

（一）单项选择题

1. 以下不属于豆制品的是（ ）。

A. 豆花　　B. 豆干　　C. 澄粉　　D. 百叶

2. 面条及挂面，以（ ）为主要原料，添加食用盐、黄原胶等辅料，进加水和面、熟化、压延、切条、干燥等工序加工而成的干面条制品。

A. 澄粉　　B. 小麦粉　　C. 豆粉　　D. 糯米粉

3. 澄粉又称为（ ）。

A. 小粉　　B. 小麦粉　　C. 米粉　　D. 沙河粉

4. 以下不属于粉丝产品的是（ ）。

A. 豆粉丝　　B. 米线　　C. 薯粉丝　　D. 混合粉丝

5.（ ）以各种豆类为原料制成，其中以绿豆制作的粉丝质量为佳，呈半透明状，弹性和韧性好，为粉丝中的上品。

A. 豆粉丝　　B. 米线　　C. 薯粉丝　　D. 混合粉丝

（二）判断题

1. 粮食缺点的共性之一是大多本身没有特别显著的口味，搭配的适应性比较强（ ）。

2. 面筋是将小麦面粉经洗其面筋质后沉淀下来的无筋质淀粉干制品（ ）。

3. 粉皮一般以绿豆、蚕豆、豌豆，薯类淀粉为原料加工而成。（ ）

4. 豆芽品种丰富，营养全面，是常见的蔬菜。豆芽食用的主要部分为下胚轴。（ ）

5. 水面筋又称为面筋泡、生根、生筋，将生面筋加工成小块，油炸而成。色泽金黄，中间多孔。（ ）

二、技能检测

某食品加工企业生产了一批挂面欲出口日本，作为检测人员，请参考相关标准制定相应的检测方案并实施检测。

任务二

方便化粮食制品的认知

任务目标

1. 掌握方便化粮食制品的来源、分类。
2. 认识并掌握主要的方便化粮食制品。
3. 掌握方便化粮食制品的感官鉴别方法。

任务分析

方便化粮食制品种类较多，食用方便，是粮食加工的一大途径。广泛了解方便化粮食制品的种类，熟悉常见的方便化粮食制品的特点，制作、质量鉴别等，为粮食制品的储存、销售、新产品的研发奠定基础。

任务相关知识

一、方便化粮食制品的概念及特点

方便化粮食制品是指食用简便，不需要烹调或者只需要简单烹调即可食用的食品，是方便食品的一类。

方便化粮食制品具有以下特点。

1. 实用简便迅速

能够减少厨房劳作的时间，使消费者有更多的时间从事工作和娱乐。

2. 携带方便

能够满足广大旅客、工程野外作业人员、边防部队等特殊人群的需求。

3. 营养丰富

具有良好的色、香、味，能够激起人的食欲。

4. 保质保鲜

能够在一定时间内保质、保鲜，是一种安全卫生的食品。

5. 价格合理

绝大多数消费者能够承担得起。

二、方便化粮食制品的分类

方便化粮食制品种类较多，可以按食用和供应方式分为即食食品和需烹调食品（表10－1）。即食食品是指经过加工制作，可即开即食，或经开水冲泡即可食用的方便食品。需烹调食品是指商业网点出售的，由一种或几种食品组合而成的，需要经过加热或烹调可作为正餐食用的方便食品。

表10－1　方便化粮食制品的分类（一）

产品类型	产品特点	举例
即食食品	即开即食	方便面、面包、八宝粥等
需烹调食品	需要经过加热、烹调	速冻水饺、速冻馒头、速冻汤圆等

按用途及制造方法可将方便化粮食制品分为：方便主食、方便副食、方便调味品、方便小食品、冷冻方便食品和微波方便食品（表10－2）。

表10－2　方便化粮食制品的分类（二）

产品类型	产品特点	举例
方便主食	适合绝大多数人的饮食习惯，消费量较大	方便米饭、米粥、速冻水饺、包子、汉堡包、三明治、比萨等
方便副食	方便主食的辅助食品、消费量相对较小	方便甜点、饼干、蛋糕等
方便调味品	可以用于炒菜、色拉，食用方便、美味可口	花生酱、甜面酱、油脂等
方便小食品	包装简洁，便于携带、可直接食用的休闲小吃	苏州豆腐干、薯条薯片等

续表

产品类型	产品特点	举例
冷冻方便食品	保持食品原汁原味，保质期较长，一般需要加热或烹调后食用	速冻水饺、包子、烧麦、冷冻面团等
微波方便食品	有一定的保持期，经微波炉加热后可以直接食用	锡箔包装食品，塑料软包装食品、微波调理食品等

三、主要的方便化粮食制品

（一）方便米饭

1. 概念

方便米饭是指由工业化大规模生产的，在食用前只需做简单烹调或者直接可食用，风味、口感、外形与普通米饭一致的主食食品。

2. 种类

（1）罐装米饭　开罐即可食用。

（2）脱水米饭或速煮米饭　经过脱水干燥的米饭颗粒。在食用时复水（加开水浸泡）数分钟即可食用。

（3）半干米饭或保鲜米饭　微波加热即可食用。

3. 脱水米粉的生产制作

大米原料清理除杂后，放入65℃的温水中浸泡，当米粒含水量达到23% ~ 27%时，沥去水分，用94 ~ 104℃蒸汽蒸25min，再将蒸热的米饭取出，用热空气干燥，使米饭水分迅速降至12%以下，包装。食用时，只需将方便米饭倒入容器内，加适量沸水，加盖焖数分钟即可食用。

4. 质量标准

具有松软较干的口感，米粒互相分离不粘连，有典型的米饭风味，不粘牙，没有夹生现象。

（二）方便面

1. 概念

以小麦粉和（或）其他谷物粉、淀粉等为主要原料，添加（或不添加）辅料，经加工制成的面饼，添加（或不添加）方便调料的面条类预包装方便食品，包括油炸方便面和非油炸方便面。

2. 种类

根据加工工艺不同，可分为：

（1）油炸方便面　采用油炸工艺干燥的方便面，包括泡面、干吃面和煮面。

（2）非油炸方便面　采用除油炸以外的其他工艺（如微波、真空和热风等）干燥的方便面，包括泡面、干吃面和煮面。

3. 方便面的生产工艺流程

原辅料预处理→和面→熟化→复合压延→切条折花→蒸面→定量切断→干燥→冷却→检验包装。

（三）面包

1. 概念

以小麦粉为主要原料，以酵母、鸡蛋、油脂、糖、盐等为辅料，加水调制成面团，经过分割、成形、醒发、焙烤、冷却等过程加工而成的焙烤食品。

2. 种类

（1）按照面包的柔软程度分　软式面包和硬式面包。

（2）按照面包的内外质地分　软质面包、硬质面包、脆皮面包、松质面包。

（3）按照面包的用途分　主食面包、餐包、点心面包、快餐面包。

（4）按照成形方法分　普通面包和花式面包。

（5）按照地域分　法式面包、意式面包、德式面包、俄式面包、英式面包、美式面包。

3. 面包制作工艺流程

原辅料预处理→搅拌→发酵→分割→滚圆→中间醒发→整形→醒发→烘烤→冷却→包装。

（四）速冻水饺

1. 概念

是以小麦或其他富含淀粉的原料（如玉米、马铃薯等）加工的粉制皮，以肉、水产、蛋、蔬菜、食用油、食用盐等作馅料，经成形、熟制（或不熟制）、速冻、包装制作而成的且速冻后产品中心温度低于－18℃的饺子。

2. 分类

（1）按馅料分为两类：含肉类和不含肉类。

（2）按加工方法分为两类：预制生制品和预制熟制品。预制生制品是速冻前未经熟制，食用时需加热熟制的产品。预制熟制品在速冻前经熟制，食用时仍需加热熟制的产品。

（3）加工工艺流程

原料、辅料、水的准备→面团、饺馅配制→包制→整形→速冻→装袋、称重、包装→低温冷藏。

任务实施

面制方便食品的感官鉴别

一、鉴别和依据

面制方便食品的感官鉴别参照贵州省食品安全企业标准 Q/FL 0001S—2012《面制方便食品》中面制方便食品的感官要求编写。

二、鉴别方法

1. 色泽鉴别

取适量面制方面食品置于白瓷盘中，观察其色泽，具有该面制方便食品固有色泽，均匀一致，有光泽者为正常。

2. 组织形态

呈条状或者片状，大小均匀。内部呈多孔状，无结块，软硬适度，有弹性，不粘牙。

3. 滋味与口感

麻辣适口，咸淡适中，味纯正，无焦苦味，无异味，无异臭。

4. 杂质

无肉眼可见杂质。

任务评价

学生评价表

序号	项目		学习任务的完成情况评价		
1	职业素养	遵守实验室管理规定，严格执行操作程序（10 分）			
2		安全操作，按时完成任务（10 分）			
3		学习积极主动、勤学好问（10 分）			
4		与人协作，相互配合好（5 分）			
5		清洁、整理（5 分）			
6	专业能力	能正确认知并鉴别方便化粮食制品（20 分）			
7		操作规范、熟练（15 分）			
8		认真填写实验报告，且填写正确（10 分）			
9	拓展能力	能发现问题、思考问题并主动解决（15 分）			
10	分数合计（100 分）				
11	存在问题及建议				
12	综合评价				

知识与技能检测

一、理论知识检测

（一）填空题

1. 按照食用和供应方式，方便化粮食制品可以分为______和______。

2. 按照用途及制造方法可将方便化粮食制品分为______、______、______、______、______和______。

（二）简答题

1. 方便化粮食制品有哪些种类？深受消费者喜爱的品种有哪些？

2. 方便化粮食制品存在哪些问题？发展方向是什么？

二、技能检测

某食品有限公司正在研发一种冲调型复合谷物粉，作为公司品控人员，请对该产品进行感官鉴定。

任务三

膨化粮食制品的认知

任务目标

1. 掌握膨化粮食制品的分类。
2. 认识并掌握主要的膨化粮食制品。
3. 掌握膨化粮食制品的感官鉴别方法。

任务分析

广泛了解膨化粮食制品的种类，熟悉主要的膨化粮食制品的特点，制作、质量鉴别等，为粮食制品的储存、销售、新产品的研发奠定基础。

任务相关知识

一、膨化粮食制品的种类

膨化粮食制品是指以谷物、豆类、薯类等粮食为原料，经膨化设备的加工，制造出品种繁多，外形精巧，营养丰富，酥脆香美的食品。生产膨化食品的设备结构简单，操作容易，设备投资少，收益快，所以发展得非常迅速，并表现出了极大的生命力。

膨化粮食制品种类较多，主要有以下类别：

（一）根据原料和加工过程不同分类

1. 直接膨化食品

这类制品以谷类、豆类和薯类为原料，用膨化机直接膨化成球形、薄片、环形或棒状等各种形状，再喷糖浆、盐或味精等调味品，然后干制而成。

2. 膨化再制食品

先将谷类、豆类和薯类粮食膨化，再将膨化产品磨成粉，配上各种辅料再制成各种食品。如膨化玉米糁，掺入其他原料可以制成几十种可口的新型食品。

3. 膨化植物蛋白制品

以大豆、豆饼或其他植物蛋白为原料，进行膨化制成组织状植物蛋白，可以生产“人造肉”也可掺入肉馅内食用。由于植物蛋白不含胆固醇，最适于老年人及心脏病患者食用。

（二）根据原料不同分类

玉米膨化食品、大米膨化食品、小麦膨化食品、燕麦膨化食品、马铃薯膨化食品、大豆膨化食品。

（三）根据食用性质分类

（1）主食类　烧饼、面包、馒头、煎饼等。

（2）油茶类　膨化面茶。

（3）军用食品　压缩饼干。

（4）糕点类　桃酥、炉果、八件、酥类糕点、月饼、印糕、蛋卷等。

（5）小食品类　米花糖、凉糕等。

（6）冷食类　冰糕、冰棍的填充料。

上述食品中，有些品种如膨化面茶、印糕、压缩饼干等全部是用膨化粗粮制成的，有些品种只掺入一定比例的膨化粗粮。

二、膨化粮食制品的特性

（一）膨化食品的营养特性

膨化技术虽属于物理加工技术，但却具有本身的特点。膨化不仅可以改变原料的外形、状态，而且改变了原料中的分子结构和性质，并形成了某些新的物质。当把粮食置于膨化器以后，随着加温、加压的进行，粮粒中的水分呈过热状态，粮粒本身变得柔软，当到达一定高压而启开膨化器盖时，高压迅速变成常压，这时粮粒内呈过热状态的水分瞬间汽化而发生强烈爆炸，水分子可膨胀约 2000 倍，巨大的膨胀压力不仅破坏了粮粒的外部形态，而且也拉断了粮粒内在的分子结构，将不溶性长链淀粉切断成水溶性短链淀粉、糊精和糖，于是膨化食品中的不溶性物质减少了，水溶性物质增多了。详见表 10 - 3。

表 10－3　玉米和高粱膨化前后水浸出物变化表　单位:%

成分	玉米		高粱米	
	膨化前	膨化后	膨化前	膨化后
水浸出物	6.35	36.82	2.3	27.32
淀粉	62.36	57.54	68.86	64.04
糊精	0.76	3.24	0.24	1.92
还原糖	0.76	1.18	0.63	0.93

（二）膨化粮食制品的优点

1. 改善了口感和食味

粗粮经膨化后，粗硬组织结构受到破坏，再也看不出粗粮的样，吃不出粗粮的味，口感柔软，食味改善、好吃。

2. 食用方便

粗粮经膨化后，已成为熟食，可以直接用开水冲食，制成压缩食品或稍经加工即可制成多种食品。食用方便、节省时间。只要粮食部门或厂矿、企业、机关、学校供应膨化粉，在家庭或集体食堂都可以加工调制，成为名符其实的方便食品。

3. 营养成分的保存率和消化率高

膨化食品的营养成分保存率和消化率都比较高，说明膨化过程对食品的营养并没有影响，其消化率比未膨化食品的还要高些。

4. 易于储存

粮食经膨化，等于进行了一次高温灭菌，膨化粉的水分含量都降低到10%以下，这样低的水分，限制了虫、霉滋生，加强了它们在储存中的稳定性，适于较长期储存，并宜于制成战备军粮，改善其食用品质。

5. 价格便宜

应用间接加热膨化机，每1kg玉米加工成膨化粉后，加工费约为6分，也就是说每1kg膨化玉米粉的售价是2角6分。我国地方职工每月每人按10kg粗粮计，每人的月开支只增加6角，这是人们在经济上能够承担的。如果将来研制成连续自动膨化机，则其加工费还可再降低。

任务实施

膨化食品的感官鉴别

一、鉴别和依据

膨化食品的感官鉴别方法参照GB 17401—2014《食品安全国家标准　膨化食品》编写。

二、鉴别方法

1. 色泽鉴别

取适量试样置于白色瓷盘中，在自然光下观察，是否具有本产品应有的色泽。

2. 状态鉴别

取适量试样置于白色瓷盘中，在自然光下观察有无霉变，有无正常视力可见的外来异物。

3. 滋味、气味鉴别

取适量试样置于白色瓷盘中，闻其气味，用温开水漱口，品尝滋味。是否具有本产品应有的气味、滋味，有无异味。

任务评价

学生评价表

序号	项目		学习任务的完成情况评价		
1	职业素养	遵守实验室管理规定，严格执行操作程序（10分）			
2		安全操作，按时完成任务（10分）			
3		学习积极主动、勤学好问（10分）			
4		与人协作，相互配合好（5分）			
5		清洁、整理（5分）			
6	专业能力	正确认知并鉴别膨化粮食制品（20分）			
7		操作规范、熟练（15分）			
8		认真填写实验报告，且填写正确（10分）			
9	拓展能力	能发现问题、思考问题并主动解决（15分）			
10	分数合计（100分）				
11	存在问题及建议				
12	综合评价				

知识与技能检测

一、理论检测

（一）填空题

1. 膨化食品的种类较多，根据用途和设备的不同，膨化食品有以下______、______、______三种类型。

2. 根据膨化食品加工过程中是否使用油脂煎炸或产品中添加和（或）喷洒食用油脂，膨化食品可分为______和______。

（二）简答题

市场上比较畅销的膨化食品有哪些？和同类其他产品相比这些畅销膨化食品有哪些优势？

二、技能检测

某食品加工厂研发了一种具有保健功能的膨化饼干，目前在大型超市推广和调研，作为试吃者，请给出评价和建议。

任务四

强化粮食制品的认知

任务目标

1. 了解强化粮食制品种类和主要产品。
2. 正确认知强化粮食制品的目的和意义。
3. 科学选择强化食品。

任务分析

了解强化粮食制品的种类和主要产品，正确认知强化粮食制品的目的和意义，科学选择强化食品，为强化粮食制品的推广发展奠定基础，并可以有效的避免或消除营养缺乏症，提高人们的健康水平。

任务相关知识

一、强化粮食制品的目的和意义

强化粮食制品是指在粮食制品中增加某些缺少的或特需的营养成分后的食品。营养强化的目的是为人们提供较高营养价值的食品，使其获得全面合理的营养，满足生理生活和劳动的正常需要维持和提高人体的健康水平。其重要的现实意义和作用在于以下方面。

（1）弥补天然食品的缺陷。

（2）补充食品在加工储藏运输中的营养素损失。

（3）简化膳食处理方便摄食。

（4）适应不同人群生理及特殊职业的需要。

（5）减少营养缺乏病或因营养缺乏引起的并发症，可见强化食品在医疗卫生方面与预防接种有相同效益能为国家节省相当的医疗费用。

强化粮食制品的特点是在粮食（成品粮或粮食制品）中加入营养强化剂使营

养得到补充或增强，其中营养强化剂种类包括维生素、矿物质、蛋白质等。

二、 强化粮食制品的种类及特点

营养强化粮食制品的种类主要有两类：一类是强化主食品，如大米、面粉等；另一类是强化副食品，如食用油及酱类。从添加营养强化剂的种类来分，有维生素类、蛋白质氨基酸类、矿物质类及脂肪酸等。另外，还有用若干富含营养素的天然食物作为强化剂的混合型强化食品等。应用较多的是强化谷物食品。

（一）强化谷物食品

谷物类食品的品种很多，但人们食用的主要是小麦和大米。谷类籽粒中营养素的分布很不均匀，在碾磨过程中，特别是在精制时很多营养素易损失。目前许多国家对面粉、面包、大米等都进行营养强化。

1. 强化米

大米是我国居民及东南亚、非洲等地区居民的主食。鉴于其加工后的营养损失，以及蛋白质中缺乏赖氨酸与甲硫氨酸等，因此，进行营养强化十分必要。大米的强化对防治维生素缺乏症等方面很有成效。强化的物质主要有维生素 B_1、维生素 B_2、维生素 B_6、维生素 B_{12}和多种氨基酸（甲硫氨酸、苏氨酸、色氨酸、赖氨酸）。

2. 强化面粉和面包

面粉和面包的营养强化是最早的强化食品之一。通常在面粉中强化维生素 B_1、维生素 B_2、烟酸、钙、铁等。近年来有些国家和地区还有增补赖氨酸和甲硫氨酸的。除了增补以上这些单纯的营养素外，还有的在面粉中加入干酵母、脱脂奶粉、大豆粉和谷物胚芽等天然食品。国家公众营养与发展中心和国家公众营养改善项目办公室组织国内营养专家，参照国际营养强化的标准，针对中国人群的特点制定了“7+1”强化面粉配方，其中，“7”为基础配方，包括铁、锌、钙、维生素 B_1、维生素 B_2、叶酸、烟酸。“1”即维生素 A，为建议配方。

目前，市场上除了普通强化面包外，出现了一些具有保健功能的面包，如麦麸面包（又称减肥面包，主要成分为麦麸50%～90%，小麦粉8%～48%，精盐2%），纤维面包（在小麦粉中添加麦麸、玉米皮、米糠、麦胚、大豆皮等），防蛀牙面包（用添加有磷酸氢钙的小麦面粉制成的面包，具有防蛀牙的功效），绿色面包（在小麦芽粉中掺入3%～5%的海带粉、小球藻粉等藻类食物的粉末，制成的面包含有丰富的碘和维生素，不但味道好、口感柔软，而且还具有预防和治疗甲状腺肿大，舒张血管，降低血压，预防动脉硬化以及补血润肺的功能），富钙面包（在面包中添加畜骨的骨泥）。

（二）强化副食品

1. 强化酱油

酱油是日常生活中常用的调味品，特别是在中国及东南亚国家和地区。铁强化酱油主要添加维生素 B_1、维生素 B_2、铁和钙等。我国铁强化酱油是在酱油中添加高吸收的铁剂钠铁 EDTA，以控制铁缺乏和缺铁性贫血，改变目前中国人群的缺铁现状。

2. 强化酱类

酱类是亚洲国家人民常用的调味品。在酱类中强化的营养素主要有钙、磷、维生素 A、维生素 B_1、维生素 B_2、蛋白质等。钙的强化量一般是增补 1% 的碳酸钙，维生素 B_2 的强化量为 1.5mg/100g，维生素 B_1 的强化量为 1.2mg/100g，维生素 A 的强化量为 1500IU/100g。高蛋白质花生酱是采用添加花生粕、大豆粕的方法，在单纯以花生为原料的花生酱中提高蛋白质等营养成分的含量。

3. 强化大豆儿童食品

大豆中含蛋白质 40% 左右，虽然是植物性蛋白质，但其氨基酸组成跟动物蛋白质很接近，生理价值接近肉类，却比肉类所含的脂肪低，且其脂肪中含有较多的不饱和脂肪酸，熔点低，易消化，是儿童的良好食品。

4. 强化豆奶

豆奶是一种含有易被人体吸收的优质植物蛋白、植物脂肪以及维生素、矿物质的植物蛋白饮料，价格低廉，饮用方便，营养价值可与牛奶媲美，甚至在某些方面优于牛奶。经常饮用豆奶对人体能产生很好的生理效果，也是一种良好的儿童食品。强化豆奶有锌强化豆奶、钙强化豆奶。

（三）混合型营养强化食品

将各种不同营养特点的天然食物相互混合，取长补短，以提高食物营养价值的强化食品称为混合型营养强化食品。混合型营养强化食品的营养学意义在于发挥各种食物中营养素的互补作用，大多是在主食品中混入一定量的其他食品以弥补主食品中营养素的不足。其中主要的是补充蛋白质的不足，或增补主食品中的某种限制性氨基酸，其他则有微生物、矿物质等。主要作为增补蛋白质、氨基酸用的天然食物有：乳粉、鱼粉、大豆浓缩蛋白、大豆分离蛋白、各种豆类，以及可可、芝麻、花生、向日葵等榨油后富含蛋白质的副产品等。主要作为维生素增补用的有：酵母、谷胚、胡萝卜干以及各种富含维生素的果蔬和山区野果等。海带、骨粉等则可作为矿物质的增补。

任务实施

科学选择营养强化食品

（一）了解人体不同时期的营养素需求及需要量

根据中国营养学会推荐的中国居民营养素参考摄入量中各个年龄段和特殊条件人群的营养素参考摄入量来确定各种营养素的需要和需要量，对这些知识有一个大概的了解，并且能够对一些营养缺乏病做出初步判断。

（二）选择合理的强化剂量

只有食物中可吸收的营养素不足时，缺少的部分才需要由营养强化食品来补充。否则，一种营养素摄入过多，会造成其他营养素吸收减少或排出增加。因此，要选择适量的强化食品，不缺乏也不要过多的摄入，一定要注意摄入平衡。

（三）避免盲目选用营养强化食品

要根据不同的情况有针对性地选择不同的强化食品。如饮食过于精细、经常吃精白米面和喜欢吃捞饭弃汤的人群容易导致维生素 B_1 的缺乏。

（四）不可用营养强化食品代替日常普通食品

虽然营养强化食品可以补充某些营养素，但是人体所需的各种营养素的主要来源和最佳来源还应当是日常合理的膳食，因为天然食物中的营养成分最容易被人体吸收和利用。

任务评价

学生评价表

序号	项目		学习任务的完成情况评价		
1	职业素养	遵守实验室管理规定，严格执行操作程序（10 分）			
2		安全操作，按时完成任务（10 分）			
3		学习积极主动、勤学好问（10 分）			
4		与人协作，相互配合好（5 分）			
5		清洁、整理（5 分）			
6	专业能力	能正确认知并选用营养强化粮油制品（20 分）			
7		操作规范、熟练（15 分）			
8		认真填写实验报告，且填写正确（10 分）			
9	拓展能力	能发现问题、思考问题并主动解决（15 分）			
10	分数合计（100 分）				
11	存在问题及建议				
12	综合评价				

知识与技能检测

一、理论检测

（一）选择题

1. 下列不是营养强化粮油制品的是（　　）。

A. “7 +1”营养面粉　　B. 铁强化酱油　　C. 加碘盐　　D. 强化大米

2. 下列不是营养强化粮油制品的目的是（　　）。

A. 增补某些食物中天然营养成分的缺陷

B. 补充食物加工过程中的营养损失

C. 提高价格

D. 简化膳食处理

3. 下列营养强化粮油制品不合理的是（　　）。

A. 大米中强化 B 族维生素　　B. 食用油中强化维生素 E

C. 面粉中强化氨基酸　　D. 饼干中强化锌

（二）简答题

市场上主要的营养强化粮油制品有哪些？如何选购？

二、技能检测

某知名婴儿食品加工企业研发员欲在婴儿磨牙棒中添加牛磺酸，试分析是否可行？

参考文献

[1]俞一夫.粮油商品基础[M].北京:中国商业出版社,1993.

[2]国家粮食局职业技能鉴定指导中心.粮油质量检验员[M].北京:中国轻工业出版社,2017.

[3]国家粮食局职业技能鉴定指导中心.粮油保管员[M].北京:中国轻工业出版社,2017.

[4]汪浩明.食品检验技术(感官评价部分)[M].北京:中国轻工业出版社,2007.

[5]国娜,和秀广.谷物与谷物化学概论[M].北京:化学工业出版社,2017.

[6]孟宏昌,李慧东,华景清.粮油食品加工技术[M].北京:化学工业出版社,2010.

[7]陆启玉.粮油食品加工工艺学[M].北京:中国轻工业出版社,1970.

[8]刘延奇.杂粮食品加工——粮油食品加工技术[M].北京:化学工业出版社,2011.

[9]农业部畜牧业司,全国饲料工作办公室.饲料法规文件(2014).北京:中国农业科学技术出版社,2014.

[10]马剑凤,程金花,汪洁,戴红君,戴起伟等.国内外甘薯产业发展概况[J].江苏农业科学,2012,40(12):1-5.

[11]黄友如,裘爱泳,华欲飞.大豆蛋白结构与功能关系[J].中国油脂,2004,29(11):24-28.

[12]林作楫,雷振声,王乐凯.我国小麦品质分类的探讨[J].粮油食品科技,2006,14(1):6-8.

[13]刘丽.米糠粕的营养价值及其在畜禽生产中的应用[J].饲料广角,2010(11):44-45.